집게
경제

세상살이에
창의성을 더하는
9가지 모서리
경제 이야기

집게
경제

노영우 지음

개미

현장 기자의 경제껍질 깨기

경제학은 경제현상을 설명하는 논리다. 적어도 내가 볼 때는 그렇다. 보통 사람들이 살아가면서 부닥치는 경제현상을 설명하기 위해 만들어졌다. 누구나 생각할 수 있는 상식을 논리화한 것이다. 그런데 어렵다. 상식적인 현상을 설명하는 과정에서 많은 것이 추가된다. 중간 중간에 복잡한 가정이 들어간다. 그러다 보니 어려워진다. 경제학은 어느새 쉬운 결론을 어렵게 설명하는 대명사가 됐다.

그럼 경제학을 몰라도 되는가. 아니다. 경제학은 많은 사람들이 알아야 한다. 그 이유는 이렇다. 현대사회에서 사람들은 혼자 살 수 없다. 다양한 사람들과 다양한 관계를 맺으며 살아간다. 사람 사이의 관계 중 기본적인 것이 경제적 관계다. 돈이나 물건을 일정한 규칙에 따라 주고받는 거래관계, 회사 오너와 근로자 간의 임노동관계, 돈을 빌리고 갚는 채권·채무관계 등이 모두 경제적 관계다. 국가 사이에서 물건을 사고파는 무역이나, 돈을 빌리고 갚는 금융거래도 모두 경제관계에 해당된다. 경제논리를 모르면 자본주의 사회에서 벌어지는 다양한 경제적 관계를 잘 이해할 수 없다. 경제학은 또 사람을 설득하는 기술이다. 경제학의 근본 원칙은 합리성과 일관성이다. 합리성과 일관성을 유지하면서 자신의 주장을 펴면 다른 사람을 설득하기가 쉽다. 보다 객관적으로 다른 사람을 설득할 수 있는 다양한 논리를 제공해 주는 것이 경제학이다.

하지만 경제학은 자연과학처럼 만고불변의 진리를 알려주지 않는다. 경제이론은 시대와 환경의 변화에 따라 상대성을 띤다. 기업주 입장에서 경제현실을 설명하는 방식이 다르고 근로자 입장에서 해석하는 방법이 다르다. 봉건주의 사회에서 경제현상을 설명하는 논리와 자본주의 사회에서 경제를 설명하는 논리가 같을 수 없다. 시간적, 공간적으로 상대적인 원칙을 추구하는 것이 경제학이다. 경제학이 수학이나 물리학 같은 자연과학의 방법론을 많이 사용한다고 해서 경제학을 자연과학과 동일시하는 오류도 경계해야 한다.

1996년부터 경제현장 기자로 다양한 경제상황을 취재하면서 느낀 점은 모든 경제현상에는 이면이 있다는 점이다. 겉으로 보이는 것과 속 안의 논리는 달랐다. 많은 나라가 겉으로는 자유무역을 표방하지만 속으로는 모두 보호무역을 하는 이유가 있었다. 아베노믹스라고 불리는 일본의 경제정책은 사실 경제정책이라기보다는 정치·외교 정책의 산물이었다. 토마 피케티라는 프랑스 경제학자는 부자증세를 주장하는 과격한 증세론자로 묘사됐지만 한국에 대해서는 색다른 처방도 내놨다.

경제현상 안에 똬리를 틀고 있는 경제논리는 스스로 자신을 드러내지 않았다. 경제현상을 둘러싸고 있는 껍질을 깨려는 노력을 할 때 비로소 알맹이가 보였다. 어쩌면 내가 본 것도 속에 고갱이를 싸고 있는 껍질에 불과한 알맹이일지도 모른다. 그래서 경제현상을 이해하려면 계속 껍질을 깨려는 노력을 해야 한다. 이 책에는 지금까지 기자 생활을 하면서 경제현상의 껍질을 깨고, 내부에 흐르는 경제논리를 밝히고자 노력한 결과물들을 담았다. 껍질을 깨기 위해 많은 책을 읽었다. 경제이론을 다시 들춰보고 벌어진 현상과 저간의 이론을 다시 맞춰봤다. 많은 경제전문가들과 경제현장의 사람들을 만나 얘기를 들었다. 경제와 관련한 사건이 벌어졌을 땐 현장을 직접 방문해 목격했다. 그렇게 하나하나 껍질을 깨고 확인한 내부의 경제논리들을 모아 책에 담았다. 껍질을 깨고 본 경제논리들이 유명한 경제학적 이론과 일치하는 경우도 있었고 현장에서 일하는 경제전문가들의 지식으로 표출된 경우도 있었다. 또 경제학자나 경제전문가들보다 일반인들이 갖고 있는 상식이 훨씬 더 경제현상을 잘 설명할 때도 있었다. 책을 관통하는 하나의 원칙은 경제현상의 이면에 있는 경제논리를 정확히 제공하는 것이다. 노벨경제학상을 수상한 학자보다 일반인의 상식이 더 경제현실에 부합할 때는 상식을 따랐다.

이 책의 처음 3개의 챕터는 불균등한 세계경제 발전, 보호무역으로 흐르는 국제무역, 미국 금리인상을 비롯한 국제금융과 관련된 내용을 묶었다. 다음 3개의 챕터는 일하는 사람들의 경제원리, 정치와 경제의 관계, 자본주의 문제점 극복을 위한 노력 등을 설명하는 데 초점을 맞췄다. 마지막 3개 챕터는 정부의 경제정책, 숲을 봐야 비로소 보이는 경제현상, 세금의 역설과 관련된 이슈를 설명했다.

책이 나오기까지 많은 사람들의 도움을 받았다. 문흥술 서울여대 교수님과 조병일 인향만리 대표는 책의 기획단계에서부터 주제선정은 물론 글쓰기와 관련해 많은 도움을 주셨다. 진성기 매일경제 부장께서는 원고를 다듬어 '매경 프리미엄' 사이트에 게재해 주셨다. 장경덕 매일경제 논설위원과 이용석 선배는 글쓰기는 물론 책의 편집과 관련해 조언을 아끼지 않았다. 최대순 도서출판 개미 사장께서는 책이 실제 완성돼 나오기까지 많은 도움을 주셨다. 많은 사람들의 도움이 없었다면 이 책은 나오지 못했을 것이다. 그분들의 노력에 감사드린다. 책의 수준이 높아졌다면 그분들의 덕이다. 다만 책에 문제가 있다면 전적으로 저자의 책임이다.

2015년 12월
노영우

contents

—— **Chapter 3**

힘의 논리가 지배하는 금융시장

—— **Chapter 4**

일하는 사람들의 경제논리

Chapter 9
세금과 경제활동 간의 함수관계

Chapter 1

뱁새가 황새 따라가는
세계경제

갈수록
어려워지는
선진국 따라잡기

　학교교육이 표방하는 목표는 모든 학생들이 공부를 잘하게 만드는 것
이다. 처음에는 성적의 차이가 있다고 해도 시간이 지날수록 이 차이를
줄이는 것을 목표로 한다. 공부를 못하는 학생에게는 보다 많은 관심을
기울이고 때론 채찍을 가해 성적을 끌어올리려고 한다. 그러다 보면 모
든 학생들이 공부를 잘 할 수 있다. 이런 거창한 목표를 세우지만 학교가
만들어진 이래로 모든 학생이 공부를 잘한 적은 없다. 항상 잘하는 학생
과 못하는 학생은 있었고 둘 간의 격차가 어느 때는 줄어들었다가 다시
벌어지곤 한다. 교육의 목표와 현실 사이에 발생하는 이 같은 괴리를 줄
이려고 많은 사람들이 노력했지만 좀처럼 해결방안은 보이질 않는다. 성
적이 떨어지는 학생 입장에서는 참 답답한 노릇이다. 공부 잘하는 학생
의 공부방법을 따라해 보기도 하고 공부시간을 두 배 이상 늘려보기도

하지만 성공하는 학생보다는 실패하는 학생이 더 많은 것이 현실이다.

학교생활에서 벌어지는 이런 현상은 세계경제 역사에서도 똑같이 발생한다. 자본주의 경제에서 한 나라의 경제가 계속 성장하면 할수록 성장의 속도는 둔화된다. 미국, 일본, 독일 등 선진국의 연간 경제성장률은 2~3%에 불과하다. 반면 개발도상국들의 성장세는 선진국보다 훨씬 빠르다. 중국은 연평균 7%대의 성장률을 기록하고 있다. 이런 추세가 계속된다면 잘사는 나라와 못사는 나라의 격차가 줄어들 것이다. 더 정확히 말하면 못사는 나라가 잘사는 나라를 따라잡는다. 경제학에서는 이를 '글로벌 경제재편(rebalancing)'이라고 부른다. 리밸런싱이 항상 발생하는 것은 아니다. 자본주의 발생 이후 초창기에는 국가 간 경제력 격차는 확대됐다. 자본주의의 원리상 경제력 격차확대는 불가피한 것으로 받아들여졌다. 경제사에서는 이를 '격차확대(divergence)'로 정의한다. 1890년에는 미국의 1인당 소득이 중국, 인도의 6배이었지만 1990년에는 이 격차가 25배까지 확대됐다. 100년간 세계경제에서 국가 간의 격차가 확대된 셈이다.

그런데 1990년대 중반부터 새로운 현상이 벌어지기 시작했다. 중국, 인도, 브라질, 러시아 등 브릭스(BRICs)로 불리는 신흥국들의 성장률이 미국, 일본, 유럽 등 선진국을 크게 앞지르면서 선진국과 개발도상국 간의 경제력 격차가 줄어들기 시작했다. 이런 현상은 2010년대까지 지속됐다. 브릭스 국가들은 이 기간 동안 6~10%의 고도성장을 기록했다. 미국과 일본 등 선진국의 성장률은 2~3%에 불과했다. 10년 이상 브릭스 국가들의 고도성장세가 지속되면서 경제학자들이 긴장하기 시작했다. 선진국과 개도국 간의 본격적인 '격차축소(convergence)'가 발생하는 것 아니냐는 전망도 나왔다. 후발국들이 선진국을 따라잡는 성장(catch-up growth)이 본격화하고 있다는 분석도 제기됐다. 영국 경제주간지 이코노미스트 분석에 따르면 1960년부터 1990년까지는 전 세계 개발도상 국가의 30%만이 미국보다 성장률이 높았다. 하지만 이 비율은 1990년 대에 73%로 두 배 이상 높아졌다.

성급한 분석가들은 미국과 중국의 경제순위가 역전될 것이라는 주장 도 제기했다. 세계 최대의 인구를 가진 중국경제가 미국을 추월한다는 것은 경제뿐만 아니라 정치적으로도 큰 의미를 갖는 일이어서 전 세계가 주목했다.

하지만 2013년 들어 브릭스 국가들에 이상 징후가 감지됐다. 우선 성 장률부터 큰 폭으로 떨어졌다. 2000년 이후 10%가 넘는 성장률을 기록 했던 중국은 2012년부터 성장률이 7%대로 떨어졌다. 2015년 들어서 는 6%대로 하락했다. 다른 나라의 하락폭은 더 크다. 인도는 2011년부 터 성장률이 5~6%대로 떨어졌다. 브라질은 2011년 이후 성장률이 1~2%대까지 급락했고, 러시아도 성장률이 2013년에 1%대를 기록했 다. 반면 미국은 지난 2011년 1%대까지 떨어졌던 성장률이 이후 반등 세를 보이면서 2%대의 성장률을 유지하고 있다. 선진국의 성장률이 개 발도상국과 비슷하면 개도국은 선진국을 따라잡을 수 없다. 한때 전 세 계를 떠들썩하게 만들었던 브릭스는 2010년 이후 성장추세가 완연히 꺾 였다.

물론 10년 이상 고도성장을 기록한 이들 나라의 성장률이 한두 해 떨 어졌다고 해서 이를 추세변화로 보기는 다소 이른 감이 있다. 하지만 선 진국과의 격차를 줄여가던 지난 10년간의 '격차축소' 시대의 궤도이탈 현상으로 볼 수 있다. 지난 2008년 금융위기 때 세계 경제성장의 3분의 2를 담당했던 이들 국가의 기여도는 계속 줄어들고 있다. 앞으로의 전망 도 밝지 않다. 미국은 지난 2008년 이후 천문학적인 돈을 풀어 자기 나 라 경제를 살렸다. 유럽, 일본도 미국의 뒤를 따라갔다. 미국은 자기 나라 경제를 살린 다음에 이젠 금리를 올릴 태세다. 반면 신흥국들은 언제 자기 나라에서 돈이 빠져나갈지 몰라 전전긍긍하고 있다. 선진국들은 돈을 풀어 자기 나라 경제를 살렸지만 그 부작용을 개발도상국들이 고스란히 떠안을 가능성이 있다.

미국이 금리를 올리면 신흥국들에서 돈이 빠져나가 미국으로 다시 들어갈 가능성이 높다. 이 경우 신흥국들의 통화가치는 빠른 속도로 하락하고 경제는 큰 충격을 받게 된다. 1990년대 이후 10여 년간 기세가 등등했던 신흥국들은 이제는 선진국 따라잡기가 얼마나 힘든 일인지 절감하고 있다. 한동안 성장세가 주춤했던 선진국의 회복세가 진행되고 신흥국들의 성장률이 하락한다면 세계경제는 다시 '격차확대' 시대로 돌아갈 수도 있다. 1890년부터 100여 년간 지속됐던 '격차확대'가 1990년대 이후 15년간 '격차축소'로 이어지는가 했지만 현 시점에서는 다시 격차가 확대되는 것 아니냐는 우려를 낳고 있다. 선진국과 신흥국 간 경제력 격차가 확대되면 세계경제는 다시 '불균형(imbalancing)'의 시대로 되돌아간다. 국가 간에도 부익부 빈익빈이 심해지는 것이다. 자본주의가 시차를 두고 모두가 잘사는 세상을 만들어줄 것이라던 '격차축소'의 논리는 현실과 점점 멀어지고 있다.

순망치한의
고사와
신흥국 위기

　중국 춘추전국 시대 순망치한(脣亡齒寒)이란 고사가 있다. 한자 그대로 풀이하자면 입술이 망하면 이가 시리다는 뜻이다. 당시 진나라가 괵나라를 치기 위해 중간에 있는 우나라에게 길을 빌려달라고 하자 우나라의 신하가 진나라에 길을 빌려주면 우나라도 당할 것이라며 '순망치한'을 얘기한 것이 유래가 됐다. 주변국이 무너지면 자신의 나라도 위험하다는 의미다. 하지만 우나라는 이 신하의 충언을 묵살하고 진나라에 길을 빌려줬다가 괵나라를 치고 돌아오는 진나라에 의해 멸망하는 운명을 맞게 된다.

　세계 각국의 경제상황도 순망치한이란 고사성어를 떠올리게 한다. 2000년 이후 세계는 금융자본을 매개로 복잡하게 연결됐다. 각국 간 자본이동이 활발해지면서 국가 간 경제구조가 서로 얽히고 설켰다. 국가

간 지리적인 근접성보다 자본 의존도가 경제적으로 더 의미가 있는 시대가 됐다. 미국은 2008년 리먼브러더스 사태로 금융위기가 발발하자 양적완화(Quantitative easing) 정책을 통해 막대한 돈을 풀기 시작했다. 이 돈들이 세계 각국에 스며들었다. 어느 나라에 얼마나 어떤 형태로 투입됐는지는 아무도 모른다. 지난 2014년까지 미국에서 풀린 돈은 4조 달러가 넘는다. 이 돈들은 세계 어딘가에 똬리를 틀고 있다. 그런데 미국이 이 돈을 다시 거둬들일 태세다. 지난 2014년부터 돈을 푸는 양을 줄였다. 앞으로는 금리를 계속 올려 풀린 돈을 본격적으로 거둬들이려고 하고 있다.

미국이 거의 5년 이상 돈을 풀다가 이를 다시 거둬들이면 세계경제의 패러다임이 바뀌는 것과 유사한 충격이 발생하는 것이 불가피하다. 이미 예고편은 종종 있었다. 지난 2013년 5월 당시 벤 버냉키 미국 연방준비제도이사회(FRB) 의장이 양적완화 축소 가능성을 얘기한 후 인도, 인도네시아 등 신흥국에서 외국자본이 물밀듯이 빠져나갔다. 인도는 당시 자기 나라 화폐인 루피화 가치가 사상 최저치까지 떨어지면서 금융위기를 맞았다. 신흥국들은 주요 20개국(G20) 회의에서 한목소리로 미국이 세계경제의 충격을 줄이는 방향으로 양적완화 축소를 단행할 것을 요구했다. 이후 미국은 양적완화 축소시기를 연기하고 점진적으로 실시할 것을 약속하면서 세계 금융시장은 다소 안정을 찾았다.

2014년 초에는 미국 양적완화 축소의 불똥이 아르헨티나로 튀었다. 당시 아르헨티나 화폐인 페소화의 가치는 20% 이상 떨어졌다. 아르헨티나 정부가 외환보유고를 풀어 환율방어에 나섰지만 효과를 보지 못하고 외환보유고만 축나 결국 이 나라의 외환보유고는 바닥났다. 경제성장률이 떨어지고 경상수지 적자가 늘어나는 등 경제 펀더멘털의 불안정이 심해지는 가운데 미국이 양적완화 규모를 줄이자 아르헨티나 국가 내에 있던 자본이 해외로 빠져나갔기 때문이다.

위기를 겪는 국가들이 자기 나라의 경제관리를 잘못한 책임은 분명히 있다. 하지만 국제적으로 워낙 달러화가 많이 풀리면서 이 돈을 회수하는 과정에서 어떤 충격이 어떤 강도로 어느 신흥국에 나타날지에 대해서는 누구도 예측하기 힘들다. 2013, 2014년에는 인도, 아르헨티나에서 문제가 불거졌지만 앞으로 또 다른 신흥국에서 유사한 문제가 발생할지 모를 일이다.

미국의 정책변화로 신흥국들이 몸살을 앓는 것은 순망치한의 고사를 떠올리게 한다. 이 고사처럼 신흥국들은 미국의 양적완화 축소와 금리인상으로 세계 금융시장의 자금흐름이 바뀌는 이 시점에 한 배를 탔다. 신흥국 중 어느 한 나라가 어려움을 겪을 때 우리 일이 아니라고 뒷짐 지고 있다가 한 나라의 위기가 도미노처럼 다른 나라로 이어질 가능성이 크다. 실제 우리나라가 겪었던 1997년 외환위기도 태국 바트화의 위기가 전염되면서 발생했다. 당시 자본시장의 개방도는 지금보다 훨씬 못했다. 특히 그때는 미국의 무지막지한 돈 풀기도 없었다. 지금은 그때보다 신흥국 위기의 강도나 위기를 겪을 국가의 수는 훨씬 많을 수도 있다. 특정 신흥국의 위기를 남의 일로 보다간 큰 코 다친다. 우리나라도 내부적으로 대책을 세우는 것은 물론이거니와 신흥국들과 공조해 난국을 타개해 나가는 방안을 수립하는 것이 반드시 필요하다. 순망치한의 교훈을 다시 한번 되새겨야 할 시점이다.

인도
'모디노믹스'의
파괴력

2014년 인도에서 지구촌 최대의 선거 이벤트가 벌어졌다. 유권자 8억 1450만 명, 전국 투표소 93만 개, 170만 개의 전자투표기, 500만 명의 선거관리요원 등 모든 면에서 그 규모가 상상을 초월했다. 유권자들이 투표하는 데만 6주(4월 7일~5월 12일)가 걸렸다. 세계의 눈과 귀가 쏠린 선거에서 나렌드라 모디 인도 국민당(BJP) 당수가 단연 주인공으로 떠올랐다. 당시 모디는 야당인 BJP를 이끌어 전체 545개의 의석 중 339개를 차지해 집권당인 국민회의당(INC)을 압도적인 표차로 물리치고 차기 정권을 잡았다. 인도에서 단일정당이 과반의석을 차지한 것은 30년 만에 처음이다.

모디의 등장은 여러 가지 면에서 전 세계의 관심을 끌었다. 카스트라는 신분제도가 엄격한 인도에서 모디는 제3계급인 바이샤와 최하위 계급인 수드라의 중간인 '간치'라는 계급출신이다. 인도식 홍차인 '차이'를 판매하며 성장했던 모디는 인도 카스트 최고 계급은 물론 최고 명문 집안인 간디 가문의 여당 총리후보인 라훌 간디를 큰 표차로 꺾었다. '왕자와 거지'의 대결에서 거지가 이긴 것이다. 종교적으로 모디는 힌두교 근본주의자다. 불교, 기독교는 물론 시크교, 이슬람교 등 다양한 인도의 종교 스펙트럼 상에서 힌두교에 편향된 시각을 갖고 있다는 비판을 받았던 모디가 과연 총리가 될 수 있을지에 대한 회의적인 시각도 있었지만 모디는 이를 극복했다.

신분과 종교적인 핸디캡이 있었던 모디가 승리한 이유는 두 가지다. 첫째는 '모디노믹스'라고 불리는 그의 경제정책이다. 모디노믹스는 자유주의 경제이론에 근본을 두고 있다. 구체적으로는 경제분야에서 불필요한 정부규제를 없애고 민간의 자율성을 최대한 보장한다. 외국자본을 적극적으로 유치하고 자유무역을 신봉한다. 마치 1970~80년대 영국의 대처리즘과 미국의 레이거노믹스가 인도에 이식된 것 같다. 빈곤과 분배의 문제가 중시되던 인도에 성장과 효율로 무장한 그의 경제관은 신선한 충격을 가져왔다. 모디노믹스는 모디가 인도 구자라트주의 주지사로 일하던 시절 한차례 검증을 거쳤다. 모디가 주지사로 있던 2005~2012년간 구자라트주의 연평균 성장률은 13.4%에 달해 이 기간 인도 전체의 성장률(7.8%)보다 훨씬 높았다. 지진으로 폐허가 됐던 구자라트주는 그가 재임하던 기간 중 인도에서 가장 잘사는 주로 탈바꿈했다. 모디는 선거 기간 중 구자라트주에서의 자신의 업적을 인도 전역으로 확산시키겠다고 공언했고 인도국민들은 열광했다.

파격적인 자유주의 경제공약과 더불어 모디가 인도국민들을 사로잡은 또 하나의 원인은 그의 청렴성이다. 당시 집권 여당의 부패에 염증을 내던 인도국민들은 모디의 청렴성에 열광했다. 당시 인도 최고의 명문가인 간디 가문을 포함해 각종 출세한 집안에서 갖가지 부정 스캔들이 터져 나왔다. 하지만 모디는 수차례에 걸쳐 부패문제에 대해 여론과 수사기관의 검증을 거쳐 청렴성을 인정받았다. 2014년 선거에서도 모디는 부유층이 해외로 빼돌리는 자금을 철저히 차단하겠다는 공약을 내세워 큰 지지를 받았다. 한동안 브릭스(BRICs) 국가로 각광받았던 인도는 지난 2013년 들어 성장률이 연 4.5%로 떨어지고 외국자본이 급속히 이탈하면서 큰 위기를 겪었다. 서민들은 10%가 넘는 소비자 물가상승률로 고통받았고 청년들은 일자리를 구하지 못해 아우성이었다. 이들에게 모디는 한줄기 빛으로 다가왔다.

모디는 취임 후 1년 동안 파격적인 정책을 내놨다. 인도를 세계 제조업의 공장으로 만들겠다는 '메이드 인 인디아(Made in India)' 정책이 대표적이다. 미국, 중국 등 세계 각국을 돌아다니며 외국인들의 투자를 유치했다. 정부가 지급하는 보조금은 대폭 낮췄고 각종 규제완화를 통해 시장경제의 자율성을 높였다. 대부분 신자유주의 기조에 맞춘 정책들이다. 성과도 있었다. 모디 총리 취임 후 1년간(2014 .4~2015. 3) 성장률은 7.4%를 기록해 전년(6.4%)보다 높았고 주가도 1년간 24%나 급등했다. 국제통화기금(IMF)은 인도의 성장세가 중국을 추월할 것이라고 내다보기도 했다. 모디노믹스는 지표상 경제를 호전시키는 데 어느 정도 성과를 거뒀다.

모디노믹스가 세계경제에 미치는 영향도 만만찮다. 우선 선진국에서 퇴조하고 있는 신자유주의가 개도국인 인도에서 다시 부활할 것인가 하는 점에 관심이 모아진다. 2008년 금융위기 이후 세계는 신자유주의적 경제질서에 회의를 느끼기 시작했다. 금융자본주의로 대변되는 21세기 신자유주의가 금융위기를 가져온 장본인으로 꼽혔기 때문이다. 특히 선진국들을 중심으로 다시 정부의 규제가 강해지는 분위기였다. 2014년에는 토마 피케티라는 프랑스 경제학자가 자본주의 위기론을 제기하면서 부자들에게 최고 80%의 세율을 적용할 것을 요구하는 이론을 내세워 신자유주의를 정면으로 공격하고 있었다. 하지만 모디는 인도 같은 개도 국의 경우 여전히 신자유주의적 경제정책으로 경제발전을 이룰 수 있다 는 점을 역설하고 있어 주목된다. 인도의 성공 여부는 자본주의의 새로 운 질서를 모색하는 여타 개도국은 물론 선진국에게도 영향을 미칠 것으 로 보인다.

다음으로 인도의 민족주의적이고 권위주의적인 리더십이 국가에 어떤 변화를 가져올지 주목된다. 모디노믹스는 경제자유주의와 작은 정부를 표방하고 있지만 그가 보여준 리더십은 싱가포르의 리관유 총리를 연상 시킬 만큼 권위주의적이었다. 21세기에 인도가 정치적 권위주의와 경제 적 자유주의를 혼합한 시스템으로 경제개발에 성공한다면 다른 나라에 미치는 파급효과도 만만찮을 것으로 보인다. 특히 인도의 변화는 공산당 독재라는 정치체제와 자본주의 경제체제를 혼합해 고도의 성장을 이룬 중국을 긴장시킬 만하다. 중국에서는 공산당 독재에 대한 피로감이 커지 고 있다. 인도가 민주주의와 자본주의 경제에 토대를 두면서 강한 리더 십으로 경제를 성장시킬 수 있음을 보여준다면 중국에도 하나의 교훈을 줄 수도 있다.

모디의 집권으로 인도는 거대한 실험에 들어갔다. 그동안 불가능하다 고 여겼던 인도를 하나로 모아 경제적 성공을 이룩할 경우 그 파괴력은 상상을 초월할 수 있다. 세계가 긴장하면서 '모디노믹스'를 주목하는 이 유다.

신흥국을
볼모로 한
팍스 아메리카나 시대

2008년 금융위기는 미국식 자본주의의 몰락을 상징했다. 몰락하는 모습도 자본주의 비판가들이 종전에 말하던 방식 그대로였다. 자본주의 경제는 태동부터 과잉생산의 위험에 노출돼 있었다. 자본주의가 발달할수록 자본이 한 곳으로 집중된다. 그러면 만들어낸 물건을 살 수 있는 수요는 줄어들어 과잉생산의 위험은 더 커진다. 자본주의 금융 시스템은 이 같은 과잉생산의 위험을 어느 순간까지는 줄여준다. 금융을 통해 돈이 없는 사람에게 돈을 빌려줌으로써 수요를 계속 창조해내기 때문이다. 하지만 금융은 동전의 양면처럼 과잉생산을 더 부추겨 위기가 발생했을 때 그 충격을 증폭시킨다.

2007년 미국에서 서브프라임 모기지 사태로 금융위기가 발생하는 과정도 비슷했다. 주택담보대출을 통해 미국의 금융 시스템은 가공의 주택

수요를 계속 늘렸다. 그러자 주택시장에 버블이 형성됐다. 이 버블이 터지면서 경제위기의 진폭도 확대됐다. 1929년 대공황에 버금가는 실물경제의 충격이 있었다. 심리적인 요인까지 합하면 파괴력은 대공황 때보다 훨씬 컸다. 미국인들이 갖고 있던 자본주의에 대한 신뢰는 무너졌다. 시장경제와 완전경쟁을 축으로 가장 효율적인 체제라 불렸던 자본주의는 그 치부를 여실히 드러냈다. 시장은 완전하지 않았으며, 무분별한 경쟁은 인간의 비도덕적인 측면을 노출시켰다. 실물경제 위기보다 무너진 자본주의 시스템을 어떻게 복원할 것인가가 더 큰 문제였다.

당시 미국정부는 천문학적인 돈을 푸는 것에서부터 해법을 찾았다. 돈을 풀어 죽어간 금융회사들을 살리고 실물부분에도 정부가 돈을 직접 찍어 뿌렸다. 양적완화(Quantitative Easing)라는 그럴듯한 이름을 붙였지만, 그 본질은 돈이 필요한 곳에 정부가 돈을 찍어 뿌리는 무지막지한 정책이었다. 자본이 부족해 망해가는 금융회사에게 자본을 확충해주고, 시장에서 채권수요가 실종되면 정부 돈으로 채권을 마구 사들였다. 경제학 교과서에도 없고 한 번도 시행해보지 않았던 무지막지한 돈 풀기는 2008년 이후 5년 동안 계속됐다.

미국이 금과옥조로 여기는 자유주의 경제학 원리에 따르면 정부가 돈을 풀면 이는 물가상승으로 이어진다. 그런데 2008년 위기 때는 미국이 아무리 돈을 풀어도 물가는 오르지 않았다. 미국은 기존의 경제학 원리를 완전히 뒤집는 새로운 정책을 폈고 그 결과 붕괴됐던 미국의 시스템은 조금씩 살아났다. 시중에 막대한 돈을 풀면서 시스템 붕괴를 막는 것과 동시에 주택시장의 버블을 없애고 구조조정을 통해 금융회사들의 옥석을 가렸다. 일시적으로 유동성이 없어 위기가 발생한 금융회사는 살렸고, 곪아버린 금융회사는 문을 닫게 했다. 개인들도 빚을 줄여 구조조정에 동참했다. 정부는 돈을 풀어 시스템 붕괴를 막고 기업·개인·금융회사는 구조조정을 실시하는 양면적인 정책을 구사한 것이다.

지난 5년간 이 같은 움직임은 계속됐고, 놀랍게도 그 성과가 가시화되고 있다. 미국은 지난 2014년 3분기에 연율로 환산한 전 분기 대비 국내총생산(GDP) 성장률이 5%를 기록했다. 2014년 2분기에도 성장률은 4.6%에 달했다. 같은 기간 우리나라의 성장률이 3%대이고 일본과 유럽은 1%대에도 못 미치는 것을 감안하면 미국의 성장세는 단연 눈에 띈다. 전 세계 총생산의 20%를 차지하는 미국이 5%대의 성장을 기록한다면 그 의미는 간단치 않다. 지난 5년간 미국경제가 주춤할 때 고도성장을 기록했던 중국은 2015년 이후 성장세가 둔화되고 있다. 유럽, 일본 등 선진국은 물론 여타 개발도상국들도 저성장의 늪에 빠져 허덕이고 있다. 이런 상황에서 미국이 5%대 성장을 이어간다면 세계경제는 미국 중심으로 빠른 속도로 재편될 가능성이 높다. 천문학적인 돈을 풀며 그동안 절치부심해왔던 미국경제가 세계의 전면에 나서는 순간이다.

2008년 자본주의 시스템 몰락의 근원지였던 미국의 부활은 여러 가지로 시사하는 바가 크다. 우선 세계경제에서 미국의 주도권 강화가 예상된다. 규모가 가장 크고 가장 빠른 속도로 성장하는 경제에 힘이 실리는 것은 어찌 보면 당연하다. 다음으로 자본주의에 대해 새롭게 해석하려는 움직임도 있다. 미국이 경험한 금융위기는 자본주의 시스템의 문제점을 노출시켰고 미국이 이를 극복하기 위해 펼친 정책들은 미국 입장에서는 성공적으로 평가받는다. 하지만 미국의 양적완화는 본질적으로 다른 나라의 희생을 전제로 한 정책이다. 미국이 찍어낸 달러는 세계 곳곳에 스며들어 미국의 인플레이션 압력을 줄여줬다. 또 미국이 경기회복으로 푼 돈을 거둬들이기 위해 금리를 인상하면 세계 곳곳에 풀린 돈은 다시 미국으로 흘러갈 것으로 예상된다. 이 과정에서 경제가 취약한 나라들은 또 한 차례 위기를 겪을 것으로 보인다. 문제는 미국에서 발생했는데 이를 수습하는 과정에서 다른 나라들이 희생을 치러야 한다. 이 같은 희생을 기반으로 해서 미국은 다시 세계경제의 패권을 장악하는 아이러니가 발생한다. 그러다 보니 유럽, 일본 등 선진국들도 잇달아 양적완화를 단행하며 미국의 정책을 따라하고 있다. 선진국들이 서로 돈 풀기를 통해 자기 나라 화폐의 가치를 낮춰 경제를 살리려는 경쟁이 치열하게 벌어지고 있는 것이다. 이런 상황은 합리성과 개인의 경제적 자유를 존중해왔던 자본주의에서 다시 힘의 논리가 득세하는 새로운 자본주의의 패권 시대를 예고한다. 분권화된 경제 시스템과 완전경쟁을 통해 효율성을 극대화한다는 명분을 내세웠던 자본주의 경제가 힘을 중심으로 다시 재편되는 과정을 겪고 있는 것이다.

뱁새가 황새 따라가는 격인
유럽과 일본의
양적완화

지폐만큼 생산원가 대비 이익률이 높은 게 있을까. 우리나라의 1만 원권 지폐의 생산원가는 70원 정도라고 한다. 1만 원권을 한 장 찍어내면 9930원만큼의 이익을 올린다. 수익률이 1만 4100%가 넘는다. 누구나 할 수만 있다면 돈을 찍어내고 싶어 한다. 하지만 현대 자본주의 국가에서 돈을 찍어내는 것은 국가만이 갖고 있는 권력이다. 민간이 돈을 찍어내면 법적인 처벌을 받지만 정부가 돈을 찍어내면 '통화정책'이라는 이름으로 포장된다. 중앙은행이나 정부가 돈을 찍어내 올리는 이익을 '시뇨리지(Seigniorage)'라고 한다. 역사적으로 어느 정부나 돈을 찍어내고 싶은 유혹은 있었다. 경제가 위기상황에 도달하면 이 유혹은 더 커진다.

미국, 유럽, 일본 등 선진국들이 지난 2008년 금융위기 이후 막대한 돈을 찍어 경제를 살리겠다고 나선 것도 비슷한 이유 때문이다. 경제가 어려워지면 정부는 돈 찍어내는 것부터 생각한다. 그만큼 쉬운 방법이 없다. 하지만 세상엔 공짜가 없는 법. 정부가 돈을 찍어낼 때 지불해야 하는 비용은 지폐 제조비용 외에도 또 있다. 물가상승으로 돈값이 하락하는 것으로부터 발생하는 비용도 생각해야 한다. 사실 후자가 전자보다 훨씬 더 큰 비용이다.

한 국가 내에 있는 총 통화량이 100조 원인 상태에서 정부가 돈을 10조 원만큼 찍어낸다고 가정하자. 지폐 제조원가는 미미하니 당분간 무시하자. 그렇다고 해도 10조 원 전부가 정부의 이익이 되는 것은 아니다. 돈값의 변화를 감안해야 한다. 다른 모든 상품과 마찬가지로 돈의 값도 수요와 공급에 의해 결정된다. 정부가 돈의 공급을 총 통화량의 10%만큼 늘리면 돈값은 떨어진다. 돈값이 얼마나 떨어지는지는 돈에 대한 수요가 어떻게 되느냐에 달려 있다. 돈에 대한 수요가 전혀 변하지 않는다면 돈값은 정확히 10%만큼 떨어진다. 수요는 그대로인데 공급만 늘어나면 가격이 떨어지는 경제원리와 같다. 이 경우 통화량을 10% 늘리면 인플레이션율도 정확히 10%에 달한다. 정부는 돈을 10조 원 찍어냈지만 이 돈의 전체 가치는 9조 원이 된다. 결국 정부는 9조 원만큼 이익을 본다. 기존에 화폐를 보유하고 있는 민간 경제주체들은 가만히 앉아서 돈값이 떨어지는 것을 감수해야 한다. 그들이 종전에 갖고 있던 100조 원은 이제 90조 원의 가치밖에 없다. 정부가 돈을 찍어내 발생하는 인플레이션은 민간이 세금을 정부에 내는 것과 유사해 '인플레이션세'라고 부른다. 민간 부문에서 돈값이 떨어지는 것까지 감안하면 정부가 돈을 찍어내 올릴 수 있는 실제이익은 거의 없다.

그런데 통화량을 10% 늘렸을 때 돈에 대한 수요도 동시에 늘어난다면 얘기는 달라진다. 예를 들어, 돈을 10조 원 찍어냈을 때 돈에 대한 수요가 10% 늘어난다면 돈값은 변하지 않는다. 이때 정부는 10조 원을 찍어내고 10조 원만큼의 가치를 확보한다. 민간 경제주체들도 인플레이션세를 내지 않아도 된다. 이처럼 정부가 돈을 찍어낸 것에 대한 이익은 돈을 찍어낼 때 이 돈에 대한 수요가 얼마나 변하느냐에 달려 있다. 돈에 대한 수요가 늘어나는 정도에 따라 정부가 돈을 푼 것에 대한 이익이 결정된다.

경제가 개방되면 한 국가의 화폐에 대한 수요가 해당 국가에서만 발생하는 것이 아니다. 우리나라가 달러를 보유할 수도 있고 일본이 유로화를 가질 수도 있다. 이처럼 국제화 시대에는 한 국가의 통화에 대한 수요는 다른 나라에서도 발생한다. 한 국가가 돈을 풀었을 때 얼마나 이익을 보느냐는 이 통화에 대한 세계적인 수요와 관련이 깊다. 지난 2008년 이후 미국이 돈을 풀었을 때 이 돈에 대한 수요는 전 세계적으로 늘어났다. 중국, 일본은 물론 한국도 미국이 발행한 국채를 사 모으면서 달러를 재 났다. 수요가 늘어나니 미국이 돈을 찍어 올릴 수 있는 수익은 갈수록 늘어났다. 이를 기반으로 미국경제는 불황에서 탈피할 수 있었다.

그럼 유럽이 돈을 풀어도 미국과 똑같은 효과를 누릴 수 있을까. 답은 '아니다'이다. 유로화에 대한 세계 각국의 수요는 달러만큼 많지 않다. 각국의 외환보유액 구성을 보면 유추할 수 있다. 지난 2013년 말 기준으로 전 세계 중앙은행들의 외환보유액 통화구성은 미국 달러가 61.2%로 압도적으로 많았고, 다음으로 유로 24.4%, 엔 3.9%, 파운드 4% 등이었다. 미국 달러에 대한 수요가 압도적으로 많은 것은 달러가 기축통화이고 미국경제의 규모가 크고 미국경제에 대한 기대감이 높기 때문이다. 이 때문에 미국이 양적완화로 4조 달러에 달하는 막대한 돈을 찍어냈을 때 이 돈들이 상당 부분 신흥국과 아시아 국가로 흘러들어갔다. 우리나라도 지난 2008년 2012억 달러였던 외환보유액이 2014년 말에는 3635억 달러로 거의 2배 가까이 늘었다. 중국의 외환보유액도 2008년

1조 6820억 달러에서 2014년 6월 3조 9900억 달러로 2배 이상 증가했다. 미국이 양적완화로 막대한 규모의 이익을 올릴 수 있었던 것은 세계 각국에서 미국 달러화에 대한 수요가 늘어 달러 가치가 떨어지지 않았기 때문이다.

이런 점을 감안하면 유럽이 돈을 풀 때 미국과 유사한 효과를 발휘할 것으로 기대하는 것은 무리다. 전 세계적으로 유로화에 대한 수요는 달러화에 대한 수요의 절반에도 못 미친다. 유럽이 1조 유로에 달하는 돈을 풀었을 때 이 돈에 대한 수요가 늘지 않는다면 그 효과는 반감된다. 돈을 푼 것으로부터 발생하는 이익도 달러와는 비교가 안될 만큼 적다. 마찬가지로 일본의 양적완화의 효과는 유로화보다도 작을 것으로 예상된다. 그만큼 미국은 전 세계적인 기축통화로서의 이점을 누리고 있는 것이다. 유럽이나 일본이 양적완화 정책으로 미국만큼의 이익을 올릴 것으로 예상한다면 이는 '뱁새가 황새 따라가다 가랑이가 찢어지는 격'이다. 우리나라의 통화는 전 세계 금융시장에서 미국은 물론 유럽, 일본 통화보다도 국제화 정도가 미미하다. 미국이 양적완화로 경기를 부양한다고 해서 우리까지 부화뇌동(附和雷同)하는 것은 바람직하지 않다.

AIIB와 국제기구
지배구조의
역설

　자본주의 체제에서는 때때로 돈이 사람보다 우선시된다. 돈 많은 사람이 큰 소리를 친다. 경제 시스템이 이를 합법적으로 보장한다. 주주총회에서는 회사에 대한 지분이 많은 사람이 많은 표를 행사한다. 10주를 가진 사람은 한 주를 가진 사람보다 의사결정에서 10배의 영향력을 발휘한다. 기업의 채권자들로 구성된 채권단 회의에서 의사결정을 할 때도 채권액에 따라 투표권이 배분된다.

　국가들이 모여 만든 국제기구에도 유사한 논리가 적용된다. 세계 188개국이 돈을 내 만든 국제통화기금(IMF)도 돈을 많이 낸 국가가 많은 표를 행사한다. 미국은 IMF에 17.4%의 지분을 갖고 있다. IMF가 조성한 돈의 17.4%를 미국이 부담한다는 의미다. 그러면서 의사결정을 할 때 미국이 행사할 수 있는 투표비율은 16.41%다. 일본은 6.46%의 지분율을 갖고 있으면서 6.13%의 투표권을 행사한다. 한국은 1.79%의 지분율과, 1.73%의 투표권을 갖고 있다. IMF에서 1% 이상의 투표권을 행사할 수 있는 국가의 수는 19개로, 이들이 갖고 있는 투표율은 67.69%에 달한다. 188개국이 가입돼 있지만 실제 의사결정을 주도할 수 있는 국가는 20개 남짓이다. 그중에서도 미국이 압도적이다. 그러다 보니 미국의 입김이 세 질 수밖에 없다. 그동안 IMF를 사실상 미국이 지배했다는 지적도 나온다. 미국 입장에서는 188개국이 참여하는 국제기구를 만들어 돈을 많이 내고 자신들의 영향력을 행사하는 것은 분명 남는 장사다. 우리나라는 지난 1997년에 IMF로부터 구제금융을 받을 때 강도 높은 금융·산업 구조조정 정책을 펼 것을 요구받았다. 수많은 기업과 금융회사가 문을 닫았고 각종 경제 시스템은 미국식으로 바뀌었다. 그 결과 많은 미국의 자본들이 한국에 들어와 막대한 수익을 올렸다. 국제기구는 국가 간 공조를 통해 경제 시스템을 보호한다는 명분과 이 기구를 주도하는 국가가 실제 운용과정에 실익을 올릴 수 있다는 양면성을 갖고 있다.

중국 주도로 설립된 아시아인프라개발은행(AIIB)도 마찬가지다. 이 기구는 여러 나라가 돈을 모아 아시아 개발도상국의 도로, 항만 등 인프라스트럭처를 만드는 데 투자하는 펀드다. 중국은 국제기구를 설립해 아시아 인프라를 개발하는 데 돈을 제공한다는 명분과 함께 아시아 권역에서 자국의 영향력을 확대한다는 계산 아래 이 기구 설립을 추진했다. 아시아의 개도국에 자금을 제공해 인프라를 구축한다는 명분은 훌륭하다. 세계 각국이 여기에 동의한다. 문제는 지배구조다. 중국이 이 기구를 자신들의 영향력을 높이는 도구로 활용한다면 문제가 복잡해진다. 미국 등 서방 국가들이 걱정하는 것도 이 부분이다. 이 기구가 아시아에 본부를 두고 만들어지는 한 중국이 막강한 영향력을 행사하는 것을 막기가 쉽지 않다. IMF와 아시아개발은행(ADB) 등 기존 국제기구의 사례에 맞춰, AIIB의 지분율은 참여국가의 경제규모, 아시아 참여국에 대한 프리미엄, 기구 설립과정에서의 기여도 등에 의해 결정됐다. 아시아권에서 출발하는 만큼 전체 지분을 아시아와 역외 국가 간에 7 대 3의 비율로 나눠 가진 후 같은 역내 국가들은 국내총생산(GDP)의 상대적인 비중을 고려하고 여기에 기여도 등을 감안해 최종 지분율을 결정하는 방식이다. 지분율이 결정되면 이는 곧 의사결정에 참여하는 투표권으로 이어진다. 이 같은 계산방식에 따라 중국은 26.06%의 투표권을 확보했다. 다음으로 인도(7.5%), 러시아(5.93%), 독일(4.15%), 한국(3.5%), 호주(3.46%) 순이다. 중국은 미국이 IMF에 대해 갖고 있는 지분율을 훨씬 뛰어넘었다. 국제기구는 중요한 의사결정을 할 때 투표권 기준으로 75% 찬성을 얻도록 하고 있다. AIIB에서는 중국이 반대하면 나머지 국가 모두가 찬성해도 안건을 통과시킬 수 없다. 그만큼 중국의 권한은 막강하다. 아시아, 유럽, 남미 등 모든 대륙에서 57개국이 참여하는 AIIB는 이렇게 중국 주도로 원활하게 출범했다. 일각에서는 AIIB가 '중국의, 중국에 의한, 중국을 위한' 조직이 될 가능성이 크다며 염려하고 있다. 이런 요인이 미국, 일본 등 여타 국가들이 AIIB 참여를 꺼리는 중요한 이유다. 중국이 사실상 의사결정을 독점하는 기구에 참여해 돈을 내기 싫다는 것이다.

하지만 국제기구는 묘한 구석이 있다. 미국, 일본 등 강대국이 AIIB에 적극적으로 참여하면 중국의 영향력은 줄어든다. 실제 독일, 영국, 프랑스 등 유럽국가들이 대거 참여하면서 중국의 지분율은 상당 부분 떨어졌다. 만약 미국과 일본이 참여한다면 중국의 지분율은 20% 정도로 더 떨어진다. 이 경우 미국과 일본의 지분을 합하면 중국보다 많아 중국의 전횡을 확실히 견제할 수 있다. 이처럼 참여국이 많아질수록 중국은 영향력을 잃게 된다. 이 같은 이유 때문에 기존 AIIB 국가들은 중국을 견제하기 위해 미국과 일본의 참여를 독려하고 있다. 미국과 일본은 아시아의 많은 나라들에 사회간접자본을 건설해 준다는 명분을 얻을 수 있고, 이 공사에 참여해 이익을 올리는 실리도 추구할 수 있다.

한국에 주는 시사점도 있다. IMF, 월드뱅크(WB), 아시아개발은행(ADB) 등이 만들어질 때 한국은 후진국이어서 국제기구에 투자하고 주도권을 행사할 엄두를 내지 못했다. 일방적으로 그들 기구로부터 수혈을 받는 입장이었다. 하지만 이제는 상황이 달라졌다. 우리나라가 선진국 문턱에 들어서면서 후진국에 공적개발원조(ODA) 등의 무상원조를 통해 많은 자금을 공급하고 있다. 우리나라가 개발도상국에 대해 발휘하는 영향력도 갈수록 커지고 있다. AIIB는 국제 경제기구 중 우리나라가 가장 적극적으로 참여할 수 있는 기회를 제공하고 있다. 기회를 제대로 활용할 수 있는 전략이 필요한 때다.

아시아인프라개발은행(AIIB) 참여국가 명단

러시아, 인도, 독일, 호주, 한국, 프랑스, 영국, 브라질, 이탈리아, 인도네시아, 사우디아라비아, 스페인, 태국, 이란, 네덜란드, 터키, 말레이시아, 싱가포르, 스위스, 이스라엘, 필리핀, 스웨덴, 파키스탄, 카자흐스탄, 폴란드, 노르웨이, 카타르, 뉴질랜드, 오스트리아, 쿠웨이트, 아랍에미레이트, 베트남, 남아프리카공화국, 방글라데시, 덴마크, 이집트, 핀란드, 포르투갈, 오만, 스리랑카, 미얀마, 우즈베키스탄, 요르단, 아제르바이잔, 룩셈부르크, 네팔, 브루나이, 아이슬란드, 캄보디아, 몽골, 라오스, 몰타, 타지키스탄, 조지아, 키르키즈스탄, 몰디브, 그루지아

신들의 국가 몰락과
유럽경제 통합의
이면

2015년 6월. 유럽에서 '신들의 국가'라고 불렸던 그리스가 다른 나라에서 꾼 돈을 갚지 못해 부도위기에 몰렸다. 돈을 빌려준 국가는 독일을 비롯해 유럽의 다른 국가들이다. 부도날 위기에 처한 그리스에 대해 채권단은 쓸 돈을 줄이고 빚을 조금씩 갚아가라고 요구했고, 그리스 정부는 채권단의 요구가 부당하다고 거부하며 맞섰다. 그리스 국민들도 그리스가 이렇게 망가진 원인과 관련해 독일 등 유럽 다른 국가들의 책임론을 제기했다. 빚을 얻어 파산할 지경에 빠진 빚쟁이가 오히려 큰 소리를 치는 형국이다. 우여곡절 끝에 그리스는 채권 국가들과 협상을 통해 그들이 요구한 긴축안을 받아들였지만 불만은 여전하다.

얼핏 보면 이해가 가지 않는다. 우리나라가 지난 1997년 국가 부도위기에 몰려 국제통화기금(IMF)에서 구제금융을 받을 때는 돈을 빌려주는 채권단 앞에, 고양이 앞에 쥐처럼 납작 엎드렸다. 온 국민이 나서서 '금 모으기 운동'을 벌이면서까지 IMF에 진 빚을 갚았다. 하지만 그리스 정부는 오히려 독일 등 다른 국가의 잘못을 제기하고 나서 지구촌을 당황하게 만들었다. 그리스 국민들이 뻔뻔스런 것일까. 그리스가 포함된 유럽연합(EU)이 안고 있는 문제를 찬찬히 살펴보면 문제가 그리 간단하지 않음을 알 수 있다. 빚잔치를 벌이려는 그리스 내부의 문제는 분명히 있지만, 유럽 통합과정에 내재됐던 문제가 불거지고 있는 측면도 있기 때문이다.

정치적으로는 유럽 국가들의 대통합이라는 명분을 표방하고 있지만 EU를 관통하는 경제원칙은 관세동맹(customs union)과 유로화로의 화폐통합(currency union)이다. 관세동맹을 맺으면 동맹국가 간에 물건을 사고 팔 때는 관세를 부과하지 않는다. EU 지역은 완벽한 자유무역 지대가 됐다. 한 가지 특성이 더 있다. 관세동맹을 맺으면 이 동맹을 맺은 국가들은 다른 지역에서 물건을 수입할 때 단일관세를 부과한다. 중국이 독일에 수출하건, 그리스에 수출하건 동일한 관세를 낸다는 의미다. 역내 관세가 없을 뿐만 아니라 역외교역에 대해 단일관세를 메기는 것이 관세동맹의 특징이다.

관세동맹은 경제통합을 앞당기는 방법인 것은 분명하다. 하지만 이 동맹은 경제규모가 크고 산업발전 정도가 높은 국가에 절대적으로 유리한 제도라는 것 또한 부정할 수 없는 사실이다. 독일과 그리스 사례를 보면 쉽게 알 수 있다. 독일과 그리스가 관세동맹을 맺으면 산업이 발달한 독일은 더 큰 시장을 얻게 된다. 독일의 멋진 벤츠 자동차가 무관세로 들어오니 그리스에서 벤츠를 타는 사람이 늘어난다. 반면 그리스에서 만든 자동차를 타는 사람은 점점 줄어든다. 독일사람이 성능이 떨어지는 그리스 자동차를 탈 리 없다. 그리스에서도 외면 당하니 그리스 자동차업자는 설 곳이 없어진다. 그리스 산업에서 많은 비중을 차지하는 것은 관광업이다. 하지만 관세를 없앴다고 관광객이 크게 늘어나지는 않는다. 결국 관세동맹을 맺으면 독일 같은 선진국은 이득을 보지만 그리스처럼 산업발달 정도가 떨어지고 규모가 작은 나라는 손해를 본다.

대외거래 측면에서도 독일이 훨씬 유리하다. 중국이 EU와 무역협상을 벌일 때 EU 내에서 규모가 큰 나라의 입김이 강하게 작용한다. 그리스처럼 작은 나라는 대외협상에서 영향력을 발휘하기 어렵고 협상결과가 자기 나라에 불리하더라도 그것을 수용해야 한다. EU와 중국이 관세협상을 할 때 EU는 중국의 자동차 관세를 낮춰줄 것을 요구하고, 중국은 EU의 저가 공산품이나 농산품에 대한 관세를 낮춰줄 것을 요구한다. 서로가 원하는 바를 받아들여 협상이 타결되면 산업발전 정도가 높은 독일 같은 나라는 중국에 대한 수출이 늘어나는 반면, 그리스 같은 나라는 중국제품 수입이 늘어나게 된다. 어떻게 봐도 독일은 혜택을 입고 그리스는 손해를 본다.

유로화로 통화가 통합될 때도 독일 같은 강대국에 절대적으로 유리하다. 독일은 수입보다 수출이 많은 나라다. 수출이 많다는 것은 들어오는 돈이 나가는 돈보다 많다는 것을 의미한다. 유로화로 통합되기 전에는 수출이 늘어나면 독일의 화폐인 마르크화의 가치는 높아진다. 마르크화 가치가 높아지면 해외에서 팔리는 독일제품의 가격도 높아진다. 반면 독일이 수입하는 외국제품의 값은 떨어진다. 이 경우 독일의 수출은 줄어들고 수입은 늘어나 경상수지 흑자가 줄어든다. 이처럼 화폐가치 변화를 통해 경상수지가 조정을 받는다. 그런데 유로화로 통합되면 얘기가 달라진다. 독일은 수출을 늘리지만 그리스 같은 후발국들은 수입량이 수출보다 많다. 이 경우 유로존 전체적으로는 수출과 수입 간의 균형이 맞춰진다. 이 때문에 유로화의 가치가 달라지지 않는다. 이 경우 독일은 계속 수출을 늘릴 수 있다. 독일은 막대한 규모의 경상수지 흑자를 계속 보지만 그리스 같은 나라는 경상수지가 계속 악화된다. 화폐통합에 따른 희비가 극명하게 엇갈리는 것이다.

　유럽통합의 핵심원칙인 관세동맹과 화폐통합은 독일처럼 규모가 크고 고도로 산업화된 국가에게 절대적으로 유리하다. 유럽통합으로 유럽국가들 간의 경제력 격차는 더욱 커졌다. 이런 문제는 정치적으로 풀어야 한다. 통합으로 이익을 본 국가가 손해를 본 나라를 지원해주는 시스템이 제대로 작동해야 한다. 그리스 사태의 본질도 결국은 통합에 따른 이익을 어떻게 배분할 것인가의 문제다. 그리스는 독일이 이득을 많이 본만큼 그리스를 더 전폭적으로 지원해야 한다는 입장인 반면, 독일은 그동안의 지원으로 충분하다는 입장이다. 독일은 특히 그리스의 집권층의 방만한 재정운용이 오늘날의 그리스 사태를 불러왔다며 강한 긴축을 요구하고 있다. 단기적으로는 채권국가들과 그리스 집권층 간에 원만한 합의를 통해 문제를 해결할 수밖에 없다. 하지만 유럽연합이 본질적으로 안고 있는 문제를 해결하지 않는 이상, 제2, 제3의 그리스 사태는 계속 발생할 수밖에 없는 구조다. 유럽국가 간의 격차를 줄이려는 혁신적인 정책이 요구된다.

Chapter 2

보이지 않는 전쟁터
국제무역

겉으론 자유무역,
속으론
보호무역

　자본주의 경제는 교환을 미덕으로 한다. 한 사람은 한두 가지 일밖에 할 수 없지만 살아가는 데 필요한 것은 수십 가지가 넘는다. 내가 한 끼 식사 때 먹는 것을 나 혼자서 다 만든다고 생각하면 끔찍할 뿐만 아니라 가능하지도 않다. 각자 잘 만들 수 있는 것을 만들어 교환하는 것이 모두에게 이익이다. 국가 간에도 똑같은 얘기를 할 수 있다. 한 나라가 만드는 것에 한계가 있기 때문에 서로 간의 교환이 필요하다. 그래서 국가 간의 교역이 활발해질수록 모든 국가가 이익을 보게 된다는 논리가 정립되었다.

　이런 논리로 자본주의 경제학은 자유무역을 예찬한다. 자유무역이란 국가 간에 물건을 사고팔 때 아무 제한이 없는 것을 말한다. 세금도 내지 않고 수입국이나 수출국의 정부가 아무런 규제도 부과하지 않는다.

예를 들어 한국이 미국에서 소고기를 수입할 때를 생각해보자. 세금을 비롯해 아무런 제약이 없다면 한국사람들은 미국과 같은 값에 미국산 소고기를 사먹을 수 있다. 그러면 소고기값이 지금보다 많이 낮을 것이다. 하지만 소고기를 수입할 때 관세를 부과하면 어떻게 될까? 한국 소비자들이 내는 소고기값은 미국사람이 내는 것보다 비싸진다. 소비자들은 손해를 본다. 소고기값이 비싸지니깐. 이런 관점에서 보면 싼값에 소고기를 사먹을 수 있는 자유무역이 좋은 것 같다.

하지만 한국에서 소고기를 생산하는 축산업자 입장에서는 얘기가 달라진다. 정부가 관세를 부과하면 미국 소고기가 비싼 값에 한국에서 팔리게 된다. 덩달아 한국의 소고기업자들도 자유무역을 할 때보다 비싼값에 소고기를 팔 수 있다. 이 때문에 한국 축산업자들은 이득을 본다. 반면 관세가 없어지면 싼 미국산 소고기가 우리 국민들의 식탁을 장악한다. 이 경우 국내 축산업자들은 설 자리가 없어진다. 미국 소고기처럼 싼값에 고기를 팔면 한국 축산업자들은 큰 손해를 보기 때문이다. 한국정부는 머릿속이 복잡해진다. 축산업자를 생각하자니 보호무역을 해야 할 것 같고 소비자를 생각하면 자유무역을 해야 할 것 같다.

경제학자들도 이 문제에 대한 해법을 내놓는 데 가세했다. 약 200년 전 데이비드 리카아도란 경제학자가 이 문제에 대해 나름대로의 해답을 제시했다. 두 나라가 자유무역을 통해 서로 잘 만들 수 있는 것을 많이 만들어 수출하면 두 나라 모두에 이익이 된다는 논리를 만들었다. 한 나라가 상대적으로 잘 만드는 물건에 인적·물적 자원을 집중해 생산한 물건을 다른 나라와 교환하는 방식이다. 일시적으로는 다른 나라에서 수입하는 물건을 만드는 국내 생산업자가 손해를 보겠지만 장기적으로 볼 때 국가 전체적으로는 이익이 된다는 이론이다.

리카아도 이후 수많은 경제학자들이 달라붙어 이 이론을 정교하게 만들었다. 그렇다면 리카아도 이후 200년이 흘렀으니 전 세계 국가는 모두 자유무역을 해야 할 것 같다. 하지만 지구상 어느 나라도 자유무역을 하는 나라는 없다. 심지어 리카아도가 살았던 영국도, 자유주의 경제학이 꽃을 피운 미국도 자유무역 국가가 아니다. 왜 그럴까?

우선 자유무역이 국가 전체적으로 이익이 되도록 만들려면 이 정책을 펼 때 정부가 나서서 이익을 본 사람과 손해를 본 사람 간에 소득을 재분배할 수 있는 제도를 마련해야 한다. 생산자와 소비자 어느 쪽에도 치우치지 않고 공명정대하게 국가 전체의 이익을 계산해야 한다. 그렇지만 현재 지구상에 이런 역할을 충실히 수행하는 정부는 어디에도 없다.

정부는 특정 이익단체로부터 끊임없이 로비를 받는다. 특히 기업들로부터 정치자금을 받는 것은 공공연한 비밀이다. 뇌물도 받는다. 이런 정부의 관리는 뇌물을 준 사람의 이익을 대변할 수밖에 없다. 정부가 보호무역을 통해 특정 산업을 보호하려는 현상은 정부와 기업 간의 유착관계에 기인한다. 자유주의 경제학자들이 정부를 불신하는 이유가 여기에 있다.

지난 2013년 미국 오바마 행정부는 삼성전자의 특허권을 침해한 애플사의 제품에 대해 수입금지 조치를 내린 국제무역위원회(ITC)의 결정에 대해 거부권을 행사했다. 대통령의 권한을 최대한 행사해 자국 회사인 애플을 보호하겠다는 입장을 노골적으로 드러낸 것이다. 미국도 겉으로는 자유무역을 표방하고 있지만 결정적인 사안에 대해서는 자국 산업을 보호한다는 점을 보여준 사례다.

일본도 공산품에 대해서는 자유무역 원칙을 역설하지만 농산물에 대해서는 높은 관세를 부과해 자국 농업을 보호하고 있다. 한국도 미국과의 소고기 개방협상에서 농민들의 반대로 어려움을 겪었다. 유사한 사례는 세계 어느 나라의 경우를 살펴봐도 쉽게 찾을 수 있다.

다른 나라 수출업자를 덤핑으로 고발하는 것도 변칙 보호무역주의의

한 예다. 덤핑이란 수출업자가 수입국가의 시장잠식을 목적으로 과도하게 가격을 낮춰 팔 때 수입국가가 자국 산업보호를 위해 취하는 조치다. 국제무역기구(WTO)에 가입했거나 특정 국가와 자유무역협정(FTA)을 체결하고 있는 국가들도 적절한 절차만 유지하면 덤핑 관세를 부과할 수 있다. 지난 2012년 미국 상무부는 한국산 냉장고와 세탁기에 대해 최고 30%의 덤핑 관세를 부과했다. 이 정도의 관세가 부과되면 한국의 수출은 큰 타격을 입을 것이 불 보듯 뻔하다. 반면 같은 제품을 생산하는 미국업자들은 강력한 경쟁자인 한국회사의 제품수출이 막히면서 반사이익을 본다.

중국도 지난 2013년에 세계 최대 유제품 업체인 뉴질랜드 폰테라를 비롯한 분유 수출업자들에게 총 6억 7000만 위안(1218억 원)의 과징금을 부과했다. 그들에게 씌워진 죄목은 반독점법 위반혐의다. 이 정도의 과징금을 내고 중국 내 분유 생산업자들과 경쟁하기는 어렵다. 물론 시발점은 외국 분유사들의 잘못이다. 하지만 중국의 과민반응에는 엄정한 법집행보다 자국 산업보호라는 '정치적' 계산이 깔려 있었다.

각국 정부가 음으로 양으로 외환시장에 개입해서 자국 통화의 가치를 떨어뜨리는 것도 일종의 변칙적 보호주의 정책이다. 자기 나라 통화가치가 떨어지면 수출업자들은 가격경쟁력이 높아져 이익을 본다. 반면 수입국가의 수입가격은 높아져 수입을 줄이는 효과도 있다. 미국이 중국의 외환시장 개입에 대해 항상 촉각을 곤두세우고 있는 것도 중국이 환율조작을 통해 자기 나라 산업을 보호하는 것을 막기 위한 것이다.

전 세계적으로 자유무역 체제를 만들기 위해 국제무역기구(WTO)가 지난 1995년에 출범했고 현재 160개 국가가 이 기구에 가입해서 자유무역 확산을 위해 노력하고 있다. 두 나라 간에 체결하는 자유무역협정(FTA)도 계속 확산되고 있다. 세계 주요 20개국(G20) 회담 등에서는 항상 '자유무역을 통한 교역증진이야말로 세계 각국이 나아갈 미래의 방향이다'라는 의제를 갖고 열띤 토론을 하곤 한다. 얼핏 보면 조만간 전 세계는 자유무역 체제로 전환될 것처럼 보인다. 하지만 각 국가의 속을 면밀히 들여다보면 세계의 대부분 나라들은 겉으로 표방하는 자유무역과 달리 자국 산업을 보호하기 위해 혈안이 되어 있다. 양의 탈을 쓴 늑대처럼 겉과 속이 다른 행동들을 하고 있는 것이다. 그러다 보니 일종의 '꼼수'인 변칙 보호주의 정책들을 내놓는다. 그만큼 자유무역이라는 대의명분과, 보호를 통한 자국 산업육성이라는 실리가 항상 서로 엇갈리는 것이다. 특히 국내 경제가 어려울 때는 보호무역에 대한 요구가 많아진다. 지난 2008년 금융위기 이후 경제가 어려워지면서 세계 각국의 변칙 보호주의가 유난히 기승을 부리고 있다.

지난했던
미국 자유무역의
역사

자유주의 경제학을 꽃피운 미국이 처음부터 자유무역 국가였던 것은 아니다. 1920년대 대공황 시절 미국의 관세주권은 전적으로 의회에 있었다. 미국의회는 정치적으로 매우 취약한 곳이다. 미국 국회의원들의 눈에는 대공황 때 쏟아져 나오는 실업자들이 가장 먼저 보였다. 외국에서 어떤 물건을 수입하면 미국 내의 해당 산업은 문을 닫고 실업자는 늘어난다. 당시 공화당의 리드 스무트와 윌리스 홀리라는 두 의원은 미국의 관세를 대폭 올려 수입을 막아야 한다는 스무트-홀리 법안을 내고 이를 통과시켰다. 2만여 개 수입품목의 평균관세가 59%, 최고 관세율은 400%에 달했다. 외국수입을 막으면 자국 산업이 커지고 고용이 늘어날 것이라는 지극히 근시안적인 법안이다.

이 법 시행 후 다른 나라들이 보복적으로 높은 관세를 부과했다. 미국은 수출길이 막혔다. 세계무역은 60%나 줄었다. 외국에서 사야 할 물건을 못 사고 팔아야 할 물건을 못 파니 경제는 급속히 위축됐다. 미국의 공황을 훨씬 깊고 오래가게 만든 이유가 이 스무트-홀리 법안 때문이었다는 분석도 경제학자들 사이에서 제기되고 있다. 법안의 목적은 자국 산업을 살리려는 것이었지만 종국에는 모든 나라의 산업을 죽이는 정책이었다.

미국이 대외적으로 자유무역을 표방하게 된 계기는 1934년 루즈벨트 대통령 때 만든 상호무역협상법(Reciprocal Trade Agreement Act)이다. 스무트-홀리 법안으로 경제가 급속히 위축되는 것을 눈으로 실감한 결과 미국경제 발전을 위해 무역을 다시 증진시켜야 한다는 여론이 비등했다. 특히 경제학자들이 자유무역의 경제적 효율성을 집중적으로 역설했다. 경제가 침몰하니 정치인들의 기세도 한풀 꺾였다. RTAA 법안의 핵심은 대통령에게 다른 나라와 서로 관세를 낮추는 협정을 맺을 수 있는 권한을 부여한 것이다. 의회는 대통령의 협상결과에 대해 다수결의 원칙에 따라 찬반을 결정할 수 있다. 종전 의회가 갖고 있는 무역 및 관세정책의 주도권을 행정부로 넘기게 된 계기가 됐다. 행정부는 특정 산업보다는 경제 전체를 보고 무역 및 통상정책을 수립할 수 있게 됐다. 이때부터 미국은 세계 각국과 관세인하 협정을 맺게 된다. 미국의 관세는 RTAA 법안에 힘입어 1934년 평균 46%에서 1962년에는 평균 12%까지 떨어진다. 다만 이 법안은 미국만의 일방적인 관세인하를 지양하고 주요 무역 국가와 상호주의 원칙에 따라 공동 관세인하를 추구한다. 미국이 관세를 낮춘 만큼 다른 나라도 낮춰야 한다는 논리다.

상호 관세인하를 통해 세계 각국의 무역을 늘리고 이를 통해 경제발전을 꾀한다는 논리는 이후 관세 및 자유무역에 관한 일반협정(GATT)과 세계무역기구(WTO)로까지 이어진다. 지금은 자유무역의 대표국으로 불리는 미국이 이런 원칙을 수립하기까지는 지난한 과정을 겪었다. 특히 표심에 민감한 정치인들을 설득하기가 가장 힘들었다. 눈에 보이는 표를 추구하는 정치인들은 아직까지도 미국의 고용과 경기침체가 발생하면 가장 먼저 보호무역을 주창하는 사람들이다.

미국의 역사를 생각하면 미국은 언제든 정치적으로 불리하다고 판단되면 보호무역을 들고 나올 수 있는 나라라는 것을 알 수 있다. 지난 2014년 미국 민주당이 오바마 행정부에게 신속협상권(Trade Promotion Authority)을 부여하는 법안에 반대의사를 표시하면서, WTO 이후 최대 지역 자유무역협정인 환태평양경제동반자협정(TPP)이 암초를 만났었다. TPA란 RTAA의 전통을 이어받은 것으로 협상의 권한을 행정부에 부여하고 의회는 가부만 결정하는 법안이다. 이 권한이 없으면 TPP 협상을 주도하는 미국 행정부의 리더십은 큰 손상을 입는다. 의회에서 고쳐질 가능성이 있는 협상을 다른 나라들이 할 리가 만무하기 때문이다. 일본 호주 등 TPP 참여국들은 미국정부가 TPA가 없다면 협상을 마무리 짓지 못하겠다는 입장을 보였다. 미국 민주당 측 논리는 TPP 협상이 국내 산업위축과 일자리 감소를 가져올 것이라는 염려에 기초하고 있다. 과거 스무트-홀리 법안을 제기했을 때와 논리상으로는 별반 다르지 않다. 오바마 행정부는 2015년 6월에 이르러서야 이 권한을 의회로부터 승인 받게 된다.

밖에서 볼 때 미국은 하나의 거대한 국가 같지만 조금만 들여다보면 다양한 인종, 문화, 이념의 집합체다. 미국의회가 생각하는 국가이익과 행정부가 생각하는 국가이익이 다를 뿐만 아니라 그 이익을 추구하는 방식도 다양하다. 중구난방인 것 같지만 역설적으로 미국의 경쟁력은 서로가 서로를 설득하기 위해 수많은 근거를 제시하고 논의를 거치는 과정에 있다. 의회와 행정부가 무역정책을 놓고 격론을 벌일 만큼 한 국가의 통상 무역정책은 국가의 백년대계를 좌우할 만큼 중요하다. 한번 맺은 협정은 수십 년간 국가경제에 영향을 미친다. 세계의 통상흐름을 주도하는 미국에서도 매번 정치논리와 경제논리가 충돌하고 의회와 행정부가 충돌한다. 여러 개의 논리와 주장 중 어느 것이 우선시 될지는 상황에 따라 다르다. 미국 자유무역의 역사는 절대적으로 선한 것은 없다는 평범한 진리를 되새기게 한다.

할로윈데이 사탕과 무역이익의 배분

　미국에서는 매년 10월 말일만 되면 많은 사람들이 귀신복장을 하고 밤늦게까지 돌아다니는 것을 흔히 볼 수 있다. 요즘엔 한국에도 유사한 모습이 눈에 띈다. 10월 마지막 날은 아일랜드 전통에서 유래한 할로윈데이(Halloween day)다. 아일랜드 캘트족의 사람들은 사람이 죽으면 그 영혼은 1년 동안 다른 사람의 몸속에 있다가 하늘로 올라간다고 믿었다. 매년 10월 31일이 되면 영혼들이 자신들이 기거할 사람을 찾아 나선다. 이 날은 살아 있는 사람들이 귀신복장을 해서 영혼들이 자신의 몸속으로 들어오는 것을 막아야 한다고 생각했다. 할로윈에 귀신복장을 하는 것은 이런 뜻이 있는 것이다. 이날은 어린이들에게는 1년 중 가장 즐거운 날 중의 하나이다. 갖가지 귀신복장을 한 아이들이 어느 집이건 찾아가서 '나한테 당해 볼래 아니면 과자를 줄래?(Trick or Treat?)' 라고 외친다. 그럼 대부분의 집에서 과자나 사탕을 준다. 아이들은 이날 거의 1년간 먹을 정도의 사탕을 받는다.

할로윈데이의 일화는 무역의 이익을 얘기할 때 인용된다. 집안에 두 명의 어린 형제가 있다. 형은 버터맛 캔디를 좋아하고 땅콩 캔디는 싫어한다. 동생은 그 반대다. 두 형제가 할로윈데이 때 사탕을 얻으러 나갔다. 어떻게 해야 할까. 형이 '트릭 오어 트릿'을 외쳤을 때 방문한 집에서 땅콩 캔디를 줬다고 가정하자. 형 입장에서는 먹기 싫은 캔디를 받아봤자 먹지도 않을 것이니 받을 이유가 없다고 생각할 수 있다. 마찬가지로 동생은 버터맛 캔디를 안 받아 온다. 그렇게 자기가 먹을 캔디만 받아와서 각자 캔디를 먹는다.

그런데 발상을 바꿔보자. 형이건 동생이건 모두 나가서 사탕을 주는 대로 다 받아 온다. 그다음 집에 와서 동생과 형이 받은 사탕을 모두 펼쳐놓는다. 형이 받아온 땅콩 캔디는 동생이 먹고 동생이 가져온 버터맛 캔디는 형이 가져간다. 그럼 둘 다 더 많은 사탕을 먹을 수 있다. 일단은 동생과 형이 받아올 수 있는 캔디는 다 받아온 후 집에 와서 서로 나누는 것이다. 이 단순한 원리는 국가 간 무역의 이익을 설명하는 데 이용된다.

우리나라는 물론 세계 각국이 자유무역협정(FTA) 체결에 한창이다. FTA를 체결하면 이 협정을 체결한 양국 간에 무역을 할 때 관세를 비롯한 각종 무역장벽들이 철폐된다. 한국은 미국, 중국, 캐나다 등 주요한 국가들과 모두 FTA를 체결했다. 앞으로도 일본, 멕시코, 인도네시아 등 세계 각국과 FTA 체결협상을 벌여나갈 예정이다. FTA를 체결하면 우리나라에 어떤 이익을 가져다 줄 것인지를 생각해보면 문제가 간단하지 않다. 우리나라는 캐나다보다 자동차를 더 잘 만들고 캐나다는 우리나라보다 농산물에서 생산성이 높다. FTA를 체결하면 우리나라 자동차 산업은 이득을 보는 반면 농업 종사자는 피해를 본다. 자동차 산업은 캐나다에 더 많은 자동차를 팔 수 있게 되지만, 캐나다에서 값싼 농산물이 들어오면 우리나라 농업은 가격 경쟁력이 떨어져 도태된다.

자동차 산업은 이익을 보고 농업은 손해를 보는데, 정부와 일부 경제학자들은 FTA를 체결하는 게 우리나라의 이익이라고 입버릇처럼 말하는 것을 흔히 볼 수 있다. 그 이유는 자동차 산업이 보는 이익의 양이 농업에서 손해를 보는 양보다 많기 때문이다. 경제학자들은 '자유무역이 국가에 전체적으로 이익을 가져다주는 이유는 자유무역으로 특정 산업에서 이익이 증가하는 규모가 다른 산업에서 이익이 감소하는 규모보다 크기 때문이다'라고 주장한다. 이를 한-캐나다 FTA에 적용해보자. 자동차 산업이 FTA 체결로 10만큼의 이익을 보고 농업은 5만큼의 손해를 보면 국가 전체적으로는 5만큼 이익이라는 논리다.

논리적으로는 그럴 듯하지만 어찌 속는 기분이다. FTA를 체결해서 자동차 산업 종사자는 10만큼의 이익을 보니 좋아지는 것은 분명한데 농민들은 정부정책 변화에 따라 5만큼 손해를 입어야 한다. 한 산업은 이익을 보고 농민은 손해를 보는데 전체적으로 이익이라니 농민들 입장에서는 억울한 측면이 있다. 현재는 국가보다는 개인의 행복이 중요해지는 시대다. 국가가 전체적으로 이익이라는 논리를 앞세워 농민들의 희생을 강요할 순 없다.

여기서 나온 것이 무역에 대한 보상이론이다. 무역자유화를 통해 이익을 본 산업에서 손해를 본 산업으로 실질적인 보상이 이뤄져야 국가 전체적으로 이익이라는 것이다. 우리나라의 경우 자동차 산업에서 FTA로 10만큼의 이익을 보고 농업에서 5만큼의 손해를 봤다면, 자동차 산업의 이익 중 5만큼을 농업으로 이전시켜야 한다는 주장이다. 이런 보상이 실질적으로 이뤄진다면 농업 종사자들은 FTA로 인해 손해를 입지 않는다. 반면 자동차 산업은 보상 후에도 5만큼의 이익을 볼 수 있다. 손해를 본 산업에 대한 보상이 이뤄지고 난 후 특정 산업이 이익을 본다면 이때는 명실상부하게 국가 전체적으로 이익이라고 말할 수 있다. 마치 할로윈데이 때 형과 동생이 밖에서 사탕을 최대한 많이 가져온 후 집에서 나눠 갖는 것과 비슷하다. 무역을 통해 국가 전체적으로 가장 많은 이익을 올릴 수 있도록 FTA를 체결하고 그로부터 얻게 되는 이익은 국가 내부에서 제대로 분배해야 한다는 논리다.

하지만 이 같은 보상체계가 잘 구축된 나라는 세계 어디에도 없다. 이익을 본 산업은 한 푼의 이익도 안 내놓으려고 한다. 손해를 본 사람들은 목소리 높여 손해보상을 요구하다가 정부와 마찰을 겪는 경우가 많다. 중간에 낀 정부는 이러지도 저러지도 못하고 우왕좌왕한다. 이것이 대체적인 현대국가 정부의 모습이다. 하지만 정부가 FTA라는 정책적 판단으로 특정 산업이 손해를 입은 것을 '나 몰라라' 하는 것은 문제다. 설령 전체적으로 이익이 된다고 해도 말이다. 우리나라는 앞으로도 계속 자유무역 정책을 확대해 나갈 태세다. 우리부터 적극적으로 나서 무역정책에 따른 보상체계를 명확히 확립해 시행하는 것이 필요하다. 할로윈데이 때 얻어온 사탕을 사이좋게 나눠 갖는 형제처럼.

한국의
대미 · 대중
무역전략 딜레마

　어렸을 때 바나나는 매우 귀한 과일이었다. 바나나 한 개 값은 사과값의 3~4배나 됐다. 바나나는 부잣집 아이만 먹을 수 있는 과일이었다. 우리나라에서 잘 나지 않는 과일인데 먹고 싶은 사람이 많다보니 값이 비쌌다. 그러던 바나나가 어느 날 갑자기 값이 싸졌다. 지금은 바나나값이 사과값보다 훨씬 싸다. 무역자유화로 열대지방 국가에서 바나나를 싼 값에 수입을 많이 해오기 때문이다.

　이처럼 국제무역하면 떠오르는 것이 우리가 갖지 못한 것을 수입한다는 생각이다. 우리가 잘 만드는 자동차를 팔고 필리핀에서 바나나를 수입하면 두 나라 모두 이익이다. 이런 무역의 역사는 매우 오래됐다. 과거 세계에서 인기를 끌었던 고려인삼은 우리나라만 생산할 수 있었다. 반면 우리나라는 향신료를 생산하지 못했다. 아라비아 상인이 우리나라에까지 와서 인삼과 향신료를 교환해갔다.

1930년대 스웨덴의 경제학자 엘 헥셔(Eli Heckscher)와 그의 제자 베르틸 올린(Bertil Ohlin)은 서로 다른 장점을 가진 두 나라가 어떻게 무역을 해서 이익을 볼 수 있는지를 설명하는 이론을 내놨다. 넓은 땅을 가진 나라는 농사를 지어 농산물을 만들어내고, 기계가 상대적으로 많은 나라는 공산품을 만들어, 서로 교환하면 두 나라 모두 이익을 볼 수 있다는 이론이다. 좀 더 자세히 말하자면, 부존자원의 차이에 따라 각 국가가 생산하는 물건의 원가가 차이가 나기 때문에 싼값에 만들어 낼 수 있는 물건에 특화해 생산한 후 교환하면 두 나라 모두 이익이라는 이론이다. 한국과 칠레가 자유무역협정(FTA)을 체결한 후 우리나라는 자동차를 칠레에 팔고 칠레에서는 와인을 사들이는 무역이 '헥셔-올린' 이론에 딱 맞아 떨어지는 무역방식이다.

그런데 두 나라 모두 자동차를 잘 만드는 국가 사이에도 무역이 일어날 수 있을까. 그리고 두 나라 모두 무역을 통해 이익을 볼 수 있을까. 헥셔-올린 이론이 풍미했던 시대에는 이런 무역은 생각하지 못했다. 하지만 현대로 올수록 같은 산업 내에서의 무역이 갈수록 늘어나면서 헥셔-올린 이론은 한계에 도달했다. 헥셔-올린 이후 발전한 무역이론은 유사한 산업구조를 갖고 있는 두 나라도 무역을 하면 이익을 볼 수 있다는 것이다.

미국 뉴욕타임즈의 유명한 칼럼니스트인 폴 크루그먼 프린스턴대 교수는 유사한 산업구조를 갖고 있는 두 나라의 무역을 설명한 이론으로 노벨상을 받았다. 문제를 단순화시켜보면 그의 이론을 이해하기 쉽다. 미국의 대표적인 자동차 회사는 포드와 크라이슬러다. 독일에는 벤츠와 BMW가 있다. 두 나라가 FTA를 체결해 자유무역을 한다면 어떤 일이 벌어질까. 우선 두 나라의 소비자들은 종전에는 두 종류의 차만 구입할 수 있었지만 이제는 네 종류의 차 중 하나를 선택할 수 있다. 다양성이 주는 혜택을 누리는 것이다. 이것이 무역을 통해 얻게 되는 중요한 이익이다.

다음으로 두 나라 자동차 회사 입장에서는 물건을 팔 수 있는 시장이 훨씬 커진다. 이때 자동차 회사들은 규모의 경제를 통해 생산원가를 줄일 수 있다. 규모의 경제란 기업들이 생산량을 늘리면 어느 시점까지는 평균 생산비용이 줄어든다는 이론이다. 자동차를 만들 때 공장, 설비 등에 많은 고정비용이 들어간다. 생산량을 늘리더라도 이들 고정비용은 변하지 않기 때문에 평균비용이 줄어드는 효과가 있다. 무역은 시장을 늘려 기업 입장에서 규모의 경제를 통해 이익을 올릴 수 있게 해준다. 일부 자동차 회사는 무역을 통해 생산량을 늘림으로써 원가를 줄이고 판매량을 늘려 이익을 본다. 반면 경쟁에서 도태된 다른 기업은 오히려 시장이 줄어 손해를 본다. 즉 생산성이 떨어지는 기업은 무역을 한 이후 경쟁에서 도태돼 손해를 입는다. 마크 멜리츠 하버드대 교수는 크루그먼의 이론을 더 정교하게 발전시켰다. 그는 시장이 개방되면 한 산업 안에서 생산성이 좋은 기업들은 무역을 통해 이익을 보지만 생산성이 떨어지는 기업들은 도태된다는 무역이론을 만들었다.

무역이론의 발전사를 한국에 적용할 수 있다. 한국과 미국이 FTA를 체결해 무역을 하면 우리나라는 소고기 등은 미국에서 수입하고 자동차는 수출한다. 전형적인 헥셔-올린 타입의 무역이다. 반면 한국과 중국이 FTA를 체결하면 상황이 조금 다르다. 물론 한국은 제조업에서 중국보다 앞서고 있고 중국은 농업에서 한국보다 경쟁력이 높다. 하지만 한국과 중국의 제조업 산업구조는 비슷해지고 기술력 격차는 줄어들고 있다. 종전에 한국의 기술력이 중국보다 훨씬 좋아 제조업에서 한국이 뚜렷한 우위를 점하고 있었다. 하지만 중국의 제조업 기술력은 2000년 이후 대폭 성장했다. 산업구조와 기술력이 비슷한 국가 간의 무역은 크루그먼-멜리츠 이론으로 설명된다. 한중 FTA를 통해 두 나라는 모두 규모의 경제와 소비자의 다양성을 충족시켜 이익을 얻을 수 있다. 한국기업이 한중 FTA 이후 지속적으로 생산성의 우위를 점한다면 중국의 광활한 시장을 선점할 수 있다. 중국의 시장을 뚫을 수 있는 농산품을 만들어낸 농업 생산자들도 막대한 이익을 얻을 수 있다. 반면 중국기업보다 생산성이 떨어지는 기업은 설자리를 잃게 된다. 특히 한국의 시장규모가 중국보다 훨씬 작아 규모의 경제면에서 불리하다. 중국에서 내수를 장악한 기업들은 이미 상당 부분 규모의 경제를 이루고 있을 것이기 때문이다. 이들이 상대적으로 작은 한국시장을 장악하는 것은 시간문제다. 이처럼 한중 FTA에 따라 우리 기업들은 이익을 볼 수도 있지만 경쟁에서 도태될 수도 있다. 한중 FTA에 따른 한국의 무역정책도 기업의 경쟁력을 강화시키는 방향으로 선회할 필요가 있다. 한중 FTA가 한국에 이익을 가져올 것이라는 막연한 낙관론에서 탈피해 대중국 시장개방에 따른 실익을 얻기 위한 구체적인 전략을 세워야 할 시점이다.

한중 FTA로
더 필요해진
한일 FTA

한중일 3국은 비슷한 것 같으면서도 다르고 다른 것 같으면서도 비슷하다. 일본이 과거 침략의 역사를 부정하면서 정치적으로는 한국과 중국이 한목소리를 내고 일본과 맞서고 있다. 이런 정치적인 분위기 때문인지 한국은 일본보다 중국과 경제적으로도 가까워지고 있다. 대표적인 사례가 한중 자유무역협정(FTA)이다. FTA 체결로 인해 중국과 교역하기가 훨씬 쉬워졌다. 일본을 따돌리고 동북아 3국 중에서 한국과 중국이 경제적으로 가까워지면 좋을 것 같지만 경제는 의외로 냉정하다. 역설적으로 한중 FTA를 체결하면서 우리 입장에서는 한일 FTA가 더 절실해졌다. 한중일 3국간 얽혀 있는 경제적인 관계를 생각하면 더 그렇다. 한일 관계는 정치적으로 냉각기를 겪고 있지만 중일 관계보다는 낫다. 한국이 중국과 FTA를 맺은 여세를 몰아 일본과도 FTA를 체결한다면 경제적 효과를 한층 높일 수 있다. 한중 FTA 효과를 극대화하려면 한일 FTA가 필요하다는 퍼즐을 풀어보자.

FTA는 두 나라 간 무역에 있어서 관세를 없애는 협정이다. FTA 체결 효과는 생산과 소비 두 가지 측면에서 찾을 수 있다. 우선, 두 나라 소비자는 더 좋은 물건을 더 싼값에 살 수 있다. 한국은 제조업에 강점이 있어 제조업 생산단가가 낮고 질이 우수하다. 상대적으로 중국은 농업에 강점이 있다. 서로 간에 관세를 없애면 각국 소비자들은 두 나라 제품을 비교해보고 자기가 원하는 것을 싼값에 살 수 있게 된다.

다음, 생산 측면에서는 희비가 엇갈린다. 중국보다 경쟁력이 강한 우리나라 제조업체는 이익을 보게 된다. 반면 중국 제조업체는 단기적으로는 물건을 파는 양이 줄어들어 피해를 본다. 이 때문에 단기적으로 큰 충격이 예상되는 경우 관세유예 등을 통해 일정 기간 보호하기도 한다. 하지만 중장기적으로는 발전의 기회를 얻을 수 있다. 한국과의 교역이 늘어나면 중국 내에서의 경쟁은 치열해지고 이는 구조조정을 유도하는 효과가 있기 때문이다. 중국 제조업에서 발생하는 것과 거의 비슷한 효과가 한국농업에서 발생한다. 한국과 중국은 단기적인 산업의 충격보다 중장기적 경제발전에 큰 무게를 두고 FTA를 전격 체결했다. 두 나라 간의 문제만 생각하면 그럴 듯한 얘기다.

하지만 시야를 조금 넓혀 일본까지 고려하면 얘기는 달라진다. 우리나라 입장에서 볼 때 일본을 제외한 한중 FTA는 예상치 못한 부작용을 낳을 수 있다. 우리나라는 많은 제조업 부품을 일본으로부터 수입하고 이 부품을 가공해 수출함으로써 많은 수익을 올렸다. 일본으로부터 부품을 수입하는 이유는 일본제품이 값이 싸고 질이 좋기 때문이다.

우리나라가 중국과 일본에 동일한 관세를 부과할 때는 우리나라 제조업체가 질 좋은 일본제품을 사는 것은 당연하다. 그런데 한중 FTA로 중국 수입품에 대한 관세가 없어지면 얘기는 달라진다. 한국에서 중국 물건의 가격은 낮아지는 반면 일본 수입품의 가격은 전과 같다. 중국제품의 가격경쟁력이 한층 높아진다. 이 경우 우리나라 수입업자는 값이 싸진 중국산 부품을 살 가능성이 높다. FTA를 한 나라와만 체결하면 이처럼 우리나라가 물건을 수입하는 국가가 경쟁력이 떨어지는 국가로 바뀔 가능성이 있다. 이를 무역이론에서는 다변화효과(trade diversion effect)라고 부른다. 관세철폐로 가격이 싸진 중국산 부품이 일본산 부품을 대체하는 것이다. 이는 여러 나라와 교역하고 있는 나라가 특정 국가와만 FTA를 체결할 때 벌어지는 현상이다. 가공무역의 비중이 높은 우리나라가 질이 떨어지는 부품을 수입해 물건을 만든다면 완성품의 질도 떨어진다. 해외시장에서 우리나라의 수출경쟁력이 저하된다. 특정국과 FTA를 체결할 때는 이 같은 수입 다변화효과를 반드시 고려해야 하는 이유가 여기에 있다.

과거 영국이 유럽연합(EU)에 가입할 때도 유사한 효과가 발생했다. 영국은 EU에 가입하기 전에는 세계에서 가장 질이 좋고 값싼 양을 뉴질랜드로부터 수입했다. 하지만 EU에 가입해 EU 국가 간 관세가 철폐되고 뉴질랜드와의 관세는 그대로 유지되자 이제는 양을 뉴질랜드가 아닌 프랑스로부터 수입했다. 프랑스 양은 관세철폐로 가격이 싸졌지만 뉴질랜드 양의 가격은 그대로 유지됐기 때문이다. 이처럼 영국 수입업자는 EU 가입으로 세계에서 가장 질 좋고 값싼 양을 사들일 수 있는 기회를 스스로 잃어버렸다.

지난 2013년 말 기준으로 우리나라의 대중국 교역량은 2288억 달러이다. 뒤를 이어 미국 1036억 달러, 유럽연합(EU) 1100억 달러, 일본 947억 달러 순이다. 일본의 전체 교역량은 네 번째이지만 수입만 놓고 볼 때는 중국에 이어 2위다. 그만큼 우리나라는 일본에 대한 수입의존도가 높다. 중국은 최근 낮은 인건비를 통해 각종 제조업 분야에서 수출을 계속 늘리고 있다. 우리나라의 부품 수입업자들이 과거 영국의 양 수입업자가 겪었던 일을 겪지 않으리라는 보장이 없다. 우리나라의 수출업자 입장에서는 상황이 다르다. 일본의 수출업자와 경쟁하는 우리나라 수출업자들은 중국과의 FTA 체결로 대중국 수출에서 일본보다 경쟁력이 높아져 이익을 볼 수 있다. 중국 입장에서는 우리나라 물건의 질이 일본보다 못하더라도 관세철폐로 인해 가격이 낮기 때문에 우리 물건을 수입할 수 있다. 하지만 무역자유화를 통한 경제발전은 각국에서 인력과 자원이 경쟁력이 약한 곳에서 경쟁력이 높아지는 쪽으로 자연스럽게 이동하면서 구조조정을 달성하는 효과도 있다. 일본을 제외한 한중 간의 FTA만으로는 이런 효과를 내기가 더 어려워졌다. 오히려 경쟁력이 약한 산업이 오래 지속될 수 있는 구조가 형성돼 구조조정에 역행하는 경우가 발생한다.

한중일 3국은 서로 간의 교역량이 많고 산업구조도 얽혀있다. 이 때문에 3국이 동시에 관세를 철폐하는 FTA를 체결하는 것이 가장 큰 효과를 낼 수 있다. 그렇지 않다면 우리 입장에서는 중국과 일본 모두와 FTA를 체결하지 않는 것이 한 나라와만 FTA를 체결하는 것보다 경제적으로 이익이 될 수 있는 역설적인 상황도 발생할 수 있다. 한국 입장에서는 중국과 FTA를 체결함으로써 일본과도 FTA를 하루 빨리 체결해야 하는 이유가 생겼다. 중·일은 서로 여전히 불편한 관계를 유지하고 있다. 단기간에 복구되기는 어려워 보인다. 두 나라가 FTA를 체결하는 것도 요원해 보인다. 한국이 빠른 시일 안에 일본과 FTA를 체결한다면 한중일 3국 간의 무역을 통해 큰 이익을 볼 수 있다. 교역이 늘어나고 산업구조를 고도화할 수 있는 기회도 생긴다. 향후 한일 FTA에 대한 논의가 촉발될 수 있을지 주목된다.

정부의
아마추어적인
쌀 관세화 협상

1995년 출범한 국제무역기구(WTO)에 대해, 미국 중심적인 무역체제를 만들기 위한 수단이라는 이데올로기적인 공격은 차치하더라도 WTO가 표방하는 목표는 달성하기에는 너무 이상적이라는 비판이 있었다. 모든 나라가 만족하는 무역 시스템을 만들려는 것은 마치 바벨탑을 쌓아 하늘에 닿으려던 고대인들의 시도처럼 모두가 소망하지만 달성하기는 매우 힘든 일로 여겨졌다.

WTO는 세계 무역증대를 통해 전 세계 국민 모두가 이익을 본다는 경제학적 원리에 따라 만들어졌다. 우리나라 입장에서 쌀을 중국에서 싼값에 수입하고 휴대폰을 중국에 수출하면 국가 전체적으로는 이익이다. 이 과정에서 국가 내에서 이해를 달리하는 집단 간에 문제가 발생하는데 해당 정부가 나서서 이 문제를 해결할 수 있다고 봤다. 하지만 세계 어느 나라도 이 같은 이상적인 분배 시스템을 갖춘 나라는 없다. 그래서 무역협상을 할 때는 모든 나라가 자국 내 이해집단의 이해관계를 조정하느라 곤욕을 치른다. WTO는 이 같은 국내 정치경제학적인 문제를 너무 쉽게 봤다.

다음은 WTO 체제의 의사결정 시스템이다. WTO는 기본적으로 다자간 협상원칙을 준수하고 있다. WTO가 금과옥조로 여기는 최혜국조항(Most favored nation)에 따르면 한 국가가 관세를 정하면 이 관세는 모든 나라에 똑같이 적용된다. 차별을 할 수가 없다는 의미다. 그렇기 때문에 한 국가가 정하는 관세에 모든 나라가 동의해야 한다. 이론적으로 WTO의 협상방식은 한 나라가 회원국 모두와 협상을 하는 방식이다. 한 나라라도 관세정책에 반대하면 이를 관철시킬 수 없다. 아무리 작은 협상이라도 해본 사람들은 만장일치라는 의사결정 방식이 얼마나 어려운 것인지를 알 수 있다. WTO의 회원국은 이제 160개가 넘는다. 한 나라의 관세정책에 160개국이 모두 동의한다는 것은 가능하지 않다. WTO의 의사결정 방식이 너무 이상적이라는 비판이 나오는 이유다.

WTO가 처음 만들어질 때는 미국을 비롯한 선진국이 주도했다. 세상물정을 잘 모르던 개발도상국들은 선진국들이 주도하는 새로운 무역질서에 동조했다. 하지만 시간이 지날수록 개도국들의 목소리가 커졌다. 선진국 주도의 무역질서에 대한 반대도 생겨났다. 이런 움직임은 '도하라운드'에서 본격화됐다. 지난 2001년 11월 WTO가 주최한 다자간 무역협상인 '도하라운드'는 10여 년이 넘는 협상을 거쳤지만 결국 타협을 보지 못하고 무산됐다. 10여 년이 넘는 지난한 협상과정은 만장일치의 의사결정 방식이 합의를 도출하는 데 얼마나 부적절한 것인지를 여실히 보여줬다. 도하라운드가 난항을 겪으면서 WTO 시스템에 대한 회의는 커졌다. 일부 국가 중심으로 다자간 협상보다는 양자간 협상인 자유무역협정(FTA)의 확산을 통해 무역질서를 재편하려는 움직임이 거세졌다. 현재는 합의를 도출하기까지 지불하는 비용이 너무 큰 WTO 체제보다는 양자간 협정을 통해 자유무역을 확산시켜야 한다는 주장이 설득력을 얻고 있다.

우리나라의 쌀 관세화 협상도 WTO의 이런 문제점들을 모두 안고 있다. 우리나라 정부는 2014년 쌀 관세율을 513%로 하겠다고 발표했다. 농민들을 포함한 국민들은 정부가 이렇게 발표하자 앞으로 이 관세율이 수입 쌀에 적용될 것으로 믿고 있다. 정부는 또 이 정도의 관세율이 적용되면 미국, 중국산 쌀로부터 우리 농가를 보호할 수 있을 것이라고 했다. 하지만 WTO의 협상구조를 생각하면 이 같은 정부방침은 실현되기가 무척이나 힘든 것이다. 이 관세율을 적용하기 위해서 우리나라는 160여 개 WTO 회원국 모두로부터 동의를 받아야만 한다. 우리 정부는 2015년 초 미국, 중국, 태국, 호주 등의 나라가 우리나라가 제시한 쌀 관세율 513%를 받아들일 수 없다며 이의제기한 사실을 확인했다. 정부는 우선적으로 이들 4개국과 협의를 진행해 모든 나라를 만족시킬 수 있는 관세율을 도출해야 한다. 한 나라라도 반대하면 협상은 무산된다.

앞으로 지난한 협상과정이 남아 있다. 정부는 대외적으로는 다른 나라를 설득해 유리한 관세율을 관철시켜야 하고, 대내적으로는 농민을 비롯한 각종 이해집단의 반대도 설득해야 한다. 어쩌면 쌀 관세화 협상은 지금부터가 시작이다. 정부는 마땅히 쌀 관세화와 관련해 다른 나라와의 협상을 마무리 짓는 시점에서 관세율을 발표해야 한다. 하지만 국내 농민단체의 반발을 섣불리 무마하기 위해 우리 정부는 성급하게 관세율을 제시했다. 이제 다른 나라와 협상할 때는 정부가 제시한 관세율에 정부 스스로가 발목을 잡히게 됐다. 정부는 미리 발표한 관세율 때문에 협상력이 떨어질 것이 뻔하다. 이것을 아는 다른 나라들은 우리나라 정부가 관세율을 움직이지 못할 것으로 보고 다른 요구를 할 가능성이 높다. 아마추어적인 정부정책 시행방식이 이번 쌀 관세율 발표과정에서도 여실히 드러난 것 같아 아쉽다.

돈으로
실타래처럼 얽힌
한국 중국 일본 미국

　개인적으론 별 관심이 없던 사람과도 돈 거래를 트면 친해진다. 물론 돈으로 얽힌 관계가 남녀 간의 사랑이나 친구 사이의 진한 우정으로까지는 가기 어렵지만 꽤 긴밀한 관계로 발전하는 것이 현실이다. 과거 정권의 실세였다가 퇴임 후 구속된 경험이 있는 한 인사를 만났다. 그는 자신이 힘이 있을 때는 모든 사람과 친한 것처럼 보였지만 '끈'이 떨어지니 그 많던 사람들이 자신을 떠난 경험을 했다고 했다. 과거 간이며 쓸개를 다 빼줄 것처럼 얘기했던 사람들은 다 떠났지만 돈으로 얽혀 있던 사람들은 과거에 절친하지는 않았지만 지금도 꼭 그만큼의 관계가 유지된다며 쓸쓸해했다.

　개인사가 그렇듯이 국가 간 관계도 마찬가지다. 오히려 더 심할 수도 있다. 우리나라의 외교관계에도 돈 얘기가 빠질 수 없다. 미국은 어찌됐든 현재의 한국을 위해 전쟁을 해준 국가다. 한국전쟁 후 수차례에 걸쳐 원조도 제공했다. 현재 우리나라와 정치적·군사적·경제적으로 가장 밀접한 관련이 있는 국가가 미국이다.

일본은 우리나라를 식민지로 점령해 많은 피해를 입혔다. 정치적·문화적으로는 우리나라가 가장 싫어하는 국가가 일본이다. 그런데 경제적인 면에서 보면 일본과 우리나라는 밀접한 관련이 있다. 일본에서 부품을 사들여 완성품을 만들어 파는 것이 우리나라의 주된 무역형태이다. 또 어려울 땐 일본에서 돈을 빌렸다. 과거 박정희 정권은 일본의 식민지 지배에 대한 보상으로 8억 달러를 받았다. 정치적으로는 적대국에 가까웠지만 한 푼이 아쉬운 우리나라 입장에서는 돈이 필요했다. 일본과는 그렇게 정치적으론 멀지만 경제적으론 가까운 이중적인 관계를 맺어왔다.

중국은 과거 조선시대에는 가장 거래가 많은 국가였지만, 해방 이후 남북이 갈라지면서 남한과는 정치적·경제적으로 관계가 깊은 국가가 아니었다. 한국의 위정자들은 미국은 혈맹이라 불렀고 일본은 속으론 밉지만 돈 관계 때문에 무시할 수 없었고 중국과는 소원한 관계를 맺어왔다.

이 관계가 21세기 들어서 근본적으로 바뀌고 있다. 정치적으로는 아직도 미국과 친하지만 경제적으로는 중국과의 관계가 훨씬 더 긴밀해지고 있다. 각종 지표가 이를 웅변으로 말해준다. 무역협회 통계에 따르면 지난 2000년에는 우리나라 전체 교역량에서 미국과의 교역이 차지하는 비중이 20%가 넘었다. 전체 교역의 5분의 1이 미국과 한 것이다. 이 비율이 2015년 5월에는 11%로 떨어졌다. 교역비중이 10년 사이에 절반으로 줄어든 것이다. 일본과의 교역비중의 변동은 더 드라마틱하다. 이 비중은 지난 2000년 15.7%에서 2015년 3월에는 7.5%까지 급전직하했다. 교역비중으로 본 일본과의 거래는 사상 최저수준이다. 정치적으로 먼 국가가 경제적으로도 멀어지고 있는 것이다. 반면 중국과의 교역비중은 2000년 14.3%에서 2015년 3월에는 18.1%로 올랐다. 우리나라의 최대 교역국가가 미국에서 중국으로 바뀐 것은 지난 2003년이다. 이후 중국과의 교역은 계속 늘어나고 미국과의 교역은 줄어들고 있다.

실물거래뿐만 아니라 금융거래에서도 중국의 약진이 눈에 띈다. 해외 국가별로 우리나라 유가증권을 보유하고 있는 비율을 놓고 볼 때 중국은 지난 2009년에는 이 비율이 0.9%에 불과했으나 2015년 3월에는 4.8%까지 올랐다. 같은 기간 미국이 보유하고 있는 우리나라 유가증권 비율은 34.5%에서 34.8%로 거의 변동이 없었다. 반면 일본은 우리나라 채권은 거의 갖고 있지 않고 주식만 보유하고 있다. 우리나라가 다른 나라에 직접 투자한 규모도 2014년 말 기준으로 미국이 568억 달러로 가장 많았고 중국이 468억 달러로 뒤를 이었다. 일본은 51억 달러에 불과했다. 이러한 통계들은 중국과 우리나라 간 돈과 무역거래가 급속히 늘어나고 있는 현실을 여지없이 보여준다.

앞으로 이 같은 추세는 더 심화될 것으로 보인다. 한국은 중국이 주도하는 아시아인프라개발은행(AIIB)에 가입하였으므로, 앞으로 한국과 중국과의 금융거래는 더 늘어날 전망이다. 미국과 일본은 이 기구에 아직 가입하지 않았다. 반면 일본은 미국이 주도하는 환태평양경제동반자협정(TPP)에 가입했다. 우리나라는 TPP 가입의사를 밝히긴 했지만 기존 TPP 국가들 모두로부터 동의를 얻어야 가입할 수 있기 때문에 갈 길이 멀다.

국가 간 실물과 금융의 거래가 많아 경제적으로 긴밀한 관계가 형성되면 정치적 관계도 이를 반영한다. 국제무대에서 한국과 중국은 갈수록 가까워지는 모양새를 보이고 있다. 지리적으로 가장 가깝고 급속히 커나가는 중국경제와 가까워지는 것은 어찌 보면 당연하다. 문제는 한국의 정치·외교가 이런 경제적인 변화를 반영할 만큼의 준비가 돼 있느냐 하는 점이다. 우리나라에 미군은 계속 주둔하고 있고 한미 군사동맹은 아직도 굳건하다. 반면 중국은 북한과 정치적·군사적인 동맹관계를 형성하고 있다. 한국과 일본과는 독도 문제와 과거사 문제 등으로 갈수록 관계가 악화되고 있다. 궁극적으로 경제문제가 정치·외교문제를 결정할 것이라는 시각도 있다. 하지만 정치·외교적 문제와 경제문제가 따로 놀 땐 그것 역시 문제가 된다. 경제문제가 기본적으로 정치를 규정하지만 때론 국제정치가 경제를 옥죌 수도 있다.

미국과
중국 사이의
무역 줄타기

수년 전 미국에서 경제학을 공부할 때 일이다. 함께 공부하는 클래스
에는 한국, 미국, 중국 학생들이 섞여 있었다. 경제학에서 많이 사용하는
수학은 중국 학생들이 잘했다. 어렵다는 미분방정식을 암산으로 푸는 학
생도 있었다. 경제현실에 대한 이해는 미국 학생들이 높았다. 미국의 경
제학이란 게 미국의 현실을 설명하는 이론이니 당연한 일이다. 한국 학
생들은 수학은 중국 학생들보다 못했고 경제현실에 대한 이해는 미국 학
생들보다 낮았다. 하지만 보기 나름이다. 거꾸로 말하면 한국 학생들은
수학은 미국 학생보다 잘했고 중국 학생보다는 경제현실에 대한 이해도
가 높았다. 한국 학생들이 수학이나 경제현실 이해 중 어느 한쪽에 치우
치면 장점을 드러내기가 쉽지 않은 환경이었다. 수학을 잘하는 중국 학
생들은 경제이론에 관한 연구를 많이 했고 미국 학생들은 경제현실에 대

한 연구를 했다. 한국 학생들은 두 가지를 종합해 장점을 발휘하지 않는 이상 주목을 받기 힘들었다.

한국의 경제현실도 이와 비슷하다. 미국과 중국 사이에서 중심을 잡기가 쉽지 않다. 하이테크 기술은 미국에 뒤지고 저렴한 인건비를 요구하는 산업은 중국에 뒤진다. 거꾸로 보면 인건비는 미국보다 싸고 기술은 중국보다 낫다. 이 같은 현실 때문에 어찌 보면 두 나라 사이의 줄타기가 한국경제의 운명일 수도 있다.

무역과 관련한 경제이론도 이를 뒷받침한다. 한국과 미국과의 교역은 스웨덴의 경제학자 E. F. 헥셔와 B. G. 올린의 이론을 적용하면 양자가 모두 이익이 되는 구조다. 미국은 광활한 대지와 풍부한 자원이 있는 반면 사람이 부족하다. 한국은 자연자원은 없지만 인적자원이 풍부하다. 두 나라가 교역을 하면, 한국은 공산품을 수출하고 농산품이나 자연자원을 수입하면 두 나라가 '윈윈'이다. 미국과의 현재 무역구조도 이를 반영한다. 우리나라의 대미 주요 수출품은 자동차, 자동차 부품, 반도체, 무선통신기기 등 공산품이다. 반면 미국으로부터 수입하는 주요 품목엔 곡물, 석탄, 육류 등이 포함된다. 우리나라보다 기술이 뛰어난 항공기 및 항공기 부품, 반도체 등의 공산품도 미국에서 수입하지만, 대체적으로 두 나라 간의 산업구조와 부존자원 등의 차이에 따라 무역이 결정된다.

우리나라와 중국 간의 교역은 조금 다르다. 대중국 교역은 미국의 경제학자 폴 크루그먼과 마크 멜리츠로 이어지는 무역이론으로 설명이 가능하다. 이 이론은 산업구조가 유사한 나라끼리의 무역도 두 나라 모두가 '윈윈'할 수 있다는 점을 역설한다. 한국과 중국의 무역현실도 이를 반영한다. 한국의 대중 수출품 중 많은 비중을 차지하는 것은 평판디스플레이 및 센서, 반도체, 무선통신기기 등이다. 공교롭게도 이들 물건은 한국이 중국으로부터 수입하는 목록에도 포함된다. 상대적으로 한미 간에 이종산업 간 교역이 활발하다면, 한중 간에는 동종산업 간에 교역이 활발하다고 볼 수 있다.

한국의 무역만 놓고 볼 때도 미국과 중국과 모두 교역을 해야 나름대로의 장점을 취득할 수 있다. 하지만 대중, 대미 전략은 달라야 한다. 미국과는 이종산업 간의 교역을 통해 이익을 얻고 중국과는 동종산업 간에 교역을 활발히 할 수 있도록 산업 경쟁력을 높여야 한다. 우리나라의 경제와 산업구조를 볼 때 어느 나라도 포기할 수 없다. 한국이 아시아인프라개발은행(AIIB)에 가입하면서 한국이 미국을 멀리하고 중국에 보다 가까워 졌다고 걱정하는 목소리가 높다. 여기에 정치는 미국, 경제는 중국과 교류해야 한다는 이분법적 논리도 나온다. 뜨는 중국 지는 미국을 가정하면서 과거 명나라가 망하고 청나라가 강해질 때의 광해군의 외교전략을 배워야 한다는 주장도 제기된다. 하지만 아직 한국이 어느 한 나라와 일방적으로 가까워지는 것은 득보다 실이 많다. 남북 간 통일로 경제규모가 커지고 내수기반이 보다 탄탄할 때나 가능한 일이다. 지금의 경제규모와 산업구조로는 두 나라 사이에서 줄타기를 해야만 하는 상황이다. 편향보다 중용의 미덕을 추구해야 한다.

'보이지 않는 손'이
작동하지 않는
수출시장

　자본주의 경제는 가격 메커니즘에 대한 신뢰에서 시작된다. 가격만큼 시장에서 생산자와 소비자에게 정확한 신호를 보내는 것이 없다는 믿음을 갖고 있다. 농사를 지어 쌀을 팔 때 농부가 팔려는 물량이 쌀을 사는 사람이 원하는 물량보다 적으면 쌀값은 떨어진다. 그럼 농부는 쌀농사를 덜 짓는다. 쌀을 사려는 사람이 많으면 쌀값은 올라간다. 이 경우 쌀을 사려는 사람은 줄어들고 농부는 쌀 공급을 늘린다. 그럼 쌀값은 다시 떨어진다. 이렇게 가격의 신호를 보고 많은 사람이 수요와 공급을 조절한 결과 시장에서는 수요량과 공급량이 일치하는 점에서 가격이 형성되고 거래가 이뤄진다.

　이렇게 형성된 균형가격은 여러 가지 의미가 있다. 우선 자원이 낭비되지 않는다. 필요한 양보다 많이 만들어 버리는 물건이 없다. 필요한 사람이 물건을 못 사게 되는 경우도 없다. 또 물건을 생산하는 데 들어가는 비용과 소비자가 지불하는 비용이 같아진다. 쉽게 얘기하자면 물건값을 깎아주는 경우도 없고 그렇다고 제값보다 비싸게 주고 물건을 사지도 않는다. 경제학의 창시자인 아담 스미스는 가격에 따른 자원배분을 '보이지 않는 손'에 의해 달성된 이상적인 상태라고 불렀다.

상식적이지만 가격 메커니즘이 작동하기 위한 조건이 있다. 가격이 올라가면 수요는 줄고 공급은 늘어야 한다. 만약 가격이 올라갈 때 공급이 줄거나 수요가 늘어난다면 어떻게 될까. 이때 시장은 균형에 도달하지 못하고 많은 문제를 노출시킨다. 이때는 균형가격이 달성될 수 없고 시장은 혼란에 빠진다.

우리나라가 대외교역에서 가격 메커니즘이 제대로 작동하지 않아 혼선이 발생하는 국면에 빠졌다. 2014년 하반기 이후 수출입 데이터가 이를 보여준다. 우리나라 월간 수출액은 지난 2014년 10월(516억 달러)을 기점으로 줄어들면서 2015년 4월에는 462억 달러까지 떨어졌다. 수입은 더 큰 폭으로 줄고 있다. 월간 수입액은 2014년 10월 441억 달러에서 2015년 4월에는 377억 달러로 감소했다. 수출은 6개월 사이에 54억 달러 감소했지만, 수입은 같은 기간 동안 64억 달러나 줄었다. 수출입과 서비스 거래를 통해 들어오고 나간 돈의 합계를 따져 계산하는 경상수지는 지난 2014년 10월 88억 달러 흑자에서 2015년 3월에는 103억 달러 흑자로 흑자 규모가 더 늘었다. 경상수지 흑자는 우리나라로 들어오는 달러의 양이 많아진다는 것을 의미한다. 대부분 수출과 수입은 달러로 결재하기 때문이다. 국가 간 통화의 값도 실물과 마찬가지로 수요와 공급에 따라 결정된다. 우리나라에 달러가 많이 들어오면 달러 값은 떨어지고 원화 값은 오르는 것이 정상이다. 그런데 달러 대비 원화 값은 2014년 10월 1070원대에서 2015년 3월에는 1130원까지 떨어졌다. 환율은 1달러와 교환되는 우리나라 원화의 비율이다. 이 값이 올라가면 원화 값은 상대적으로 떨어지는 것이다. 원화 값은 2015년 3월 이후 상승세를 보여 5월에는 1086원을 기록했다. 특히 2015년 8월 들어 중국이 위안화를 절하하면서 원화 값은 더 떨어졌다. 원화 값은 2015년 8월 말에는 1190원대 후반까지 하락했다.

경상수지 흑자로 달러 공급이 늘어나는데 달러 값이 오르고 원화 값이 떨어진다. 외환시장에서 결정되는 원화 값이 수요공급의 법칙에 어긋나게 움직이고 있는 것이다. 원화 값이 왜곡되면서 외환시장은 물론 외국과 거래하는 수출입시장 움직임이 모두 꼬였다. 정상적이라면 경상수지 흑자가 늘어나면 원화 값이 올라간다. 이 경우 우리가 수출하는 물건의 해외가격은 상대적으로 비싸지고 외국에서 수입하는 물건에 대해 우리 소비자가 지불하는 가격은 상대적으로 싸진다. 그러면 수출은 줄어들고 수입은 늘어난다. 이 결과 경상수지 흑자는 줄어든다. 그런데 우리나라는 경상수지 흑자가 커지는데도 원화 값은 오히려 떨어진다. 원화 값이 하락하니 경상수지 흑자 규모는 더 늘어난다. 특히 최근 경상수지 흑자는 수출이 늘어서가 아니라, 수출이 줄어드는데 수입은 더 많이 줄어들어 발생한 결과다. 원화 값이 떨어지면 수출은 늘어야 하는데 거꾸로 줄고 있다.

이처럼 시장이 꼬인 이유로는 여러 가지가 있다. 우선 국제시장에서 결정되는 환율이 각국의 정책에 의해 왜곡되고 있다. 미국의 돈 풀기에 이어 일본, 유럽이 막대한 규모로 돈을 풀면서 자기 나라 통화가치 하락을 부추기고 있다. 무역흐름보다 정책에 의해 환율이 결정되면서 향후 시장이 어디로 튈지 몰라 불안정성이 커지고 있다. 우리나라 수출이 원화 값이 하락해도 늘어나기 힘든 구조로 바뀐 것도 문제다. 기업투자가 이뤄지지 않아 원화 값 하락으로 해외에서 우리 물건에 대한 수요가 늘어나도 수출물량을 즉각적으로 늘릴 만큼 생산설비가 구축되지 않았다. 또 내수경기가 심하게 위축되면서 원화 값이 올라 수입품 값이 하락해도 우리나라 사람들이 물건을 사지 않는다. 그 결과 우리 경제는 수출감소 →수입감소→경상수지 흑자 확대→원화절상→수출감소→수입감소→ 경상수지 흑자 확대의 악순환 고리에 빠졌다. 대외부문에서부터 우리 경제가 계속 쪼그라들고 있는 것이다. 무역시장에서 환율이라는 가격기능이 정상적으로 작동하도록 경제구조 문제를 해결하는 것이 시급한 상황이다.

Chapter 3

힘의 논리가 지배하는
금융시장

현대판 화수분과
달러의
역설

  '화수분'이란 항아리가 있다. 쌀을 이 항아리에 조금만 넣고 무한정 빼내도 계속 쌀이 나온다. 무한정 나오니 항아리가 빌 날이 없다. 이것만 있으면 아무 걱정이 없다. 누구나 갖고 싶어 한다. 상상으로만 행복해지는 이야기일 뿐이다. 그런데 만약 현실 경제에서도 화수분 같은 게 있다면 믿을 수 있을까? 미국에서 찍어내는 달러 얘기다. 미국은 지난 2008년 이후 양적완화(QE) 정책을 실시하면서 총 4조 달러가 넘는 돈을 풀었다. 4조 달러면 우리 돈으로 4000조 원이 넘는다. 1차 QE 기간(2008. 11~2010. 3)에 1조 7250억 달러, 2차(2010. 11~2011. 6)에 6000억 달러, 3차(2012. 9~2012. 12) 때 1200억 달러를 풀었다. 여기에 2013년 1월부터 같은 해 12월까지는 매월 850억 달러씩 돈을 풀었다. 2014년 들어 매월 100억 달러씩 풀던 돈의 규모를 줄여 나간 끝에 2014년 11월부터 돈 풀기를 중단했다.

2008년 이후 미국정부가 계속 돈을 풀어주니 미국국민들은 부자가 된 듯하다. 미국사람들은 이 돈으로 소비를 늘렸고 미국경제는 살아났다. 풀린 돈이 늘어나면 돈의 가치가 떨어지는 것은 당연한 경제원칙이다. 하지만 달러는 이 같은 경제학적 기본원칙도 파괴하고 있다. 지난 2008년 이후 달러 가치는 오히려 올랐다. 국가 간 상대적인 통화가치를 비교해보면 쉽게 알 수 있다. 지난 2007년 말 1달러를 원화로 환산한 가치(달러당 원화환율)는 936원이었으나 2015년 6월에는 1100원대로 올랐다. 미국이 달러를 계속 찍어내는데도 달러 가치는 오히려 오른다니 화수분 같은 달러의 마술이다. 이 마술을 찬찬히 들여다보면 복잡한 경제현상들이 녹아 있다.

미국은 달러를 찍어내 이 돈으로 다른 나라 물건을 산다. 중국, 일본, 한국 등이 주로 미국에 물건을 팔고 달러를 받아온다. 그런데 이 나라들은 달러를 시중에 내놓지 않고 '외환보유고'란 명목으로 창고에 쌓아 놓는다. 달러를 갖고 있으면 필요할 때 언제든지 다른 나라 물건을 살 수 있다는 이유 때문이다. 달러가 전 세계 모든 나라에서 통용되는 '기축통화'이기 때문에 가능한 일이다. 미국 외의 나라들은 달러가 없으면 왠지 불안하다. 한순간에 달러가 빠져나가면 외환시장이 망가지는 것은 물론, 이들 나라의 경제가 위기에 빠지기 때문이다. 중국이 창고에 쌓아둔 달러만 2015년 3월 현재 총 3조 7500억 달러다. 일본은 1조 2450억 달러, 한국은 3627억 달러를 쌓아 놓고 있다. 미국이 계속 달러를 찍어내도 다른 나라들이 이 달러를 계속 창고에 쌓아 놓고 있으니 달러 값이 떨어지지 않는 것이다. 달러 값이 떨어지지 않으니 미국은 계속 달러를 찍어낸다. 이런 현상이 달러를 현대판 화수분으로 둔갑시킨다.

언제까지 미국이 필요할 때마다 달러를 찍어낼 수 있을까? 세상엔 공짜가 없다. 다른 나라들이 보유한 달러의 양이 많아질수록 미국의 영향력은 작아진다. 중국이 현재 갖고 있는 달러를 시중에 풀어버린다면 달러 값은 폭락하고 미국경제는 마비된다. 중국이 미국에 대해 큰 목소리를 낼 수 있는 중요한 이유 중의 하나가 막대한 규모의 달러를 중국정부가 갖고 있기 때문이다. 일본, 한국 등 다른 나라들도 마찬가지다. 갖고 있는 달러가 많아지면 미국에 대한 목소리가 커진다. 다른 나라들이 달러를 갖고 있는 한 이들은 채권자, 미국은 채무자이기 때문이다. 그동안 미국은 화수분처럼 달러를 마구 찍어내 소비를 늘려왔다. 하지만 미국의 소비증가는 다른 나라들의 희생에 따른 것이다. 세상에 영원한 것은 없다. 달러가 언제까지 화수분처럼 미국에 효자 노릇을 할까? 그 종말은 점점 가까워지고 있다.

모두 다
망하자는 식의
통화전쟁 시대

총칼로 전쟁을 하던 시대는 지났다. 본격적인 경제전쟁 시대다. 자국의 이익을 조금이라도 더 확보하기 위한 살기마저 느껴진다. 세계 각국의 경제가 어려우면 다른 나라를 배려할 여유는 찾아보기 힘들다. 일단 자기부터 살고보자 식의 대책이 눈에 띈다.

과거 제국주의 시대에는 불공정거래가 판을 쳤다. 영국, 프랑스 등 선진국들은 자기 물건은 비싸게 팔고 식민지의 물건은 싸게 사들였다. 말을 안 들으면 총칼로 위협하고 협박했다. 그렇게 부를 축적했다. 이후 식민지들이 독립하고 경제주권을 회복하면서 대놓고 불공정거래를 하기 힘들어졌다. 선진국들은 이미 기술력과 자본력에서 상당한 우위를 점하고 있었다. 경제자유화를 하더라도 손해 볼 것이 거의 없다고 판단했다. 독립한 후발 개도국들도 과거처럼 눈에 뻔히 보이는 불공정거래는 용납

할 수 없었다. 2차 대전 이후 무역부문을 비롯해 세계 전체적으로 경제 자유화가 급속히 진행됐고 국가 간 경제공조도 늘었다. 1995년 국제무역기구(WTO)가 발족하면서 무역자유화가 속도를 냈고 세계은행(World Bank) 등을 통한 선진국들의 후발 개도국에 대한 배려도 늘었다.

그러다 2008년 금융위기가 발생하면서 사정이 달라졌다. 미국에서 시작된 금융위기로 미국부터 다급해졌다. 금융 시스템 붕괴와 이에 따른 실물경제 침체로 미국경제가 위기에 처하자 미국은 자국 우선주의 정책으로 급선회했다. 대표적인 예가 막대한 규모의 돈을 푸는 양적완화(QE) 정책이다. 고사되는 미국경제에 대한 모르핀 주사다. 이 돈으로 미국경제는 살아났다.

그런데 미국이 돈을 풀어 이 돈으로 다른 나라 물건을 사들이면 미국 달러화가 다른 나라로 유입된다. 예를 들어 미국에 많은 물건을 수출하는 일본의 경우 미국에 물건을 팔고 돈을 받으면 달러 공급이 늘어난다. 이는 일본 엔화 가치의 상승으로 이어진다. 엔화 가치가 올라가면 일본 수출업자들은 미국시장에서 물건을 더 비싼 값에 팔게 된다. 달러로 환산한 가격이 오르기 때문이다. 이 경우 수출물량이 줄어들어 일본 수출업자들은 타격을 입는다. 수출업자들이 타격을 입으면 장기불황에서 겨우 살아나기 시작한 일본경제는 타격을 입는다. 그러다 보니 일본도 돈을 풀기 시작했다. 아베노믹스로 일컬어지는 일본의 경제정책의 핵심은 돈을 풀어 일본경제를 부흥시키는 것이다. 일본이 돈을 풀면 다시 엔화 공급이 늘어나기 때문에 엔화는 약세를 보인다.

이처럼 선진국들은 서로 앞다퉈 돈을 풀고 자국의 통화가치를 떨어뜨려 수출을 늘리고 경기를 띄우는 정책을 경쟁적으로 펴왔다. 처음에는 금리를 낮추는 것부터 시작해서 낮출 수 있을 때까지 낮춘 다음 더 이상 금리를 낮출 수 없을 때는 돈을 풀었다. 서로 간의 경쟁적인 돈 풀기로 국내경기를 띄우고 대외부문에서는 수출을 증대시켜 경제를 회복시킨다는 취지다. 최근에는 이런 경향이 더 뚜렷해졌다. 미국이 지난 2008년 돈 풀기를 통해 경기를 부양시킨데 이어 일본, 유럽까지 통화정책 전쟁에 뛰어들었다. 경기가 어려워지자 금리를 낮춰 경제를 부흥한다는 취지는 모든 나라가 똑같다. 여기에 중국도 가세했다. 중국은 애초부터 위안화를 균형가격 이상으로 평가절하시켜 수출을 늘리는 정책을 펴왔다. 중국은 2015년 8월 들어 세 차례나 위안화를 평가절하하면서 통화전쟁에 본격 뛰어들었다. 중국은 여기에 금리까지 낮춰서 경기를 부양시키고 있다. 미국, 일본, 중국, 유럽 등 세계 경제대국들이 모두 자국통화를 평가절하시켜 수출을 늘리고 경기를 띄우는 정책을 펴고 있는 것이다. 가히 통화가치 절하 전쟁이라 부를 만하다.

인도, 브라질 등 개발도상국들은 일단 통화전쟁 측면에서는 불리하다. 후발 개발도상국의 상황에서는 외국인 자금이탈이 통화가치 절하보다 더 큰 문제이기 때문이다. 예를 들어 인도는 지난 2013년 8월 외국인 투자자금 이탈로 경제위기를 겪은 후 잇달아 정책금리를 올렸다. 경기보다 외국인 투자자금 이탈을 막고 국내에서 치솟는 물가를 잡는 것이 먼저라는 판단에서다. 미국, 일본, 유럽의 확장적 통화정책과 인도, 브라질 등 개발도상국의 통화긴축 정책은 서로 대조를 이룬다. 하지만 위기에 처한 자국경제를 우선적으로 살리고 다른 나라의 입장은 뒤에 생각하겠다는 이 정책 역시 자국 이기주의적 정책인 것만은 분명하다. 후발 개도국들은 통화정책 측면에서는 수세적인 입장을 취하고 있지만 무역규제를 강화해 자국산업을 보호하는 데는 공격적인 정책을 펴고 있다.

경쟁적인 자국화폐의 평가절하를 유도하는 통화정책의 결말은 분명하다. 각국이 경쟁적으로 통화가치를 절하할 경우 세계 전체적으로 화폐의 안정성은 크게 훼손된다. 국가 간 거래할 때 화폐로 표시한 가격을 못 믿게 되고 그러다 보면 무역이 줄어든다. 각국이 경쟁적으로 무역장벽을 쌓을 경우도 효과는 비슷하다. 처음에는 자국을 보호하는 정책을 편 국가가 이익을 보는 것 같지만 결국에는 모든 나라들이 손해를 보는 상황이 벌어진다. 이런 정책을 경제학 용어로는 '인근 궁핍화 정책'이라고 한다. 마치 과거 전쟁을 하면 결국 승자도 패자도 모두 손해를 보는 것과 마찬가지다. 세계가 벌이는 경제전쟁의 결과가 모두에게 손해를 입히는 그런 방향으로 가고 있는 것은 아닌지 염려된다.

미국 금리인상
방정식 성립을 위한
조건은

경제학자들이 경제를 설명하는 방법 중 하나가 경제구조를 수학의 방정식 체계로 만드는 것이다. 예를 들면 국내총생산(GDP)은 소비, 투자, 수출 등의 합으로 표현된다. 다음에는 소비, 투자 등을 이자율과 소득 등의 함수로 표시한다. 이런 방정식 체계 하에서 정책변화를 방정식 체계에 넣고 풀면 정책효과를 산출할 수 있다. 다양한 변수들을 넣을수록 방정식 체계는 복잡해진다. 어느 순간에는 이런 방식의 정책효과 분석이 수학인지 경제학인지 헷갈릴 정도다. 이처럼 경제학자라는 사람들은 세상을 복잡한 수식으로 만들어놓고 설명하는 것을 좋아한다. 경제라는 것은 다양한 인간들의 활동을 모아 놓은 것이다. 이것을 수식으로 설명할 수 있을지에 대해 많은 사람들이 의문을 표시한다. 그래도 지금까지 경제학의 주류 방법론은 이런 것이었다. 이 같은 방법론의 가장 중요한 전제는 한 국가의 정책변화를 제외한 다른 조건은 변하지 않는다는 것이다. 경제학 용어로 '세테리스 파리브스(ceteris paribus)'라고 한다. 세상이 정말 수식처럼 단순하다면 이런 방법론은 효과를 발휘할 것이다. 하지만 세상은 방정식처럼 단순하지 않다. 미국의 통화정책을 봐도 그렇다.

미국의 통화정책은 이제 미국만의 문제가 아닌 세계 전체의 문제로 확대됐다. 미국에서 지난 2008년 경제위기를 막기 위해 풀기 시작한 돈은 세계 각국으로 흘러 들어갔다. 이 돈이 어디에 어떤 형태로 있는지 예측조차 하기 힘든 상태다. 이제는 미국이 언제 금리를 얼마나 올릴지가 초미의 관심사다. 수많은 미국의 경제학자와 정책담당자들이 이 문제를 놓고 저울질하고 있다. 문제가 단순하다면 몇 번의 방정식을 풀어 가장 효과적인 대책을 찾을 수 있을지도 모른다. 그런데 이 문제를 생각할 때 경제학에서 '다른 모든 조건이 동일하다'라는 정책분석의 대전제가 더 이상 유효하지 않다. 그 이유는 몇 가지가 있다.

첫 번째 문제는 미국을 제외한 선진국들의 통화정책이 미국의 정책방향과 맞물려 변할 가능성이 있다는 점이다. 미국뿐만 아니라 유럽, 일본 등 선진국들은 모두 확장적 통화정책을 펴왔다. 이런 상태에서 미국이 금리를 올릴 때 여타 선진국들이 어떤 행보를 취할지 예측하기 힘들다. 미국은 어느 정도 경기가 회복됐지만 유럽은 아직도 디플레이션에 대한 우려가 큰 상황이다. 일본과 유럽은 미국의 금리인상에 동참할 수도 있고 미국과 달리 돈을 더 풀어 미국과 반대의 길을 갈 수도 있다. 세계 공동의 이익보다 자국의 이익을 앞세운 정책결정이 예상된다.

둘째로 인도, 인도네시아 등 신흥국들의 정책도 달라질 가능성이 높다. 지난 2013년 8월 미국이 양적완화(QE) 정책을 축소할 것이라는 염려만으로도 인도, 인도네시아, 브라질 등 신흥국들은 직격탄을 입었다. 당시 이들 나라에서 외국자본이 물밀듯 빠져나가면서 주가하락, 통화가치 급락으로 큰 어려움을 겪었다. 이후 이들 국가들은 금리를 올리고 무역장벽을 더 쌓는 식으로 미국의 일방적인 양적완화 축소에 대응하는 모습을 보였다. 더 이상 가만히 앉아서 당하지는 않겠다는 강한 의지표명이다. 이번에 미국의 금리인상으로 자본이 빠져나가는 조짐을 보인다면 또 다른 정책대응을 펼 것으로 예상된다.

한국은 지난 2013년 8월 신흥국이 위기를 겪을 당시 상대적인 수혜를 입은 국가로 꼽힌다. 인도 등 신흥국에서 이탈한 외국인 투자자금은 한국으로 밀려 들어왔다. 하지만 한국의 입장도 그리 녹록하지 않다. 종전 미국과 더불어 일본이 양적완화 정책을 펴면서 엔화가치가 빠른 속도로 떨어져 한국 수출기업들이 큰 타격을 입고 있다. 국내에서는 엔화가치 하락에 대응하기 위해 다양한 정책적 노력이 필요하다는 지적이 제기되고 있다. 미국의 금리인상이 가시화되면 한국 입장에서도 정책대응을 하는 것이 필요한 상황이다.

미국의 통화정책은 미국에서 미국의 문제를 해결하기 위해 전격적으로 실시됐다. 경제정책은 예측이 불가능할 때 최대의 효과를 발휘한다. 실제 양적완화 정책은 다른 나라들이 예측하지 못할 때 시행되면서 큰 효과를 발휘했다. 미국은 막대한 돈을 풀고 이 돈은 미국에서 다른 나라로 흘러들어가면서 미국의 물가상승 압력을 줄였다. 이 와중에 미국은 풀린 돈을 활용해 경기를 부양시키고 금융기관의 구조조정을 시행할 수 있었다. 그런데 미국의 금리인상 시점을 둘러싼 상황은 단순하지 않다. 미국인들은 물론 세계 모든 나라들이 미국을 예의 주시하고 있다. 금리를 올리면 당장 대응방안을 마련해 내놓을 모양새다. 이 경우 미국 금리인상의 정책효과는 반감된다. 여기에 일본, 유럽을 비롯해, 각종 개발도상국들의 정책대응으로 미국이 피해를 볼 가능성도 있다. 그래서 미국 금리인상 정책의 방정식이 한층 복잡해졌다. 일각에서는 미국의 경제지표가 호전됐기 때문에 당연히 금리를 올릴 것이라는 전망을 내놓고 있다. 하지만 세계 각국이 처한 상황과 경제적 대응방식 등을 고려할 때 미국은 금리인상 시기와 속도에 대해 양적완화를 단행할 2008년 당시보다 한층 복잡하고 어려운 결정을 해야 하는 입장에 놓인 것은 분명하다.

미국 양적완화와
버냉키의
치욕

옛날에 금으로 돈을 만들 때 돈의 가치는 정확히 액면에 쓰여 있는 만큼이었다. 예를 들어 과거 영국에서 10파운드 금화의 가치는 10파운드였다. 지금처럼 종이돈을 만들 때와는 상황이 다르다. 지금은 지폐의 액면가치와 지폐 자체의 가치는 큰 차이가 난다. 하지만 옛날 금화가 유통될 때는 돈의 액면 가치가 실제가치였다. 당시 욕심이 많은 사람들은 금화에서 금을 조금 깎아냈다. 처음에는 육안으로 식별하기 어려울 만큼만 깎아내 새로운 돈을 만들었다. 예를 들면 금화 10개를 만들 수 있는 금을 가져와서 11개를 만드는 식이다. 금화 하나가 100원이라면 이 사람은 1000원어치 금을 사와서 1100원을 만들었다. 세상 사람들은 이 금화가 100원짜리인 줄 알았다. 그렇게 만든 돈으로 물건을 샀다. 결국 1000원어치 금으로 1100원어치 물건을 산 것이다. 금화를 훼손시킨 행위는 엄연히 불법이다. 그렇지만 육안으로 식별하기 어려울 만큼 금을 긁어내서 새로운 돈을 만드는 유혹을 떨치긴 어려웠다. '악화는 양화를 구축한다'는 그레샴의 법칙도 이런 현상을 설명하는 이론이다.

그런데 세상에 공짜는 없는 법이다. 어느 순간에 사람들은 알아버린다. 1000원이라고 쓰여 있는 금화의 가치가 결국 900원에 불과하다는 것을. 이 경우 사람들은 100원짜리 물건을 팔 때 110원짜리 금화를 요구한다. 이것이 인플레이션의 시초다. 경제 전체적으로 살 물건은 정해져 있는데 돈의 양은 많아지니 당연한 이치다. 그래서 시간이 지나면 화폐가치만 훼손되고 실익은 없어진다. 이렇게 인플레이션은 금화를 깎아서 돈을 더 만드는 범죄행위에서 비롯됐다.

금화에서 지폐로 바뀐 이후에도 유사한 일들이 벌어졌다. 지폐의 경우 돈이 필요한 사람들은 화폐를 만들기가 더 쉬워졌다. 지폐를 찍어내는 것은 금화를 깎는 것보다 더 쉽다. 그래서 각국 정부는 지폐를 발행할 수 있는 기관을 중앙은행으로 한정했다. 이렇게 엄격하게 지폐 생산을 제한했는데도 지폐를 더 찍어내고 싶은 유혹은 쉽게 가라앉지 않았다. 금화를 만들 때와 마찬가지로 지폐를 더 찍어내면 일시적으로는 세상에 풀린 돈이 많아져 경제에 활력을 불어넣을 수 있다는 생각 때문이다. 하지만 시간이 지나면 화폐가치는 떨어지고 물가는 오르게 된다. 그래서 화폐가치를 관리해주는 직업이 만들어졌다. 중앙은행장이라는 직업이다. 중앙은행장이 하는 일 중 가장 중요한 것은 화폐가치 안정이다. 돈의 양을 관리해서 화폐가치를 안정시키고 무분별하게 화폐를 찍어내지 못하도록 관리하는 것이다. 옛날 왕실이나 정부 측은 돈을 더 찍어내는 유혹에 쉽게 휩싸이지만, 중앙은행장은 이런 유혹으로부터 화폐가치를 보호하는 것이 가장 중요한 임무였다.

이런 관점에서 본다면 벤 버닝키 전 미국 연방준비제도(FRB) 이사회의장은 지난 2006년 취임 후 불행하게도 화폐가치를 훼손하는 일에 주력해왔다. 2008년 리먼브러더스 사태로 촉발된 금융위기를 타개하기 위해 금리를 낮춰 경제의 충격을 막았다. 그래도 경제가 진정되지 않자 무지막지하게 달러를 찍어냈다. 이렇게 찍어낸 달러가 4조 원이 넘는다. 역설적이지만 화폐가치 안정을 위해 최대한 노력해야 할 중앙은행장이 화폐가치를 훼손시키는 데 앞장선 셈이다. 중앙은행에 조금이라도 관심이 있는 사람들은 버냉키 의장의 행동을 좋게 볼 리가 없다. 버냉키 의장 개인적으로도 화폐가치를 가장 많이 훼손시킨 FRB 의장으로 역사에 기록되는 것을 원치 않았을 것이다.

벤 버냉키 의장은 2014년 1월로 예정된 자신의 임기를 한 달 앞두고 양적완화 축소 조치를 단행했다. 임기 내내 화폐가치를 훼손시킨 사람이 임기 마지막 한 달을 앞두고 화폐가치를 조금이라도 바로잡겠다고 나선 것이다. 버냉키 의장은 당시 미국의 경기가 회복세에 들어서고 고용도 안정 기미를 보이는 것이 양적완화 정책을 조금이라도 축소하는 이유라고 설명했다. 실제 미국의 경기는 예상보다 빠른 회복세를 보이면서 리먼 사태 충격에서 벗어나는 모습을 보였다. 리먼 사태가 발발했을 때 도무지 갈피를 잡지 못하고 공황에 빠질 것이라는 우려를 어느 정도 불식시켰다. 금융기관의 구조조정도 진전을 이루면서 앞으로 제2, 제3의 리먼 사태를 예방하는 시스템을 갖췄다는 분석도 있다. 경제정책을 수행한 사람의 입장에서는 버냉키 의장은 어느 정도 성공한 사람으로 평가받을 수도 있다.

하지만 화폐가치 보전이라는 중책을 맞은 중앙은행장의 입장에서 볼 때 버냉키 의장이 어떤 역사적 평가를 받을지는 두고 봐야 한다. 그가 뿌린 수조 달러의 화폐가 언제 부메랑이 돼 돌아올지 모를 일이다. 만약 이 돈들이 한꺼번에 시중에 풀려서 막대한 인플레이션이 발생한다면 역사는 그 책임을 버냉키 의장에게 물을 것이기 때문이다. 특히 개인적으로 역사상 화폐가치를 가장 많이 훼손시킨 FRB 의장으로 남는다면 얼마나 치욕적일지 짐작할 수 있다. 버냉키가 임기를 한 달 앞두고 단행한 양적완화 축소 조치는 경제를 위한 측면도 있지만 버냉키 개인을 위한 조치라는 분석도 나온다. 임기 말을 앞두고 적어도 단 한번은 화폐가치 보전을 위해 노력하는 모습을 보여주는 것이 그의 소원이었을 테니깐 말이다. 경제정책은 항상 경제현상을 분석해 최선의 방법을 찾는 식의 정도를 걷는 것은 아니다. 버냉키 의장에 대한 역사적 평가는 양적완화 조치의 부메랑이 어떤 모양새를 띨 것인지에 달려 있다.

문제 어렵다고
답 안 쓰는
금통위

시험 볼 때 모르는 문제가 나왔다면 어떻게 해야 할까. 여러 가지 전략적 사고를 할 수 있다. 첫째 답을 안 쓰는 경우다. 이 경우 점수는 무조건 0점이다. 채점자가 점수를 주고 싶어도 줄 수 있는 방법이 없다. 틀린 답을 썼을 경우도 마찬가지로 0점이다. 하지만 잘 모르더라도 답을 일단 쓰면 이 답이 맞을 확률도 있다. 확률이 0이 아닌 이상 답을 나중에 맞춰 보고 쾌재를 부를 수도 있다. 문제가 어렵더라도 답을 일단 쓰는 것이 답을 안 쓰는 것보다 여러 가지 상황을 감안할 때 훨씬 좋은 전략이다. 경제학의 한 분야인 게임이론에선 이런 전략을 지배적 전략, 또는 우월한 전략이라고 한다. 복잡한 이론이지만 핵심은 간단하고 단순하다.

경제정책도 어떨 땐 모르는 문제를 푸는 것과 비슷하다. 통화정책의 경우를 예로 들면 세계 각국의 중앙은행들은 답을 모르는 문제를 주기적으로 풀어야 한다. 경제란 수많은 사람과 환경적 요인에 따라 유기체처럼 변한다. 갑자기 좋아지기도 하고 좋던 경제가 갑자기 꼬꾸라지기도 한다. 경제의 미래를 예측하는 것은 매우 힘들다. 이런 불투명한 상황 속에서 각국의 중앙은행들은 한두 달에 한 번씩 금리를 올리거나 내리거나 동결하거나 하는 등의 매우 어려운 선택을 해야 한다. 모르는 시험 답안지를 쓰는 것 같은 결정이다. 중앙은행의 목적은 경제를 안정시키는 것이다. 경기가 과열이면 금리를 올려 과열을 막고 경기가 침체되면 금리를 낮춰 경기를 띄운다. 경기가 과열도 침체도 아닌 중립적이라면 당연히 동결하는 게 맞다. 그런데 살아 움직이는 유기체 같은 경제가 전과 똑같다는 것은 생각하기 힘들다.

통화정책도 시험문제 풀 듯이 단순하게 생각하면 답은 세 가지다. 금리를 올리든지 내리든지 동결하든지다. 여기까지는 객관식이다. 세 개 중 하나를 고르는 문제다. 그 다음엔 금리를 올리면 얼마나 올릴지, 내리면 얼마나 내릴지 결정해야 한다. 이건 주관식이다. 시험문제도 객관식보단 주관식이 어렵다. 통화정책도 마찬가지다. 금리를 올리고 내리는 결정을 하는 것만도 힘든데 얼마를 올릴지 하는 것은 몇 배 더 어렵다. 그래서 각국의 중앙은행들은 꾀를 냈다. 경제에 미치는 영향을 최소화할 수 있는 만큼만 금리를 올리고 내리는 것이다. 현재 세계 중앙은행들은 대부분 한 번 회의를 할 때 금리를 0.25% 포인트씩 조절한다. 이자율 0.25% 포인트만큼 조정한다는 것은 1만 원을 빌렸을 때 연간 25원만큼의 이자를 더 내거나 덜 내는 정도의 충격을 주는 것이다. 미래에 대한 확신이 없는 가운데 금리를 조절하는 중앙은행이 시장의 충격을 최소화할 만큼만 금리를 조절하고 그 다음 의사결정을 할 때까지 경제움직임을 보자는 취지다. 이처럼 각국의 중앙은행들은 통화정책과 관련한 주관식의 답은 미리 정해 놨다. 미국의 연방준비제도이사회(FRB) 의장을 역임했던 앨런 그린스펀은 이를 아기 걸음마 같은 금리조절이라 해서 '베이비스텝(Baby step)'이라고 불렀다.

대부분 중앙은행이 풀어야 할 문제의 주관식 답은 정해졌다. 이제는 한 달에 한 번씩 객관식 답만 정하면 된다. 금리인상, 인하, 동결, 셋 중 하나를 선택하면 된다. 금리를 동결한다는 것은 경제가 지난번과 똑같다는 것을 가정하는 것이다. 살아 움직이는 경제가 변하지 않는 것은 불가능하다. 이 때문에 금리를 동결하는 것은 정책수단을 적극적으로 활용한다고 보기 어렵다. 미국은 2008년 금융위기를 겪은 이후 경제가 침체일로를 겪자 금리를 계속 내렸다. 미국의 단기금리 수준은 0.25%로 제로금리에 가깝다. 일본도 디플레를 막기 위해 금리를 0.25% 포인트씩 계속 내려왔다. 일본의 금리수준은 0.1%로 더 이상 금리를 내릴 공간이 없다. 유럽도 경기부양을 위해 금리를 계속 내린 결과 금리수준은 연 0.25%다. 이들 나라는 더 이상 금리를 내릴 수 없게 되자 경기부양을 위해 추가적인 대책을 마련했다. 미국은 장기채권을 매입하는 방식으로 돈을 계속 풀어 단기금리뿐만 아니라 장기금리도 통화당국이 직접 나서서 떨어뜨렸다. 유럽과 일본도 비슷한 통화 양적완화 정책을 수행했다. 경기가 어려울 때는 중앙은행이 적극적 역할을 해야 하고 또 할 수 있다는 의지의 표명이다. 이들 나라의 금리가 하루아침에 0%에 가깝게 된 것이 아니다. 그린스펀의 베이비스텝처럼 조금씩 조금씩 금리를 내려 봐도 경기가 살아나지 않아 금리를 계속 내린 결과다.

한국도 경기가 살아나지 않아 어려움을 겪고 있다. 그런데 한국의 중앙은행은 금리를 조절하는 데 매우 인색하다. 한은은 지난 2012년 7월 이후 금리를 총 8번 내렸다. 이 기간 중 금리정책을 결정하기 위해 금융통화위원회를 연 회수는 35번이다. 나머지 27번은 동결이다. 금리를 연속으로 내린 적도 없다. 특히 한국 중앙은행은 금리정책을 할 때쯤이면 매번 홍역을 치른다. 기획재정부를 포함한 정부와 청와대의 금리인하 압력을 버텨내는 것이 한은의 일처럼 돼버렸다. 금리를 동결하면 한은의 소신을 지키는 것이고 금리를 내리면 정부의 압력에 굴복하는 것으로 인식되기도 한다. 그린스펀이 언급했듯이 베이비스텝처럼 0.25% 포인트씩 조절하고 다음 달 경제상황을 살펴보면서 금리정책을 수정하는 식의 유연성을 발견할 수 없다. 한국에서는 베이비스텝만큼 금리를 조절하는 것이 가뭄에 콩 나듯 드문 현상이다. 금통위가 매월 금리정책을 발표하면서 인상요인 절반, 인하요인 절반씩 제시하고 그래서 금리를 동결했다고 발표하는 것이 월례 행사처럼 돼버렸다. 금통위의 금리정책과는 별도로 경제는 계속 움직이고 있다. 그래서 움직이는 경제에 전혀 선제적으로 대응하지 못하고 있다는 비판도 나온다. 마치 학생이 매월 시험을 보면서 답 쓰기를 포기하는 것과 비슷하다. 문제가 어렵더라도 답을 써야 그 다음에 그 답이 틀린 줄 알고 다시 공부할 수 있는 기회가 생긴다. 답을 안 쓰면 빵점을 받는 것은 물론이거니와 그 다음에 문제를 풀 때 자신이 틀렸는지 맞았는지도 알 수 없다. 금통위가 마치 시험문제 틀리는 게 무서워 답을 안 쓰는 학생처럼 보일 때가 한두 번이 아니다.

국가마다
다른 통화정책 목표,
한국은?

지구상의 어느 나라건 경제 내에서 자기 나라 돈의 총량을 관리하는 중앙은행이 있다. 중앙은행은 돈을 풀고 조이는 것은 물론, 화폐의 가격인 이자율 조절을 통해 경제에 개입한다. 중앙은행의 독립성은 어느 정도 보장된다. 정부가 정치적인 목적에 의해 화폐를 무분별하게 발행해 경제에 해악을 끼치는 것을 막기 위한 것이다. 그런데 중앙은행이 명시적으로 표방하는 목표는 각 나라별로 조금씩 다르다. 미국은 중앙은행의 목표를 '완전고용과 물가안정을 위해 통화신용정책을 펴는 것'으로 명시하고 있다. 반면 한국은 '효율적인 통화신용정책의 수립과 집행을 통해 물가안정을 도모함으로써 국민경제의 건전한 발전에 이바지함'을 목적으로 한다. 일본은 '통화조절을 통하여 물가의 안정을 꾀함으로써 경제의 건전한 발전에 이바지한다'라고 돼 있다. 언뜻 비슷한 것 같지만 조금씩 다른 단어를 사용한다. 경제적으로 볼 때 이 단어의 차이가 가져오는 의미는 크다. 화폐를 규정해온 경제학의 역사를 살펴보면 이런 차이가 왜 발생했는지 짐작할 수 있다.

18세기에 경제학을 만든 아담 스미스는 화폐는 실물경제를 싸고 있는 베일(veil)에 불과하다고 정의했다. 화폐는 물건을 교환하는 데 쓰이는 것으로 역할이 제한된다는 의미다. 반면 1930년대 존 메이너드 케인즈는 화폐의 적극적인 역할을 강조했다. 일반인들은 화폐에 대한 환상이 있어 시중에 화폐량이 늘어나면 마치 자신들의 소득이 늘어난 것으로 착각한다. 정부가 화폐를 많이 찍어내면 단기적으로 소득과 고용이 늘어날 수 있다. 즉, 통화정책을 통해 경기를 조절할 수 있다는 게 케인즈의 철학이다. 1970년대 밀턴 프리드먼은 여기에 반기를 들었다. 그는 화폐량을 늘리면 이는 대부분 물가상승으로 이어지고 경기를 진작시키지는 않는다고 주장했다. 케인즈가 중앙은행의 화폐량 조절을 통해 경기를 조절할 수 있다고 한 반면, 프리드먼은 화폐량을 임의로 늘리면 경제에 해악을 끼친다는 점을 강조했다. 로버트 루카스는 프리드먼의 전통을 따랐다. 그는 합리적인 경제주체를 가정하고 이들이 예상할 수 있는 화폐량 조절은 경기에 아무런 영향을 미치지 않는다는 이론을 만들었다. 반면 뉴케인지안으로 불리는 일련의 학자들은 개인들이 합리적이라고 하더라도 가격이 화폐량 변화에 따라 즉각적으로 바뀌지 않기 때문에 화폐량을 늘리면 경기를 진작시키는 효과가 있다고 강조했다. 역사적으로 수많은 경제학자들이 화폐를 연구했지만 현실적인 쟁점은 '화폐의 중립성'으로 귀결된다. 화폐량의 조절이 경기에 영향을 미치지 않으면 화폐는 중립적이다. 하지만 화폐가 경기에 영향을 미친다면 화폐는 중립적이지 않다.

이들 이론들은 중앙은행의 역할과 임무와 직결된다. 화폐의 중립성을 주장하는 프리드먼-루카스 전통에서는 중앙은행은 화폐량을 일정한 준

칙에 따라 관리해야 한다. 예를 들면 경제가 성장하는 만큼만 화폐량을 늘려 거래가 원활히 이뤄지도록 해야 한다. 반면 케인즈의 전통을 따르는 학자들은 중앙은행이 보다 적극적으로 경제에 개입할 것을 요구한다. 실물경제가 침체를 겪을 때는 중앙은행이 공급하는 통화량을 늘려야 한다. 이를 통해 고용을 증가시키고 경기를 부양할 수 있다.

2008년 금융위기 이후 각국의 정책현실은 이론적인 논쟁과 많이 다르다. 미국의 중앙은행은 2008년 이후 무려 4조 달러가 넘는 천문학적인 규모의 돈을 풀었다. 일본은 지난 2001년부터 돈을 풀기 시작했다. 2013년에는 무제한으로 돈을 풀어 경기를 살리겠다고 나섰다. 유럽은 2015년 들어 시중은행이 중앙은행에 예금할 때 적용하는 금리를 마이너스 0.1%까지 낮췄다. 시중은행이 1000원을 예금하면 1원을 중앙은행이 받는다는 얘기다. 은행들이 예금하지 말고 시중에 돈을 유통시키라는 강한 시그널을 보내는 것이다. 선진국 중앙은행의 목표는 돈을 얼마든지 풀어서라도 경기를 살리고 고용을 늘리는 것이다.

경제가 그럭저럭 굴러갈 때는 학자들의 목소리가 커지고 이론을 꼼꼼히 따진다. '화폐의 중립성'에 대한 논쟁이나 통화정책의 유효성에 대한 토론도 활발하다. 그런데 2008년 이후 세계경제는 비상국면에 접어들었다. 경기는 계속 고꾸라지고 있고 국가의 각종 경제정책은 약발이 떨어졌다. 이 와중에 실업은 갈수록 늘어나고 각 국가들은 경제적·사회적으로 심한 위기에 빠져들었다. 이럴 때는 정책당국이 나서서 할 수 있는 것은 다한다. 돈을 풀어 경기를 띄워야 한다는 절박감이 강하게 작용한다. 화폐의 중립성을 주장하는 프리드먼-루카스 학파가 판을 치는 미국의 경제학계도 정부의 무지막지한 돈 풀기에 제동을 걸지 못하고 있다. 어찌 보면 화폐의 중립성을 주장하는 것은 현실을 모르는 학자들의 사치처럼 받아들여진다.

우리나라도 경기가 지난 2012년 이후 계속 하강세를 보이고 있다. 소비와 투자는 줄어들고 실업은 늘어나고 있다. 2015년에는 물가가 0%대로 떨어지면서 디플레이션 조짐도 보이고 있다. 경제가 위기국면에 접어든 것은 선진국과 차이가 없는데 정부와 중앙은행의 분위기는 전혀 딴판이다. 기획재정부로 대표되는 정부는 이런 위기국면에는 중앙은행이 돈을 풀거나 금리를 내려 경기를 살리고 고용을 늘려야 한다고 주장한다. 반면 통화정책을 담당하는 한국은행은 돈을 풀어도 경기가 살아난다는 보장이 없다며 돈 풀기에 소극적이다. 오히려 국가재정을 투입해 경기를 살려야 한다고 주장한다. 무엇보다 두 기관 간 논쟁만 있을 뿐 행동이 없다. 정부가 나서서 중앙은행을 설득하고 힘을 합쳐 대책을 내놓는 선진국들과 극명히 대조된다. 선진국들은 평시에는 논쟁을 해도 일단 위기상황이 닥치면 한목소리를 낸다. 우리나라는 비상국면이 도래했는데도 여전히 논쟁 중이다. 그러다 정책이 실기하면 그 고통은 국민들이 고스란히 떠안는다. 국민들의 고통을 나 몰라라 하고 조직 이기주의만 내세우는 정책담당자들의 행동을 보고 있는 것 같아 안타깝다.

돈값은 폭락하는데
금리정책은
도그마에 빠지고

    금리란 돈의 값이다. 그럼 돈값인 금리는 어느 정도 돼야 적정수준일까. 이에 대한 논리는 시대와 상황에 따라 조금씩 바뀌었다.

    돈을 빌리면 미래에 이자를 지불해야 하는 이유는 여러 가지가 있다. 우선 미래의 돈보다 현재의 돈이 더 좋기 때문이다. 돈을 맡기는 사람 입장에서 보면 돈을 누구에게 빌려주든지 불확실성이 있다. 은행에 맡기면 은행이 파산할 수도 있고 심지어 정부의 국채를 사더라도 못 받을 가능성이 있다. 개인한테 빌려주는 것도 마찬가지다. 현재 100원이 미래 100원보다 당연히 선호된다. 이자를 받는다는 것은 현재의 돈을 포기하고 미래의 돈을 받는 것이다. 현재를 미래보다 선호하는 정도에 따라 이자를 받는 것은 어찌 보면 당연하다. 두 번째로 금리를 지불해야 하는 이유는 경제가 성장하기 때문이다. 돈을 투자하면 경제가 성장하는 만큼

재산이 불어나는 경향이 있다. 오늘 내가 돈을 저축하면 이 돈으로 내년에는 더 많은 것을 만들어 낼 수 있다. 경제가 성장한다면 돈도 그만큼의 수익률을 얻을 수 있어야 한다는 논리다. 세 번째는 물가상승률만큼 금리를 받아야 한다는 논리다. 미래에 돈의 가치는 물가상승률만큼 떨어진다. 내가 빌려준 돈의 가치가 유지되기 위해서는 적어도 물가상승률만큼은 이자로 받아야 한다.

이런 저런 것들을 종합해보면, 적정 이자율은 성장률에 사람들의 시간 선호도와 물가상승률을 합한 만큼이다. 정부는 2015년 우리나라 성장률을 연 3.1% 정도로 전망했다. 물가상승률은 1% 안팎이다. 시간선호도를 감안하지 않더라도 이런 수치들을 감안할 때 우리나라 적정금리는 연 4% 이상이라는 결론이 나온다. 한국은행은 그동안 이런 근거를 들어 우리나라의 금리는 과도하게 낮은 수준이라고 밝혀왔다. 그런데 눈을 세계로 돌려보면 요즘엔 전통적인 적정금리 이론이 적용되기 힘들다. 미국의 경우 2015년 성장률 전망치는 연 1.7% 안팎(IMF 기준)이고 물가상승률도 1.5% 내외로 추정된다. 전통적인 이론에 따르자면, 이 경우 미국의 적정금리 수준은 연 3.5% 정도 돼야 하지만 실제 미국 금리는 이보다 훨씬 낮다. 중앙은행의 단기 정책금리는 0.25%, 10년 만기 국채금리도 연 2.3% 정도에 불과하다. 일본의 2015년 성장률 전망치는 연 1.6%다. 일본의 단기 정책금리는 0.1% 밖에 안 된다. 금리가 낮은 것은 물론 중앙은행이 막대한 돈을 시중에 풀고 있다. 물가상승률이 연 2% 될 때까지 돈을 푸는 게 일본정부의 목표다. 유럽의 2015년 성장률 전망치는 연 1.1%, 물가상승률는 0.5% 안팎이다. 유럽도 마찬가지로 제로금리에 이어 양적완화 정책을 펴고 있다. 선진국이 모두 전통적인 방식에서의 적정 이자율 수준을 크게 이탈한 상태다.

선진국에서는 한마디로 돈의 가격이 헐값으로 떨어진지 오래다. 금융

시장에 돈이 있더라도 이를 투자할 만한 대상과 주체가 없기 때문이다. 돈을 빌려주는 사람 입장에서는 물가나 성장률을 감안해 금리를 받고 싶지만 돈을 빌리는 사람 입장에서는 이 돈을 빌려와서 어느 정도의 수익을 올릴 수 있어야 돈을 빌려간다. 하지만 투자할 곳이 없기 때문에 금리가 아무리 낮아도 돈을 빌려 쓰질 않는다. 그러다 보니 이자율은 계속 내려가고 경기는 침체상태를 벗어나지 못하고 있다. 이자율을 아무리 낮추고 돈을 풀어도 생산적인 투자로 이어지지 못하는 '함정'에 빠져 있는 셈이다.

우리나라 한국은행은 그동안 이 같은 세계의 변화에 둔감했다. 선진국이 제로금리에 이어 무한대로 돈을 푸는 양적완화 정책을 편지 오래됐는데도 한은은 오랫동안 우리나라의 금리가 경기와 물가를 감안할 때 낮은 수준이라고 얘기해왔다. 세상은 바뀌는데 한은만 과거 도그마에 갇혀 있었다. 한은이 2014년 정권 실세라고 불리는 최경환 경제부총리 취임 이후 4번에 걸쳐 금리를 1% 포인트나 낮춘 것에 대해서도 말들이 많다. 정권에서 금리인하에 대한 압박이 세진 것이 금리인하 원인이라는 것이다. 여기에 세계 각국의 통화정책을 볼 때도 더 이상 적정금리를 논하는 것이 의미가 없을 정도로 선진국이 적정금리를 이탈한 점도 작용했다. 문제는 앞으로다. 한은이 금리를 낮췄지만 소비와 투자가 본격적으로 살아나지 않고 있다. 가계부채만 계속 늘고 있을 뿐이다. 여기에 미국이 금리를 올리는 시기와 속도를 저울질하고 있다. 미국이 금리를 올릴 경우우리나라에는 그동안의 저금리 기조가 근본적으로 바뀌는 시기가 도래한다. 기축통화가 아닌 우리나라 입장에서 미국이 금리를 올리는데 반대로 금리를 내리는 것은 매우 부담스럽다. 그렇다고 무턱대고 미국을 따라 금리를 올리는 것 또한 정도가 아니다. 통화정책 당국이 종전의 도그마에서 벗어나 금리정책에 대해 새로운 논리를 개발해야 할 때다.

정부와
중앙은행은
견원지간인가

　우리나라 한국은행 금융통화위원회의 금리정책에 대해 경제정책과 국가예산을 총괄하는 정부부처인 기획재정부는 늘 불만이다. 금통위가 금리를 동결할 때면 이 불만이 노골적으로 표출된다. 가뜩이나 경기도 안좋은데 중앙은행이 금리를 내리고 돈을 풀어 경기를 띄우는 데 동참해야 한다는 속내를 드러낸다. 하지만 금리정책의 결정권을 쥔 한은 금통위는 '정부가 왜 한은의 의사결정에 개입 하냐'며 썰렁한 반응이다. 기재부가 불만을 명시적으로 드러내지 않고 속앓이 하는 이유도 중앙은행의 의사결정에 개입한다는 비난을 뒤집어쓰지 않기 위해서다. 정부와 한은 간의 긴장관계는 매월 금융통화위원회가 열리는 시기를 전후해 발생한다. 일반인들이 볼 때 중앙은행이나 기재부나 '도긴개긴'이다. 두 기관이 잘 상의해서 결정해도 될 것 같은데 괜히 엇박자를 내는 것처럼 보인다. 과연 정부와 중앙은행은 개와 원숭이 사이 같은 '견원지간(犬猿之間)'일까.

노벨경제학상을 받은 미국 경제학자인 토머스 사전트는 단순한 모델을 만들어 정부와 중앙은행 간에 벌어지는 상황을 설명했다. 요지는 중앙은행과 정부가 서로 독립적으로 의사결정을 하는 것 같지만 결국은 서로 긴밀히 연결된 의사결정을 할 수밖에 없다는 것이다. 그렇다고 찰떡궁합처럼 완전히 협조적인 것도 아니다. 두 기관 간에는 일종의 게임 상황이 발생한다. 사전트가 제시한 혜안을 찬찬히 살펴볼 필요가 있다.

사전트는 우선 정부가 하는 일과 중앙은행이 하는 일을 구분했다. 정부는 재정지출을 얼마나 할지와 세금을 얼마나 거둘지, 국채를 발행해 자금을 얼마나 조달할지 등을 결정한다. 반면 중앙은행은 단기금리를 조절해 시중에 돈을 얼마나 풀 것인지를 결정한다. 사전트에 따르면 두 기관이 독립적으로 의사결정을 하지만 두 가지 결정은 서로 연결될 수밖에 없다.

정부가 총 지출을 100으로 결정하고 국채 발행으로 30, 세금수입으로 70을 하기로 결정했다면 세출과 세입은 균형을 이룬다. 정부가 쓰는 돈과 벌어들일 돈이 같기 때문에 중앙은행은 통화량을 현 수준으로 유지해야 한다. 정부가 경기를 띄우기 위해 지출을 120으로 늘리면서 세금과 국채 발행은 같은 수준을 유지한다면 부족한 부분 20은 중앙은행이 화폐를 발행해 메워야 한다. 그렇지 않으면 정부가 돈을 못 쓰는 상황이 발생한다. 사전트의 논리에 따르면, 정부가 중앙은행이 돈을 풀도록 유도하고 싶다면 방법은 간단하다. 쓸 돈을 세금과 국채 발행을 통해 조달하는 금액보다 많이 책정하면 된다. 이 경우 중앙은행은 '울며 겨자 먹기'식으로 돈을 풀어 부족분을 메워야 한다.

정부가 쓸 돈인 예산은 국채 발행과 세금을 통해 조달하지만 그래도 모자랄 경우에는 돈을 찍어내 조달한다. 중앙은행이 돈을 찍어내면 정부는 화폐 발행량만큼 쓸 수 있고 민간경제는 풀린 돈만큼 물가가 올라 돈 값이 떨어진다. 마치 민간인들이 돈값이 떨어진 만큼 세금을 내는 것 같아 이를 '인플레이션세'라 부른다.

그럼 중앙은행은 매번 정부에 종속되는 의사결정을 할까. 그렇지 않다. 중앙은행이 먼저 움직이면 된다. 중앙은행이 미리 돈을 얼마나 풀고 조일 것인지를 결정하고 이를 발표할 수 있다. 예를 들어 중앙은행이 물가를 안정시키기 위해 돈을 20만큼 회수해야 한다고 공식적으로 발표하면 정부는 이를 주어진 조건으로 보고 지출과 세금, 국채 발행량을 결정한다. 20만큼 중앙은행이 회수하니 돈을 쓰고 싶으면 세금을 늘리든지 국채 발행을 늘려야 한다. 세금이나 국채를 늘릴 형편이 안 되면 쓸 돈을 줄여야 한다.

정부와 중앙은행 간 게임의 규칙은 명확하다. 먼저 움직이는 사람이 유리한 포지션을 차지한다. 즉, 중앙은행과 정부가 벌이는 게임은 누가 먼저 움직이는가 하는 것이다. 한 기관이 먼저 움직이면 나머지 기관은 먼저 움직인 기관의 결과에 따라 행동이 좌우된다. 사전트는 지난 1981년 발표한 논문에서 이 같은 현상을 정확히 분석했다.

미국은 지난 2008년 금융위기 이후 양적완화 정책을 통해 금리를 0% 수준으로 낮추는 것은 물론 총 4조 달러가 넘는 돈을 풀었다. 이는 물가 안정을 위한 중앙은행의 정책이 아니다. 정부가 금융 시스템 붕괴를 막기 위해 천문학적인 돈을 쓸 계획을 세우고 중앙은행은 여기에 맞춰 돈을 푼 것이다. 미국뿐만 아니라 일본과 유럽도 대규모 양적완화에 나섰다. 모두 극도로 침체된 경기를 부양한다는 정부의 방침에 따라 중앙은행이 자금을 조달해 메워주는 방식이다.

경제적으로 절박한 상황이거나 정부의 입김이 강할 때 중앙은행은 돈을 풀어 정부정책에 동참한다. 반면 중앙은행이 먼저 나서 물가를 잡기 위해 돈줄을 죄고 나설 때는 정부가 여기에 맞춰주는 경우도 있다. 지난 1979년부터 1987년까지 미국 연방준비제도이사회(FRB) 의장을 역임했던 폴 볼커는 인플레이션을 막기 위해 금리를 대폭 올렸다. 금리를 올려 돈줄을 죄자 정부는 여기에 맞춰 재정을 운용할 수밖에 없었다. 이처럼 중앙은행의 독립은 경제운용이라는 큰 틀에서의 제한된 독립을 의미한다.

우리나라는 지난 2014년 정부가 당초 계획했던 것보다 세금이 10조 9000억 원이나 덜 들어왔다. 앞으로도 세금이 많이 들어올 가능성은 높지 않다. 하지만 정부가 써야 할 돈은 갈수록 늘어나고 있다. 정부 입장에서는 당연히 중앙은행이 돈을 풀어 정부정책에 협조하길 바라고 있다. 하지만 한국은행 반응은 미온적이다. 한국에서도 사전트의 논리대로 재빨리 움직이는 기관이 원하는 것을 얻는 게임의 양상이 진행될지, 아니면 정부와 중앙은행 간에 협조적인 관계가 형성될지 관심을 가져볼 만하다.

Chapter 4

일하는 사람들의
경제논리

반쪽짜리
실업률 통계에 포함되지 않는
실망 노동자

한자는 대단히 우수한 글자지만 때로는 의미를 호도하기도 한다. 그 한 예가 '실업(失業)'이란 단어이다. 실업은 일자리를 잃어버렸단 뜻이다. 어제까지 일자리가 있었는데 오늘 잃은 사람들, 이들이 '사전적' 의미의 실업자다. 한 번도 취업한 적이 없는 사람은 잃어버릴 일자리도 없다. 그런데 이들을 일자리를 잃은 실업자라니. 다소 황당하다. 어떨 땐 영어가 더 정확한 의미를 전달한다. 실업에 해당하는 영어 단어는 'Unemployment'. 'Employment'라는 단어가 고용으로 번역되니 비(非)고용, 즉 고용되지 않은 사람이란 뜻이다. 일자리를 잃어버린 사람뿐만 아니라 일을 구하고 있지만 고용된 적이 없는 사람들 모두를 포괄한다.

공자님 말씀 같은 얘기로 시작했지만 실업이건 비고용이건 너무 가슴 아픈 얘기다. 다니던 직장을 그만둘 때의 착잡함이란, 말로 설명하기 힘들 만큼 처참하다. 처자식 얼굴이 떠오르고 창피해서 하늘이 무너져 내리는 것만 같다. 실업의 고통은 한국보다 미국이 훨씬 더 심하다. 한국에선 취직을 하면 우선 저축부터 한다. 저축한 돈이 어느 정도 모이면 집을 얻고 차를 산다. 그런데 미국은 고용이 되는 순간 은행에서 돈을 빌려 집을 사고 차를 산다. 직장을 얻자마자 빚을 왕창 졌다가 이후 이 빚을 갚으며 사는 게 미국 샐러리맨들의 인생이다. 미국에서 일자리를 잃으면 바로 다음 달부터 몰려드는 대출 원리금, 차 할부금, 보험료, 전화, 전기료 등의 각종 청구서에 파묻혀 버린다. 빚을 이미 잔뜩 진데다 이제는 소득마저 없으니 결과는 뻔하다. 경제적 파산과 함께 사회적으로도 매장된다. 직장을 잡으면 저축부터 할 생각하는 우리나라 사람들 입장에서는 미국사람들은 좀 뻔뻔하고 무책임해 보인다. 하지만 어쩌랴. 그렇게 살아온 것이 미국사람들 인생인 것을.

실업률, 정확히 말하면 비고용율은 미국사람들에겐 가장 중요한 경제지표다. 얼마나 많은 사람들이 나락으로 떨어지는지를 보여주기 때문이다. 다른 어떤 정책을 잘 펴더라도 실업률을 잡지 못하면 정권은 지탱하기 힘들다. 지난 2008년 금융위기가 발생했을 때 버락 오바마 미국 대통령이 발 벗고 나서 파산 직전의 자동차 산업을 살린 것도 고용문제 때문이다. 미국의 실업률은 2007년에는 4%대였으나 금융위기 이후인 2009년에는 10%까지 치솟았다. 미국이 비상에 걸렸다. 4조 달러가 넘는 천문학적인 돈을 푼 양적완화(QE) 정책을 내놓아 실업률 잡기에 나섰다. 정부가 돈을 풀어 은행에 주고 은행은 이 돈을 기업에 대출해 주고 기업은 이 돈으로 고용을 유지하는 메커니즘이다. 그렇게 실업률을 낮췄다. 2015년 3월 미국의 실업률은 5.5%. 아직도 금융위기 전 수준인 4%대로 진입하려면 한참 남았다. 그래도 금융위기 이후 계속 떨어지는 추세니 오바마 정부가 체면은 차린 것 같다.

그런데 문제는 또 있다. 실업률이 현실을 제대로 반영하지 못하는 것이다. 상식적으로 보면 실업률이 줄면 고용이 늘어야 한다. 하지만 고용도 줄고 실업률도 줄어드는 현상이 생겨나고 있다. 왜 그럴까? 실업률 통계를 만드는 과정을 보면 쉽게 이해할 수 있다. 16세 이상의 성인 중 일자리가 있거나 일자리를 구하고 있는 사람은 경제활동 인구, 그렇지 않은 사람은 비경제활동 인구로 구분된다. 실업률은 경제활동 인구 중 일자리를 찾지 못한 사람 비율이다. 일자리를 찾는 행위를 하지 않는 사람은 비경제활동 인구로 분류돼 실업자에 해당하지 않는다. 예를 들어 대졸 학생이 취업이 안 될 것으로 예상하고 대학원에 진학하든지, 취업을 포기하고 낭인이 되든지, 집에서 두문불출하든지 하면 실업자가 아니다. 구직행위를 하지 않았기 때문이다. 사회 전체적으로 이런 사람들이 늘어나면 경제활동 인구가 줄어들고 실업자도 줄어들 수 있다. 이런 현상을 경제용어로 '실망 근로자 효과'라고 한다. 취업이 어려워질수록 실망하고 일자리 찾기를 포기하는 현상이다. 실망 근로자들은 범죄자가 되기도 하고 노숙자 같은 사회 이탈자가 되기도 한다. 이런 사람들은 실업자가 아니다. 이들은 실업률 산정에도 포함되지 않는다. 실업률 통계만 줄었다고 좋아할 일이 아니다.

우리나라는 지난 2014년 말부터 고용보조지표란 것을 발표하고 있다. 여기에는 실업자뿐만 아니라, 일주일 내 36시간 미만으로 일하지만 더 일하고 싶어 하는 욕구가 있는 사람들을 의미하는 '시간관련 추가취업 가능자'와, 일자리를 구하러 다니지 않아 경제활동을 하지 않는 사람으로 분류되지만 일하고 싶은 욕구가 있는 '잠재 경제활동 인구' 등이 포함된다. 일자리만 있다면 언제든지 취업하고 싶은 사람들이다. 이들이 전체 경제활동 인구에서 차지하는 비율은 2015년 5월 말 기준으로 11%에 달한다. 10명 중 한 명 이상이 사실상의 실업자란 얘기다. 이 기간 우리나라의 공식 실업률은 3.8%였다. 두 가지 지표 간의 괴리가 커지는 것은 일을 구하려고 노력해도 구할 수 없다는 패배감이 팽배해 구직활동을 하지 않기 때문이다. 전형적인 '실망 근로자 효과'로 해석되는 부분이다. 직장을 다니다가 잘려서 백수가 되는 신세도 착잡하지만, 취직이 두려워 구직활동 자체를 포기하는 사람 역시 비참하기는 마찬가지다. 현재의 실업률은 둘 중 하나만 표시해주고 있다. 앞으로는 일자리 구하기를 포기하는 사람들의 심정도 헤아렸으면 하는 바람이다.

스팩과 취업,
그리고
청년실업

　대학을 졸업한 학생이 고등학교만 졸업한 학생보다 취업해서 일을 더 잘할까? 얼핏 보면 그럴 것 같기도 하고 그렇지 않은 것 같기도 하다. 명문대를 선호하는 기업 입장에서는 좋은 대학을 나온 사람이 일을 더 잘한다고 판단하는 것 같다. 하지만 행복은 성적순이 아니듯 노동의 생산성은 학벌과 무관하다. 그럼 학벌과 채용과는 어떤 관계가 있을까.

　경제학에서는 교육과 취업 간의 관계를 정보의 비대칭성으로부터 설명한다. 기업은 우수한 사람을 뽑고 싶은데 누가 우수한지 알 수 있는 방법이 없다. 마찬가지로 취업자들은 자신의 능력이 우수하다는 것을 증명하고 싶은데 이를 증명할 수 있는 방법이 마땅찮다. 두 경제주체의 요구가 적절히 맞아 떨어질 때 학벌은 역할을 할 수 있다. 기업이 고졸과 대졸이라는 학벌에 따라 임금차이를 둔다고 가정하자. 생산성이 높은 사람이 대학을 졸업하는 데 비용이 10만큼 든다고 가정하자. 생산성이 낮은 사람은 비용이 20만큼 든다. 생산성이 낮은 사람은 공부하는 데 힘을 더 많이 들여야 하기 때문이다. 다음은 기업이 대졸자에게 15만큼의 임금을 지불하고 고졸자에게는 10만큼의 임금을 지불한다. 그럼 어떤 현상이 발생할까. 생산성이 높은 사람은 대학을 졸업하는 데 10만큼의 비용을 지불하고 졸업 후 15만큼의 임금을 받으니 5만큼 이익이다. 반면 생산성이 낮은 사람은 대학을 갈 이유가 없다. 비용이 20이고 임금이 15이니 5만큼 손해다. 당연히 대학을 가지 않는다. 기업 입장에서는 학벌이 우수한 사람과 생산성이 높은 사람을 일치시키는 조건은 간단하다. 기업이 대졸과 고졸의 임금차이를 능력이 좋은 사람이 대학을 졸업할 때 드는 비용보다 크게 하고, 능력이 떨어지는 사람이 대학을 졸업할 때 드는 비용보다 작게 유지한다면 정보의 비대칭성에 따른 문제를 해결할 수 있다. 교육을 받아서 생산성이 높아지는 것이 아니라 교육을 받는 것은 '내가 생산성이 높은 사람'이라는 신호(signal)를 보내는 것이다.

학벌이 생산성과 아무 관련이 없다고 해도 능력이 우수한 사람과 능력이 떨어지는 사람을 구분해줄 수 있는 기능은 있는 셈이다. 고등교육은 사람의 인성을 높여주고 새로운 배움을 깨닫게 하는 등 여러 가지 측면에서 좋은 점을 지니고 있다. 하지만 경제적으로만 볼 때, 교육을 받는 목적은 자신의 노동생산성이 높다는 것에 대한 신호를 주는 것이지 실제 생산성을 높여주지는 못한다는 것이 경제학계의 정설이다.

한국을 비롯한 세계 각국은 청년들의 실업으로 몸살을 앓고 있다. 우리나라의 전체 실업률은 3%대이지만 청년들의 실업률은 10%가 넘는다. 10명 중 한 명은 일자리를 못 찾고 있는 것이다. 경제협력개발기구(OECD) 국가들도 청년실업 때문에 골머리를 앓고 있는 것은 마찬가지다. 이들 국가의 전체 실업률은 7~8%이지만 청년(15~24세)들의 실업률은 20%에 육박한다. 어느 나라나 한창 일할 나이에 있는 청년들의 실업은 심각한 문제다. 청년들이 일자리를 갖지 못하면 경제가 활력을 잃는 것은 물론 이들의 일탈 등으로 사회적 문제까지 야기한다. 각국이 직접 나서서 청년들의 일자리를 찾아주려고 안간힘을 쓰고 있는 것도 이 때문이다.

청년들은 한 번도 자신들의 생산성을 검증받지 못한 사람들이다. 이들이 자신들의 능력을 보여줄 수 있는 방법은 학벌을 포함한 '스펙'이다. 하지만 요즘 우리나라 청년들의 스펙 쌓기는 너무 과도하다. 대학교육만으로 모자라 석박사까지 하는 것은 물론, 영어, 중국어, 일어 등 세계 각국의 언어를 배우기 위해 여념이 없다. 스펙을 더 쌓는 길만이 취업문을 여는 유일한 길로 생각하기 때문이다. 우리나라 청년들은 2~3개 국어는 기본이고 석박사 학위까지 받았지만 취업을 하지 못하는 경우가 다반사다. 취업이 어려우니 청년들은 더 좋은 스펙 쌓기에 매달린다. 하지만 아이러니컬하게도 경제학적인 입장에서 볼 때 이런 스펙 쌓기는 우리나라 전체적으로 인적자원의 질을 높이는 것과 상관이 없다. 영어를 미국인처럼 잘 하도록 스펙을 쌓은 학생이 정작 취업해서는 영어를 한마디도 쓸 일이 없는 경우가 태반이다. 미적분을 암산으로 풀 정도로 수학을 잘 해도 취업해서 일하는 것과는 별 상관이 없다.

교육과 취업의 관계는 고용자와 피고용자 간의 정보의 비대칭성을 해소해주는 정도에 그치는 것이 바람직하다. 과도한 스펙 쌓기는 개인적으로는 물론이고 사회적으로도 엄청난 비용을 수반한다. 역설적으로 모든 사람이 똑같은 스펙을 쌓았을 때는 정작 채용을 하려고하는 기업에게 주는 새로운 정보는 없다. 그러다 보니 이제는 삼성 등 대기업이 직접 나서서 개인들의 잠재력을 측정하겠다고 한다. 학벌과 스펙을 믿지 못하니 자신들의 기준으로 기업에 적합한 인재를 뽑는다는 취지다. 너도나도 대기업에 취업하려다보니 대기업 입시학원이 생겨났다. 학원에서 단련된 사람들은 모두 똑같아 보인다. 이 과정에서 엄청난 사회적 비용이 수반된다. 교육이 취업에서 하는 역할은 능력이 있는 사람과 그렇지 못한 사람 간에 적절한 인센티브를 제공해 스스로 자신의 처지에 맞는 교육과 직장을 선택하도록 만드는 것이다. 직업학교와 전문기술학교를 육성하고, 생산성과 무관한 과도한 스펙 쌓기를 멈추도록 유도해야 한다. 무엇보다 꼬일대로 꼬여버린 취업과 교육 간의 악순환 고리를 끊는 것이 청년실업 해소의 출발점이다.

대표성 없는
사람끼리의
노사정 협상

　한 회사에서 부장, 과장, 대리가 점심시간에 중국집을 갔다. 부장은 자장면, 과장은 짬뽕, 대리는 볶음밥을 좋아한다. 메뉴는 하나로 통일해야 한다. 어떻게 메뉴를 골라야 합리적인 의사결정이 될까. 우선 투표를 하면 각각 한 표씩 나올 것이기 때문에 답이 안 나온다. 좋아하는 정도를 점수로 환산한 후 그 합계를 내 결정할 수도 있다. 그럴 듯한 얘기지만 이 경우 거짓말을 할 가능성이 있다. 사실 대리는 볶음밥을 짬뽕보다 조금 더 좋아할 뿐인데 볶음밥을 먹기 위해 점수를 한껏 부풀려 낼 수 있다. 한 번씩 번갈아가면서 메뉴를 결정할 수도 있지만 다음에 또 언제 밥을 같이 먹을지 의문이다. 그러다 보니 가장 높은 사람이 메뉴를 정하고 나머지는 울며 겨자 먹기식으로 따라가는 독재가 횡행한다.
　국가나 사회의 의사결정도 거창한 것 같지만 본질적으로는 이런 문제와 유사하다. 손쉬운 답을 찾기가 어렵다. 하지만 민주적인 질서를 표방한 자본주의 사회에서도 집단적 의사결정을 반드시 해야 할 때가 있다. 이때는 우선 원칙을 정해야 한다. 이탈리아 경제학자인 빌프레드 파레토는 모든 사람은 아니더라도 일부만이라도 현재의 상태보다 개선될 수 있다면 그 방안을 선택해야 한다고 주장했다. 공리주의를 표방한 영국의 철학자 제러미 벤담은 사람의 효용을 수량화해서 이를 극대화하는 선택을 해야 한다고 역설했다. 영국의 존 롤스는 한 사회에서 가장 가난한 사람의 소득이 늘어날 수 있는 선택을 하는 것이 바람직하다고 강조했다. 원칙을 정한 다음에는 이 원칙을 설득할 수 있는 리더십을 발휘해야 한다. 원칙과 리더십이 없이 적당한 선에서 좋은 게 좋은 식으로 의사결정을 도모한다면 실패할 것이 불 보듯 뻔하다.

2015년 9월 온 국민의 관심을 모았던 경제사회발전 노사정위원회의 노동시장 개혁협상이 타결됐다. 우리나라 노동시장을 선진화하기 위해 노동계와 고용주와 정부가 모여 머리를 맞대고 합리적인 방안을 찾으려고 노력한 결과 합의문을 만들어냈다. 우리나라의 노사정 협상이 타결된 것은 지난 1998년에 이어 두 번째다. 경제가 어려울 때 노사정이 모여 살길을 모색하는 것은 세계 각국에서도 있어 왔다. 노동자와 사용자는 기본적으로 갈등관계에 있을 수밖에 없다. 이런 양자의 관계를 정부가 절충해 합의를 이끌어 냈다는 것은 의미가 있는 일이다.

문제는 합의수준이다. 협상타결안 내용을 보면 1998년 노사정협상 타결과 이번 타결은 질적으로 차이가 있다. 1998년에는 노사정 합의를 통해 60개항의 사회적 합의사항을 도출했다. 여기에는 사용자가 '경영상의 이유'로 정리해고를 할 수 있다는 근로기준법 개정안이 포함됐다. 또 28개 업종에 대해 파견근로를 허용할 수 있도록 하는 법 개정안도 도입됐다. 노동시장 유연화를 높이는 조치와 함께 실업 대책재원 5조 원 확충, 노조의 정치활동 보장, 교원 노조의 허용 등 노동계를 위한 대책도 포함됐다.

반면 2015년 노사정이 만들어낸 합의안은 매우 추상적이다. '노동시장의 이중구조개선, 취약계층 근로자의 고용안정과 보호 등을 위해 공동노력한다'는 것이 주요한 합의내용이다. 쟁점이 됐던 근로계약 해지 문제와 관련해서는 '노사 및 전문가가 참여해 근로계약 전반에 대한 제도 개선 방안을 마련한다'라고 합의했다. 임금체계 개편과 관련해서는 '장년근로자의 고용안정과 세대 간 상생고용 체제 구축을 위해 임금체계를 합리적으로 개편하기로 한다'고 합의문에 썼다. 민감한 내용에 대해서는 '추후 마련한다', '합리적으로 개편한다' 등의 모호한 표현으로 일관했다. 앞으로 뭐가 어떻게 바뀌는지에 대해 더 혼란스럽기만 하다. 합의라는 형식은 갖췄지만 내용을 명확히 알기 매우 힘들다. '합의를 위한 합의'에 불과하다는 평가도 있다.

1998년과 2015년 노사정 합의는 형식은 비슷하지만 내용에서는 큰 차이가 난다. 왜 이런 일이 벌어졌을까. 우선 주변 환경이 달랐다. 1998년은 우리나라가 국제통화기금(IMF) 구제금융을 받았을 때다. 노동개혁을 하지 못하면 나라가 절단난다는 위기감이 작용했다. 그런데 지금의 노동개혁은 우리나라 국가경쟁력 강화를 표방하고 있다. 국가의 흥망을 좌우했던 당시와 비교해보면 노사정 타협의 원칙이 뭔지가 와 닿지 않았고 절박감이 한참 떨어진다.

노사정위의 구성도 차이가 난다. 1998년 당시 노사정 위원장은 김대중 정부의 최고 실세로 꼽히는 한광옥 씨였다. 권력의 정점에 있는 위원장이 이끄는 노사정위는 힘을 받을 수밖에 없었다. 또 노동계에서는 우리나라의 양대 노총인 민주노총과 한국노총이 모두 참여했다. 양대 노총의 참여로 노사정위는 노동계에 대한 어느 정도의 대표성을 띄었다. 사용자 측에서는 한국경영자총협회와 전국경제인연합회가 참석했다. 정부 측에서는 경제를 총괄하는 재정경제원 장관과 노동문제의 주무부처인 노동부 장관이 참석했다. 명실상부한 노, 사, 정의 대표가 모인 공간이라고 볼 만했다.

하지만 2015년 노사정위원회의 구성은 당시와 상당한 차이점이 있다. 뚜렷한 리더가 없었고 리더십도 발휘되지 못했다. 김대환 노사정위원장은 정권 실세가 아니다. 정부의 노동개혁을 상징하는 인물도 아니다. 어떤 철학으로 노사정위를 이끌어 가는지도 모호했다. 적절한 조정자의 역할만 부각됐을 뿐이다. 김 위원장과 함께 노사정위 회의를 이끌었던 4인 대표자 회의 멤버의 대표성도 약하다. 박병원 경총회장, 이기권 고용노동부 장관, 김동만 한국노총위원장이 그들이다. 공무원 출신에 우리금융지주회장, 은행연합회장 등 협회장을 역임했던 박 회장이 고용주들을 대표한다는 것은 이해가 가질 않는다. 기업을 경영해본 경험도 없고 노조를 직접 상대해본 적도 많지 않다. 그마저 노사정위 회담이 진행 중인 중간에 참여했다. 정부를 대표하는 이기권 장관 역시 명실상부한 정부 측 대표로 보기는 어렵다. 박근혜 정부의 실세 장관으로 꼽히는 최경환 경제부총리는 직접 총대를 메기보다는 측면에서 지원하는 데 그쳤다. 노동계 대표로 나온 한국노총도 전체 노동계의 이해를 대변할 만한 위치에 있지 않다. 고용노동부 통계에 따르면 지난 2013년 현재 노조조직에 가입할 수 있는 조직대상 근로자 수는 1798만 명, 이 중 노조에 실제 가입한 근로자는 184만 명으로 노조 조직률이 10.3%에 불과하다. 한국노총에 가입한 근로자수는 82만 명으로 노조에 가입한 근로자의 44.4%다. 냉정히 보자면 한노총은 결국 전체 근로자 4.5%를 대표하는 단체에 불과하다. 노동계의 다른 한 축인 민주노총은 애당초 참여조차 하지 않았다. 더구나 비정규직 문제가 합의사항 중의 하나였지만 비정규직 대표는 애당초 노사정의에 참여대상이 아니었다. 결국 이번 노사정위는 명실상부한 대표성이 없는 사람끼리 모여서 적당히 눈치 보며 논의하다가 결과물도 내지 못한 채 실패한 사례로 남게 됐다.

최저임금의
정치경제학과
법적 사각지대

우리나라는 매년 최저임금위원회를 발족시켜 최저임금을 결정하는 논의를 한다. 그때가 되면 기업들과 노동계의 관심이 여기에 집중된다. 최저임금은 말 그대로 근로자가 받아야 하는 최소한의 임금이다. 정부가 나서서 최저임금을 결정하는 것은 시장만능주의를 주장하는 자본주의와 맞지 않는다. 하지만 대부분의 자본주의 국가들이 최저임금제를 채택하고 있는 것이 현실이다. 이 때문에 최저임금은 태생적으로 자본의 논리와 노동의 논리가 대립하는 부분이다. 우리나라도 최저임금을 헌법에서 보장한다. 헌법 제32조 1항은 '국가는 사회적 · 경제적 방법으로 근로자의 고용의 증진과 적정 임금의 보장에 노력하여야 하며, 법률이 정하는 바에 의하여 최저임금제를 시행하여야 한다'고 명시했다. 최저임금법 4조는 "최저임금은 근로자의 생계비, 유사 근로자의 임금, 노동생산성 및 소득분배율 등을 고려하여 정한다"고 했다. 이들 문구는 단순한 것 같지만 다양한 경제이론에 그 기반을 두고 있다.

자유주의 경제학의 관점에서 보면 임금은 노동에 대한 대가다. 일 한 만큼 임금을 받는다. 임금은 노동에 대한 수요와 공급에 따라 시장에서 결정된다. 최저임금이 시장에서 결정된 균형임금보다 낮으면 아무 문제가 없다. 당연히 시장에서는 최저임금보다 높은 수준에서 임금이 결정될 것이기 때문이다. 반면 최저임금이 균형임금보다 높다면 고용주는 고용을 줄이고 근로자는 노동의 공급을 늘린다. 여기서 실업이 발생한다. 균형임금보다 높은 수준의 임금을 정부가 강제하면 그 결과 실업이 발생한다는 것이 자유주의 경제학의 임금이론이다. 우리나라 법에서 최저임금을 결정하는 요인으로 '고용의 증진과 노동생산성'을 명시한 것은 이 같은 논리에 기반을 둔다.

국가의 경제제도를 중시하는 제도주의 경제학이 주장하는 최저임금의 논리는 '효율적 임금가설'이다. 고용주가 임금을 올려 주면 근로자들이 일을 더 열심히 해 결국 고용주와 근로자 모두가 '윈윈'이라는 논리다. 모든 고용주가 같은 임금을 지급하면 근로자들은 쉽게 이곳저곳 옮길 수 있다. 또 똑같은 임금을 받으면 일을 열심히 하지 않는다. 한 회사에서 잘려도 같은 조건으로 다른 회사에서 일할 수 있기 때문이다. 고용주가 임금을 조금 올려준다면 얘기가 달라진다. 임금이 높은 회사에서 일하는 근로자들은 회사에서 잘리면 피해가 크다. 다른 회사로 옮기면 적은 월급을 감수해야 한다. 고용주가 임금을 올려주면 근로자는 보다 열심히 일하고 다른 곳으로 옮기지도 않는다. 고용주는 자주 근로자를 바꾸지 않아 좋고 근로자는 월급을 많이 받아 좋은 것이다. 최저임금을 올림으로써 오히려 고용의 안정성을 높일 수 있다는 논리다.

법에서 근로자의 생계비를 강조하는 부분은 사회주의 경제학의 임금이론과 맥을 같이한다. 사회주의 경제학을 만든 칼 마르크스는 임금을 근로자들이 제공하는 노동에 대한 대가로 지급하는 것이 아니라 근로자들이 노동을 제공할 수 있도록 신체를 유지하는 데 지급하는 대가로 정의한다. 임금은 노동의 대가가 아닌 '노동력'을 유지하는 데 소요되는 비용이다. 임금은 근로자의 전부다. 임금을 받지 못하면 생존이 불가능하다. 이 때문에 자본주의 체제가 유지되기 위해서는 근로자들이 노동을 공급하면서 생활할 수 있도록 최소한의 임금을 지급해야 한다.

이처럼 우리나라의 최저임금과 관련한 법조문은 경제학의 여러 논리를 혼합해 좋은 것만 따와서 만들었다. 그런데 현실은 법 취지를 무색케 할 만큼 많은 문제들을 노출한다. 2015년 7월 현재 우리나라의 최저임금은 시간당 5580원이다. 주 40시간 일하는 것을 가정하면 최저임금이 적용되는 근로자의 월급은 116만 6220원이다. 2014년 우리나라의 최저생계비가 4인 가족 기준으로 167만 원인 것을 감안하면 이보다 훨씬 낮다. 근로자 한 명이 4인 가족을 거느리고 살기 어렵다는 얘기다. 근로자의 생계비를 고려해 최저임금을 결정한다는 법 취지가 발휘되지 않고 있는 것이다. 그렇다고 무턱대고 최저임금을 올릴 수도 없는 게 현실이다. 통계청이 지난해 발표한 경제활동인구조사 부가조사 결과에 따르면 법정 최저임금을 받지 못하는 근로자의 수가 227만 명으로 전체 임금근로자 1877만 명의 12.1%에 달한다. 많은 사업장들이 불법을 저지르고 있지만 엄하게 처벌을 할 경우 수많은 자영업자와 영세기업들이 도산할 형편이다. 정부도 이를 감안해 최저임금 위반 사업장에 대해 엄하게 처벌하지 않고 있다. 법적인 사각지대인 셈이다.

자유주의 경제학 논리에 따르면 최저임금이 높으면 실업이 늘어나야 하는데 우리나라는 실업이 발생하는 것이 아니라 법을 어기는 사업장이 늘어나는 모순된 현상이 발생하고 있다. 정부도 매년 때만 되면 최저임금 인상률만 대충 정한 후 그 다음엔 나 몰라라 하는 식으로 운영하니 이런 현상이 반복된다. 최저임금 인상률을 정하는 것과 더불어 문제가 되는 부분을 재검토하고 제도의 취지에 맞게 실시되도록 보다 근본적인 대책을 세우는 것이 중요하다.

Chapter 5

경제를 좌지우지하는
정치

중국의 모순된
정치개혁과
경제성장

과거 경제부총리를 지냈던 진념 씨는 종종 "중국이 사회주의 국가가
된 것과 한국이 자본주의 국가가 된 것은 기적 같은 일"이라고 말했다.
그만큼 중국 사람들은 돈에 민감하고 개인주의적인 반면 한국 사람들은
공동체의식이 강하다는 의미. 한국의 고전에도 중국 사람들은 자주 비
단장수 '왕서방'으로 묘사됐다. 중국을 상대로 사업을 하는 한국 사람들
은 "중국에서는 돈만 많이 주면 뭐든지 할 수 있다."고 말한다. 이렇게
돈에 민감한 사람들이 모여 있다 보니 자본주의 시장경제가 자연스럽게
체화됐다. 중국은 지난 1949년 사회주의 혁명에 성공해 정치적으로는
사회주의 국가로 재탄생했다. 하지만 지난 1978년 이후 현재까지 경제
시스템을 자본주의적으로 개혁하고 있다. 이런 가운데 중국에서 세계적
인 거부들이 속속 생겨나고 경제는 고공 행진을 거듭했다. 중국 사람들

의 특성과 가장 어울리는 경제 시스템을 구축한 결과다.

사회주의 이론을 만들어낸 칼 마르크스는 경제적 토대가 정치적 상부구조를 결정한다는 '경제결정론'을 주장했다. 이 주장은 사회주의 이론의 근간이다. 자본주의 경제의 핵심은 사유재산 보장과 자본가와 노동자 간의 임노동 관계다. 경제가 자본주의화 되면 정치도 이 영향을 직접적으로 받는다. 과거 봉건주의 국가가 자본주의로 이행할 때 경제적으로 성공한 상공인들의 목소리가 커지고 이들 위주로 시민계급이 형성되면서 왕정을 타파한 것이 그 예다. 지난 1990년대 구소련이 개혁정책인 '페레스트로이카'를 추진하면서 시장경제가 확산되자 공산당 1당 독재 체제가 붕괴됐고, 과거 동구권의 사회주의 국가도 비슷한 과정을 겪었다. 반면 중국에서는 자본주의 경제 시스템이 빠른 속도로 확산되고 있지만 정치는 사회주의 체제인 공산당 1당 독재를 줄곧 고수하고 있다. 인류 역사상 유래가 없는 사회주의 정치와 자본주의 경제의 융합을 시도하고 있는 것이다. 자본주의의 핵심은 경쟁이다. 1당 독재의 정치에서는 경쟁이 없다. 경쟁이 없는 정치는 부패한다. 이미 기득권을 얻은 관료들은 변화를 바라지 않는다. 경제발전 단계에서는 효율적인 의사결정을 위해 어느 정도의 독재가 필요하지만 경제가 성장기에 들어서면 자본주의 경제와 공산당 1당 독재에 기반을 둔 사회주의 정치는 물과 기름처럼 융합되기 힘들다는 게 일반적인 평가다.

중국도 예외는 아니다. 중국에서도 자본주의가 발전하면서 정치개혁을 요구하는 목소리가 본격적으로 나오고 있다. 지난 2013년 중국의 경제학자인 우징랜 국무원 발전연구센터 연구원의 정치개혁 요구 사례는 유명하다. 당시 월스트리트저널(WSJ) 보도에 따르면 우징랜 연구원은 '경제와 정치개혁의 병행'을 주장하면서 중국경제의 지속적인 발전을 위해서는 정치개혁이 필수라고 강조했다. 그는 구체적인 정치개혁 대상으로 사법부의 정치권으로부터의 독립, 인권개선, 언론자유, 국가소유기업의 민영화 등을 꼽았다. 정치개혁이 이뤄지지 않을 경우 관료주의와 부패가 팽배해지고 이는 다시 경제의 발목을 잡을 것으로 예상했다. 우 연구원은 시장을 중시하는 합리론자로 평가받는다. 별명이 '미스터 마켓'이다.

하지만 중국의 분위기는 이 같은 주장을 받아들이기 어려울 정도로 경직돼 있다. 시진핑 중국 국가주석은 당시 '언론자유, 사법부 독립 등 체제도전 요소를 입에 올리지 말 것'을 공산당 간부들에게 지시한 것으로 알려졌다. 시 주석은 '중국의 붉은 색깔이 절대로 바뀌지 않을 것'이라며 마오쩌둥 사상을 고수할 것을 거듭 강조했다고 월스트리트저널이 전했다. 과거 문화혁명기처럼 공산주의 사상을 강조하고 비판을 용납하지 않았던 시대로 회귀하는 느낌이다. 언론자유 등을 주장해왔던 국립 베이징대 샤예랑 경제학과 교수는 '교수 자질 부족'으로 낙인이 찍혀 교수 재임용 투표에서 탈락했다. 대부분의 여론은 정치개혁을 요구하는 인사들에 대한 응징으로 보고 있다. 또 대형 국영기업의 비리상을 보도했던 신문 기자가 중국공안에 전격 체포된 적도 있다. 중국언론들은 이 기자의 석방을 요구하는 광고를 신문에 싣기도 했다.

이런 사례들은 아직 중국의 정치가 대중들의 의사를 보다 민주적으로 반영하는 식으로 개혁되기는 요원해 보인다는 것을 잘 말해주고 있다. 중국은 경제적으로는 시장경제를 표방하고 있지만 매년 열리는 공산당 전체회의에서는 공산주의의 선명성을 강조하는 목소리를 계속 내고 있다. 경제적으로는 '자본주의적 시장개방, 개혁정책은 강도 높게 추진할 것'을 강조하지만 정치체제는 마오쩌둥의 공산주의 사상을 더욱 공고히 할 것을 주장한다. 중국은 계속 사회주의 정치체제를 유지하면서 자본주의적 경제개혁을 강화하고 있다. 중국의 실험이 성공한다면 세계사의 새

지평이 열린다. 한 번도 성공한 적이 없는 정치, 경제체제가 구축되는 것이다. 하지만 중국이 구소련이나 다른 동구권 공산주의 국가들의 전철을 밟는다면 그 파괴력은 상상하기 힘들 정도로 클 것이다. 중국의 모순된 정치와 경제구조가 언제까지 계속될지에 세계가 주목하고 있다.

인도와 중국,
상반된
정치 시스템의 행보

노벨경제학상 수상자인 미국의 케네스 애로우는 '불가능성 정리'란 것을 만들어냈다. 비록 개인들이 합리적이어도 개인들이 여러 명이 모일 때는 합리적인 의사결정을 하기 어렵다는 것을 수학과 논리로 증명했다. 민주주의 사회에서 채택하고 있는 다수결 원칙의 맹점을 살펴보면 쉽게 이해할 수 있다. 예를 들어 3명의 사람이 있고 A, B, C 세 개의 선택이 있다고 가정하자. 첫 번째 사람은 A-B-C 순서로 좋아한다. 두 번째 사람은 B-C-A 순서로, 세 번째 사람은 C-A-B 순서로 좋아한다. 사람들의 성향이 다양하기 때문에 충분히 가능한 일이다. 이 세 사람이 모여서 다수결로 의사결정을 할 때는 이상한 일이 발생한다.

우선 A와 B를 놓고 투표를 하면 A가 선택된다. 첫째와 셋째 사람이 A에 투표하고 둘째 사람만 B에 투표할 것이기 때문이다. 같은 이유로 B

와 C를 놓고 투표를 하면 B가 선택되고, C와 A를 놓고 투표하면 C가 선택된다. 사회적 의사결정을 어떻게 하느냐에 따라 A, B, C 모두가 선택될 수 있다는 얘기다. 개인들은 분명히 우선순위가 있지만 다수결로 선택한 사회적 의사결정은 우선순위가 없게 된다.

역설적이지만 이 부분이 정치의 영역이다. 다수결을 미덕으로 삼는 민주주의를 표방하더라도 정치적으로 운용의 묘를 발휘해야 하는 시점이 있다. 다수결의 예처럼 표결을 할 때 어떤 안건을 선택하느냐에 따라서 사회적 의사결정의 결과가 달라지기 때문이다. 다원화된 사회에서 안건을 선택하는 것은 정치제도와 정치지도자의 몫이다. 이 때문에 제도와 지도자의 역할이 매우 중요하다. 각국이 매우 다양한 정치제도를 채택하고 있지만 어느 제도가 좋은지 우열을 일률적으로 평가하기는 어렵다. 민주적인 결정이 독재자가 내린 결정보다 항상 우월하다고 말할 수 없는 경우도 있다.

인도와 중국, 두 나라는 세계인구 1, 2위의 대국이다. 2000년 이후 빠른 속도로 경제가 성장하면서 세계의 주목을 받은 나라들이다. 개인적으로 만나 본 경험에 따르면 두 나라 사람들은 돈에 대해 매우 민감하다. 돈을 벌어 부자가 되려는 욕구도 매우 강하다. 이 때문인지 요즘 들어 이 두 나라에서는 세계적인 거부들이 속속 등장하고 있다. 경제활동을 하는 사람들을 보면 이 두 나라는 지극히 자본주의적이다. 국가에서도 사유재산제도를 인정하고 시장을 중시하는 쪽으로 경제 시스템을 계속 바꿔왔다.

그런데 정치로 들어가면 두 나라는 너무나 다르다. 중국은 공산당 1당 독재다. 경제적으로는 자유를 보장하지만 정치적인 자유는 매우 제한돼 있다. 투표제도는 있지만 형식적이다. 공산당의 체제에 반대하는 목소리를 내면 탄압을 받는다.

인도의 정치는 중국과 달리 너무도 민주적이다. 인도의 국민들은 온갖 종류의 종교를 믿고 있다. 인도 거리에서는 힌두교, 이슬람교, 크리스트교를 비롯해 수많은 종교인들을 쉽게 만날 수 있다. 정치적으로도 극우민족주의부터 공산당까지 매우 다양한 스펙트럼이 존재한다. 빈부격차는 세계 최고 수준이다. 고대 신분제도인 카스트제도가 엄연히 존재한다. 다른 카스트와 결혼하는 것은 아직도 상상하기 힘들다. 이처럼 다양한 사람들이 살고 있는 인도의 정치는 매우 민주적이다. 선거 때만 되면 7억 명의 유권자들이 제각각 목소리를 낸다. 수많은 정당들이 이합집산을 하고 표를 얻는다. 선거를 앞둔 정치 시즌엔 정치인들이 온갖 선심성 공약을 쏟아낸다. 극단적인 포퓰리즘(populism)의 모양새다.

인도와 중국 두 나라는 인류 역사상 가장 거대한 실험을 하고 있는 것 같다. 수많은 인구들이 모여 사는 두 나라에서 하나는 권위주의적인 공산당 독재 정치제도를 갖고 있고, 다른 하나는 어느 나라보다도 민주적인 정치 시스템을 갖고 있다. 경제발전이라는 측면에서 볼 때 지금까지는 중국이 인도보다는 다소 앞서 있다. 수많은 사람들의 의견을 모아 의사결정을 하는 인도는 경제발전 전략 마련이 중국보다 다소 늦었고 추진력도 떨어졌다. 그런데 앞으로는 어떻게 될까? 중국에서는 공산당 독재 정치에 대한 피로감이 누적되고 있다. 신장 위구르 지역 등 민족 간 분규도 본격화될 조짐이다. 언제까지 공산당이 많은 사람들의 의견을 짓누르고 독재체제를 계속 유지할 수 있을지에 의문을 표시하는 사람들이 많다. 인도는 정반대의 양상이 벌어지고 있다. 많은 인도 사람들이 인도식의 민주체제가 너무 비효율적이라는 데 공감대를 표시하고 있다. 역설적이지만 그들은 선거에서 보다 강한 리더십을 가진 후보를 당선시켰다. 현재 인도 총리인 나렌드라 모디는 강력한 리더십을 발휘하고 있다. 다원주의 국가인 인도는 다소 권위주의적인 정권이 들어섰고 공산주의 일당 독재의 국가인 중국에서는 민주화의 욕구가 거세지고 있다. 앞으로 두 나라가 정치적, 경제적으로 어떤 행보를 보일지에 세계가 주목하고 있다.

선거의
정치
경제학

　선거는 민주주의 국가에서 집권자를 뽑는 가장 보편적인 방법이다. 선거철만 되면 유권자들의 표를 얻으려는 정치인들의 노력이 눈물겹다. 정책홍보로는 모자라 가족이나 연예인까지 동원해 표 몰이에 나선다. 상대후보 흠집내기에도 주력한다. 인신공격과 흑색선전이 난무한다. 우리나라도 선거 때만 되면 비슷한 양상이 벌어졌다. 선거 때는 정치인들은 간이라도 빼줄 듯한 태도로 유권자들을 유혹한다. 그러다 선거를 마치면 언제 그랬느냐는 듯이 태도가 돌변한다. 유권자들은 속은 기분이다. 왜 이런 현상이 반복될까.

　경제학에서 선거를 설명하는 대표적인 이론이 '중위투표자 정리'이다. 이 이론에 따르면 몇 가지 가정만 충족한다면 선거에서 이기는 방법은 의외로 단순하다. 유권자들이 극우부터 극좌까지 골고루 분포하며, 그들은 자신들의 이념적 성향에 따라 투표를 한다고 가정하자. 이 경우 정확히 중도에 해당하는 이념의 정책을 표방하는 정당이 언제나 승리한다. 거꾸로 말하면 선거에서 이기기 위해서는 정확히 중도노선에 해당하는 정책을 내놓으면 된다. 정당이 내부적으로 지향하는 원래 색깔과는 관계 없다. 민낯을 숨기고 중도성향의 유권자를 유혹하는 것이 선거에서 이기는 방법이다.

이유는 간단하다. 이념적 성향이 1부터 10까지 있고 1은 극좌, 10은 극우를 의미한다고 가정하자. A정당은 4 정도에 해당하는 중도좌파의 정책을 내놓고 B정당은 5에 해당하는 중도노선의 정책을 내놨다. 이 경우 이념적인 편향이 4 이하에 있는 유권자들은 무조건 A를 찍는다. 그리고 이념적인 편향이 5 이상인 유권자들은 B를 찍는다. 자신들의 이념에 가까운 정당이기 때문이다. 그럼 이념적인 성향이 4에서 5 사이에 있는 유권자들은 어떤 선택을 할까. 단순 계산으로 볼 때 이념적인 편향이 4.5 이하인 유권자들은 A를 찍을 것이고 4.5 이상인 유권자들은 B를 찍는다. 이 경우 A는 45%의 득표율을 얻고 B는 55%의 득표율을 얻게 된다. 그래서 B가 선거에서 이긴다. 선거에서 이기는 방법은 너무 쉽고 단순하다. 하지만 실제 세상은 좀 더 복잡하다.

정당 A가 이런 게임의 룰을 안다면 A는 정책을 바꾼다. B도 마찬가지로 선거에서 이기기 위해 이념적 편향이 5에 가까운 정책을 내놓는다. A와 B는 내부적인 이념적 성향은 다르지만 밖으로 내놓는 정책은 차이가 없게 된다. 이 경우 선거는 정책보다 인물이나 여타 스캔들 등에 따라 좌우된다. 선거기간에도 두 정당은 모두 정책홍보보다는 인신공격이나 흠 잡기에 치중한다. 어차피 표를 얻기 위한 정책은 차별화되기 힘들기 때문이다.

우리나라에서는 선거가 이념적 편향보다 지방색에 따라 좌우될 때가 많다. 영남과 호남으로 대표되는 지방색이 선거의 판세를 좌우할 때는 충청권을 잡는 정당이 선거에서 이겼다. 역시 비슷한 논리다. 충청권이 지방색의 스펙트럼에서 중간에 위치하기 때문에 이 지역에 어필하는 정당이 집권할 가능성이 높다. 과거 김영삼 전 대통령은 보수대연합을 실시해 충청권을 접수함으로써 선거에서 이겼다. 그 다음 선거에서는 김대중 전 대통령이 충청권 정당인 자유민주연합과 연합정권을 표방해 집권에 성공했다. 두 김 대통령의 지방색은 충청권과 거리가 멀다. 하지만 선거에서 이기기 위해 중도를 표방할 수밖에 없었다. 선거판은 그렇게 흘러간다.

문제는 선거가 끝난 후 발생한다. 선거에서 이기기 위해 중도노선을 걸었던 정당들은 선거 후에는 자신들의 진정한 색깔을 드러낸다. 선거라는 비상시국에는 중도를 포섭하지만 선거가 끝나면 이념적 색깔이 뚜렷한 사람들의 목소리가 커진다. 이 경우 선거공약을 그대로 밀고 나가기 어렵다. 공약은 어차피 중도를 포섭하기 위한 것이었으니 문제가 발생하는 것은 당연하다. 화장실 갈 때랑 올 때가 다른 것이다. 그러다 보니 공약을 이행하는 과정에서 여러 가지 문제가 발생한다. 일부 공약은 폐기된다. 그러면 집권에 실패한 야당은 공약 불이행을 문제 삼아 트집을 잡는다. 정쟁이 끊이질 않는다. 공약은 물론 정당의 다른 정책도 제대로 시행되기가 어렵다. 그렇게 세월이 흘러 다음 선거가 다가온다. 그러면 다시 정당들은 중도성향의 유권자를 잡기 위한 공약을 내놓는다. 유권자들은 알고도 속고 모르고도 속는 그런 선거판이다.

보수적 성향이 강했던 박근혜 대통령도 지난 대선 때는 경제민주화 등 진보적인 공약을 내걸어 진보진영에 가까운 유권자들의 표를 얻어내 집권에 성공했다. 집권 초기 경제민주화는 각광을 받았지만 시간이 흐르면서 경제민주화는 정책 우선순위에서 밀렸다. 성장과 경제활성화에 초점이 맞춰진다. 박근혜 정부의 색깔은 원래 진보보다는 보수에 가까웠다. 선거의 원리를 적용하면 당연한 회귀로 볼 수 있다. 의욕적으로 성장위주의 정책을 펴고자 했던 정부의 경제정책은 지난 2014년 6·4지방선거 때문에 다시 주춤했다. 선거란 언제나처럼 이념적 색깔을 무디게 한다. 지방선거가 끝나자 박근혜 정부에게는 자신들의 소신을 정책에 발휘할 수 있는 기간이 주어졌다. 보다 적극적으로 자신들의 색깔에 맞는 정책이 추진될 것으로 예상됐다. 하지만 2015년까지 여야 간 정쟁만 일삼으며 세월을 보냈다. 그러다 보니 어느덧 2016년 총선 정국이 다가왔다. 언제쯤 선거를 의식하지 않는 정국이 올까. 현재의 정치 시스템 아래서는 쉽게 오지 않을 것 같다.

정치논리와
경제논리는
모순될까

    기업을 하는 사람들을 포함한 경제인들은 툭하면 '정치논리를 배격해야 한다'고 역설한다. 그들이 말하는 정치논리에 입각한 행정이란 정부의 과도한 시장개입이나 정치인들이 표를 의식하고 무책임하게 던지는 정책들을 의미한다. 그럼 경제논리에 충실한다는 것은 무엇인가. 정부가 개입하지 않고 경제인들에게 맡겨놓으면 경제논리에 충실한 정책이 되는 것인가. 보다 근본적으로 경제논리는 옳고 정치논리는 그른 것인가. 답은 그리 간단치 않다.

    경제의 어원에 대해서는 동양과 서양이 서로 다르다. 서양에서 경제를 의미하는 'economy'는 '집안 살림을 관리한다'는 의미의 'oiko nomia'라는 그리스어에서 유래했다고 한다. 영어에서 이코노미는 절약, 효율적 사용 등을 의미한다. 용어에서 보듯이 서양의 경제에 대한 개념은 개인주의적이다. 다음으로 효율성을 강조한다. '최소비용으로 최대의 효용을 올리는 것'이 경제논리의 기본이다. 이를 국가 전체적으로 확대하면 국가자원을 가장 효율적으로 생산, 배분하는 것이 경제논리다. 반면 동양에서 경제는 '경세제민(經世濟民)'의 약자를 의미한다. 이는 '세상을 다스리고 백성을 구제한다'는 의미다. 개인적인 관점에서 절약과 효율성을 강조하는 서양에 비하면, 동양에서는 국가의 통치원칙으로서 경제를 강조한다. 경제의 주체도 서양은 개인을, 동양은 국가 또는 정부를 강조한다. 정치의 어원도 동양과 서양이 다소 다르다. 서양에서의 정치(politics)의 어원은 도시를 의미하는 'police'에서 왔다. 도시가 하는 일이 정치의 어원이다. 동양에서의 '정치(政治)'는 '양민을 다스리는 것'을 의미한다. 동양에서는 정치와 경제의 개념에는 모두 백성을 다스린다는 의미가 들어있다. 이처럼 고대 동양사회에서 정치와 경제는 일맥상통하는 의미를 담고 있었다.

우리나라에서 정치논리와 경제논리가 본격적으로 구분된 것은 대통령 직선제 등 민주주의가 정착된 1990년대 이후다. 1970~1980년대는 국가 주도의 경제개발 시기다. 민간의 목소리가 크지 않았다. 하지만 1990년대 들어 재벌을 필두로 한 경제계의 세력이 확대되면서 정부의 무리한 경제개입에 반대하고 경제논리를 강조하는 목소리가 커졌다. 서양에서는 경제논리를 강조해온 역사가 훨씬 길다. 영국은 아담 스미스가 국부론에서 국왕의 경제개입에 반대하는 목소리를 낸 이후, 200년이 넘는 세월이 흘러 우리나라에도 유사한 시장주의에 입각한 경제제도가 구축된 것이다. 특히 1997년 우리나라가 국가부도 사태를 겪으면서 국제통화기금(IMF)의 구제금융을 받는 처지가 되면서 경제논리로 포장된 신자유주의적 목소리가 커졌다. 경제논리는 선(善), 정치논리는 악(惡)이라는 이분법적 논리가 득세했다. 국가의 경제정책도 자유주의적인 정책에 초점이 맞춰졌다. 공기업의 민영화, 관치금융 해소, 규제완화를 비롯한 국가의 경제개입 축소 등이 신자유주의적인 조류 아래 추진됐던 정책들이다.

하지만 이런 정책들의 부작용도 심해졌다. 효율성만을 강조하는 정부 정책 아래서 소득분배는 갈수록 악화됐다. 관치금융을 해소하는 과정에서 정부와 유착된 전직 관료들이 득세했다. 국가의 경기조절 능력은 갈수록 퇴화됐다. 기업들은 근시안적인 시야에 머물러 단기적인 이윤만 추구하다 보니 중장기적으로 성장 잠재력을 높이는 투자는 기피했다. 우리 경제는 갈수록 쪼그라들었다. 정부의 권위는 땅에 떨어졌고 정부가 투자 활성화, 소비활성화 대책을 내놓지만 이를 비웃 듯 투자 및 소비는 위축되고 있다. 그러다 보니 다시 국가의 기능을 강조하는 목소리가 커지고 있다. 국가가 나서서 과감한 규제완화와 경제혁신을 통해 우리 경제의 성장 잠재력을 높여야 한다는 주장이다. 개별 기업이 투자를 망설일 때는 국가가 어느 정도 위험을 떠안고 과감한 투자를 집행해야 한다. 소비를 살리기 위해 각종 세제개편이 필요하고 과감한 규제완화를 통해 경제혁신을 이뤄야 한다는 주장도 제기된다. 1990년대 이후 서구적 의미의 'economy'적인 경제관이 강조됐다면, 이제는 '경세제민'이라는 동양적 의미의 경제관에 걸맞은 대책이 필요한 상황이다.

박근혜 정부의 내각에는 정치인들이 많이 포진됐다. 예를 들어 최경환 경제부총리는 3선 의원으로 박근혜 대통령의 최측근이다. 안종범 경제수석은 지난 대선 때 대통령의 경제공약을 입안했던 국회의원이다. 경제 부총리와 경제수석은 그동안 정통 재무관료나 이코노미스트들의 전유물이었다. 경제분야는 전문성이 요구되고 정치논리를 배격하고 경제논리에 입각해 정책을 수립해야 한다는 일종의 불문율 같은 것이 있었다. 현직 의원이 두 자리를 모두 점유한 것은 유래가 없는 일이다. 정치인이기 때문에 정치논리를 잘 이해할 것이다. 자리가 자리인 만큼 경제논리에도 충실해야 한다. 최근 상황과 새로 입각된 경제관료들의 성향을 볼 때 새로운 경제팀에 요구되는 것은 서양의 '이코노미'보다 동양의 '경세제민'적인 경제관이라고 할 수 있다. 분권화된 의사결정과 미시적인 효율성을 강조하기보다는 경제팀이 훌륭한 팀워크를 발휘해 경제의 도약을 이끌어 달라는 게 국민들의 요구다. 미국에서 역대 가장 훌륭한 재무관료로 존경받는 알렉산더 해밀턴은 미국 독립전쟁에 참전한 경험을 가진 정치인이었다. 유독 정치인이 많은 박근혜 정부의 내각이 어떤 실적을 올릴지 국민들이 지켜보고 있다.

정치제도와
의사결정 비용의
최소화

　한국에서 가장 많은 욕을 먹는 집단 중 하나가 정치인들이다. 민생 법안들은 국회만 가면 올 스톱이다. 당리당략만을 앞세우는 정치인들에게 국민들은 뒷전이다. 정책이 집행되기까지 숱한 시간이 흘러간다. 그 피해는 고스란히 국민들에게 돌아온다. 한국정치는 지난 1980년대 군부독재 시대를 거쳐 민주화가 급속도로 진행됐다. 현재 한국의 정치 시스템은 형식적으로 볼 때는 민주적이라는 평가를 받는다. 하지만 역설적으로 가장 민주적인 정치 시스템이 가장 효율적인 것은 아니다. 정치 시스템이 얼마나 효율적인지를 분석하는 시도는 계속 있어왔다. 경제학적인 관점에서 효율적인 정치란 의사결정 과정에서 지불하는 비용을 최소화하는 것이다.

　공공선택이론으로 노벨경제학상을 수상한 제임스 뷰케넌은 정치 의사결정에 따르는 사회적 비용을 두 가지로 구분했다. 하나는 의사결정 과정에서 소외된 사람들이 지불하는 비용이다. 예를 들어 표결을 통해 70%의 동의를 얻어야 법이 통과된다고 가정하자. 이 원칙에 따라 70%의 찬성을 얻은 법률이 집행된다면 나머지 30% 사람들은 자신들의 의사에 반하는 법을 따라야 한다. 의사결정에서 채택되지 못하고 소외된 사람들이 겪어야 할 고통은 사회적 비용으로 볼 수 있다. 또 다른 사회적 비용은 표결 과정에서 지불하는 비용이다. 70%가 의사결정의 기준이라고 한다면 70%의 사람들을 설득하고 그들의 동의를 이끌어 내는 데 많은 시간과 노력이 들어간다. 이 역시 사회적 비용이다. 그런데 소외비용과 표결비용은 서로 정반대 방향으로 움직인다. 독재자가 모든 것을 결정하는 시스템에서는 소외비용은 매우 많다. 하지만 표결비용은 거의 0에 가깝다. 반면 만장일치 시스템 아래서는 소외비용은 거의 발생하지 않지만 표결비용은 매우 많다. 투표를 해서 몇 %가 동의해야 법을 통과시킬 것인지는 소외비용과 표결비용을 합한 사회적 비용을 최소화하는 선에서 결정하는 것이 바람직하다. 경험적으로 다수결의 원칙, 즉 50% 이상의 동의를 얻어 법안을 통과시키는 것이 사회적 비용을 가장 줄이는 시스템이라는 연구결과가 있다. 하지만 소외비용이 막대한 경우에는 만장일치에 가까운 의사결정 시스템을 갖는 것이 바람직하고 의사결정 비용이 큰 사회에서는 독재가 어찌 보면 효율적일 수도 있다.

이런 원칙을 우리나라에도 적용할 수 있다. 정부가 입안한 법들은 국회를 통과해야 빛을 발한다. 국회로만 법이 올라가면 통과되기까지 부지하세월(不知何歲月)이다. 정치논리로 왜곡되는 경우도 다반사다. 법에 대한 토론보다는 고성과 욕설에 훨씬 익숙하다. 정책 표결과정에서의 비용도 막대하다. 지난 2012년 만들어진 국회선진화법은 중요 법안의 경우 국회의원 60% 이상의 찬성 동의가 없을 경우 3분의 1만의 반대동의만으로 법안통과를 저지할 수 있도록 하고 있다. 60% 이상 찬성동의를 받기 위해서는 여당과 야당 중 어느 한곳이 압도적으로 많은 의석을 차지하고 있어야 한다. 국회선진화법 통과 이후로 여당이나 야당이 60% 이상의 의석을 독점한 경우는 없었다. 그러니 소수 정당이 맘만 먹으면 얼마든지 법통과를 저지할 수 있는 토대가 마련돼 있는 것이 한국의 정치 시스템이다. 이런 시스템 아래서 우리는 그동안 막대한 의사결정 비용을 지불해왔다. 민생과 직결되는 각종 경제법안 수십 개가 국회에서 낮잠을 자고 있는 것이 현실이다.

지난 2014년 7월 시행됐던 재보궐 선거에서 선거 역사상 특이한 일이 일어났다. 집권 여당이 절대 이길 수 없을 것으로 생각됐던 호남에서 여당 후보가 당선됐다. 선거 결과를 놓고 의견이 분분하다. 지역주의 타파의 근거가 마련됐다는 분석도 있고 국민들이 여당에 힘을 몰아줬다는 분석도 있다. 경제적 관점에서 선거의 의미를 찾는다면 국민들이 너무나도 과도한 정치 의사결정 비용을 지불하는 것에 환멸을 느꼈다고 볼 수 있다. 비효율적인 정치 시스템을 개혁하라는 국민들의 경고다. 지역주의에 기반해 당리당략만 일삼는 정치 시스템에 대한 혐오가 극에 달한 것이다. 호남 사람들이 이 문제를 본격 제기했다. 앞으로는 영남에서 야당 후보가 당선되는 날도 하루속히 나와야 한다. 정책대결보다 지역대결로 당략이 갈리는 한국의 정치지형은 의사결정에 대한 비용을 너무 많이 지불한다. 이 비용은 국민들이 모두 부담한다. 2014년 7월 선거 결과는 지역주의가 해결되면 과도한 정치비용을 줄일 수 있으려나 하는 국민들의 열망의 표현이라고 볼 수 있다. 정치권은 국민의 뜻을 겸허히 받아들여 의사결정 비용을 줄이는 방안을 적극 모색해야 한다.

갈수록
행정조직이
비대해지는 이유

"집권자가 공무원들에게 경제개혁을 하도록 요구하면 그들은 제일 먼저 '경제개혁위원회'라는 조직을 만든다. 조직 만드는 데 열을 바치고 나면 경제개혁이 사람들의 관심에서 멀어진다. 그러면 일을 안 한다. 그 결과 조직만 남고 경제개혁은 이뤄지지 않는다." 과거 청와대에서 일한 경험이 있던 민간 전문가는 우리나라 공무원들이 일하는 방식을 이렇게 묘사했다. 수많은 정부조직이 생겨났지만 성과를 내지 못하는 이유도 공무원이 일하는 방식과 관련이 깊다.

공무원들은 법적으로 신분이 보장된다. 한마디로 잘릴 위험이 없다. 열심히 일하면 자기만 피곤하다. 그렇다고 일을 안 할 수도 없다. 특히 우리나라에선 공무원에 대한 기대가 높다. 여러 가지를 감안한 공무원들의 생존전략은 조직 만들기다. 규제를 개혁해야 한다니 규제개혁위원회와 사무국이 생겨났다. 2014년에는 세월호 사태로 안전이 위협받으니 국민안전처를 만들었고, 관(官)피아 논란으로 인사문제가 불거지자 인사혁신처를 만들었다. 조직을 그럴 듯하게 만들면 일단 일을 열심히 할 것처럼 보인다. 처음에는 매일 회의도 하고 민원인들을 불러다가 얘기도 듣는다. 그러다가 어느 정도 시간이 지나면 이슈가 잠잠해진다. 그때는 슬그머니 수면 아래로 잠복한다. 이런 일이 반복되다보니 정부조직은 갈수록 비대해진다. 역할을 다한 조직은 없어지지 않고, 사회적으로 문제가 되면 새로운 조직들이 계속 만들어지기 때문이다.

역대 어느 정권에서나 유사한 일들이 벌어졌다. 행정자치부에 따르면, 과거 노무현 정부가 들어선 직후인 2003년 2월 중앙부처 공무원은 57만 6160명이었으나 집권 말기인 2008년에는 60만 7639명으로 3만 명 이상 늘었다. 노무현 정부가 좌파 성향을 띄었던 것을 감안하면 정부의 조직을 키운 것은 어찌 보면 이해가 가는 부분이다. 좌파 정부의 경우 시장보다는 정부의 역할을 강조하고 그러다 보면 정부의 조직은 커질 수밖에 없다. 반면 시장을 강조하고 작은 정부를 표방했던 이명박 정부 때 공무원 수가 늘어난 것은 이례적이다. 중앙부처 공무원 수는 이명박 정부 출범 때 60만 5593명에서 말기에는 61만 6413명으로 1만 명 이상 늘어났다. 이명박 정부는 출범 직후 정부조직을 종전 18부 4처에서 15부 2처로 줄였다. 이 때문에 작은 정부에 대한 기대도 높았다. 하지만 결국 작은 정부는 구호에 불과했고 공무원들은 야금야금 정원과 자리를 늘려갔다.

노무현, 이명박 정부와는 달리 박근혜 정부는 정부의 역할과 크기에 대한 명확한 비전을 제시하지는 않았다. 다만 전통적으로 보수정권의 특성이 정부의 역할을 줄이고 시장의 역할을 확대해온 것을 감안하면 박근혜 정부도 작은 정부를 지향할 것이라는 기대는 있었다. 하지만 박근혜 정부에서도 중앙부처 공무원 수는 빠른 속도로 늘고 있다. 출범 초기 61만 5593명이었던 박근혜 정부의 공무원 수는 2014년 11월 현재 62만 2172명으로 6500명 이상 늘었다. 이 정도 속도라면 이명박 정부 때의 공무원 증가를 능가할 것으로 보인다. 특히 박근혜 정부 들어 문제가 생길 때마다 조직을 만드는 버릇은 더 강해졌다. 출범 초기 창조경제를 통해 우리 경제의 미래성장동력을 만들어야 한다는 점을 강조했다. 정부는 이런 정책을 효율적으로 추진하기 위해 우선 미래창조과학부를 신설했다. 창조경제라는 용어도 만들었다. 하지만 집권 2년이 넘었지만 아직도 미래부에서 뭘 하는지 모르는 국민들이 태반이다. 창조경제라는 용어가 낯설기도 마찬가지다.

지난 2014년 4월 세월호 사태로 온 국민이 시름에 빠져있을 때 대통령은 국민의 안전과 관피아로 대표되는 공무원들의 인사문제를 개혁하겠다고 수차례 강조했다. 이 결과 탄생한 것이 국민안전처와 인사혁신처다. 공무원들은 일단 조직을 만드는 데는 성공했다. 이들 2개 부처는 대부분의 기능을 안전행정부로부터 가져왔다. 사람도 거기서 데려왔다. 조직이 세분화된 결과 공무원 자리는 대폭 늘었다. 장관 자리가 하나 더 생겼고 국장급 이상 고위직 공무원 자리는 11개나 만들어졌다. 부처를 새로 만드니 기획, 인사, 총무 등 지원업무를 해야 하는 조직은 이중삼중으로 생겨났다. 그러다 보니 공무원 정원도 740명 늘었다.

세월호 사태가 발생하고 정부 부문이 제대로 작동하지 않은 것은 사람이 부족해서가 아니다. 자리에 있는 사람이 역할을 못했고 조직이 효율적으로 움직이지 않았기 때문이다. 특히 박근혜 정부는 규제를 대폭 줄이겠다는 야심찬 약속도 내놨다. 규제는 공무원들의 처음이자 끝이다. 공무원이 하는 일이 규제를 만드는 것이다. 규제를 없애는 가장 효과적인 방법은 공무원 수를 줄이는 것이다. 규제를 없애기 위해 규제개혁위원회를 만들고 안전을 강화하기 위해 국민안전처를 만드는 것은 과거의 방법이다. 이러다 규제와 안전이 국민의 관심사에서 멀어진다면 규제와 안전의 개선은 이뤄지지 않고 공무원 조직만 늘어난다. 새로 들어서는 정부가 매번 과거의 패턴을 그대로 답습하는 것은 아닌지 염려된다.

Chapter 6

시장의 문제를
해결하려는 노력

지대추구경제
첫째
공기업

　자본주의 경제의 본질은 경쟁이다. 비인간적이긴 하지만 경쟁 메커니즘을 보장해주면 가장 효율적인 상태를 만들 수 있다는 게 자본주의 경제이론의 핵심이다. 이론의 근간은 단순하다. 예를 들어 옷 한 벌을 만들 때 A라는 사람이 원가 100원을 들여 옷을 만들고 10원의 이윤을 부쳐 110원에 판매하고 있었다고 가정하자. 만약 옷 만드는 기술이 더 좋은 B라는 사람이 원가를 90원으로 줄였다면 B는 110원보다 낮은 가격에 옷을 팔 수 있다. 그러면 사람들이 B에게서 낮은 가격에 옷을 사고 A는 이 시장에서 도태된다. B도 안심할 순 없다. 언제 90원보다 낮은 원가에 옷을 만들 수 있는 잠재적인 옷 생산자가 나타날지 모를 일이다. 그러니 B도 항상 원가를 낮추기 위해 노력한다. 이렇게 누구나 옷을 만들 수 있도록 하면 옷 값은 계속 떨어지고 소비자들은 낮은 가격에 옷을 살 수 있게 된다.

자본주의 경제에서 이런 경쟁 메커니즘이 작동하지 않는 영역도 있다. 정부가 인허가를 줘 인위적으로 독점을 만드는 공기업이 여기에 해당된다. 경쟁 메커니즘이 작동하지 않으면 여러 가지 비효율성이 발생한다. 이들 공기업들은 두 가지 측면에서 국내 경제에 악영향을 비친다. 우선 공기업들은 대부분 독점인 경우가 많다. 독점권을 얻은 사업자는 경쟁을 할 필요가 없다. 다른 잠재적인 경쟁업자가 현재 사업자보다 원가를 낮추는 신기술을 개발했다고 해도 사업에 들어갈 수 없다. 공기업도 자신의 독점적 지위를 유지하기 위해 기술개발 등을 통해 원가를 낮추려는 노력을 할 필요가 없다. 그렇기 때문에 공기업이 생산하는 물건이나 서비스 가격은 적정수준보다 높은 것이 일반적이다. 공기업들이 향유하는 높은 이윤은 소비자들이 적정가격보다 높은 값을 주고 물건을 사기 때문에 발생하는 것이다.

공기업이 야기하는 비효율성은 또 있다. 정부가 인허가를 주는 공기업 부문에서의 경쟁은 엉뚱한 곳에서 발생한다. 바로 인허가권을 따기 위한 경쟁이다. 이 같은 경쟁은 일반적으로 정부에 대한 로비에서 시작한다. 인허가를 주는 주체가 정부이다 보니 기술개발보다는 로비에 치중한다. 인허가권을 갖고 있는 정부관료들은 비전문가인 경우가 많다. 그러다 보니 기술개발에 대해 설명을 해서 사업권을 따기보다 혈연 지연 등 인맥을 동원하고 뇌물을 바쳐 사업권을 따내는 것이 훨씬 수월할 수 있다. 공기업이 경쟁상태에 놓여 있다면 기업들은 기술개발을 통해 원가를 낮추기 위해 경쟁할 것이다. 하지만 인허가권을 정부가 보유하고 있는 경우에 기업이 기술개발에 투자해야 하는 자금은 정치권과 관료에 대한 로비에 사용된다. 정부는 부패하고 산업기술은 갈수록 퇴보한다.

과거 노벨경제학상을 수상한 제임스 뷰케넌과 공공선택 분야의 저명한 학자인 고든 툴록 등은 '지대추구이론'이라는 개념을 만들고 이 같은 현상을 경제학적으로 설명했다. 그들은 경제주체들이 정부로부터 인허가를 따내기 위한 경쟁을 '지대추구경쟁'이라고 이름 붙였다. 지대란 과거 토지에서 나온 초과이윤을 일컫는 개념이었으나, 현대경제학에서는 정부에 의해 인위적으로 공급을 한정하는 특권에서 발생하는 이익을 일컫는 용어로 사용된다. 정부가 갖고 있는 특정 사업에 대한 인허가권은 대표적인 경제적 지대에 해당된다. 지대를 추구하기 위한 경쟁은 반드시 사회적 비용을 수반한다. 사회의 많은 재원이 로비나 뇌물 등 비정상적인 행위에 투입된다. 이 때문에 정부가 경제에 개입해 많은 지대를 만들어 내는 경제는 퇴보한다. 사회적 자원은 온통 로비나 뇌물을 바치는 데 사용되고 더구나 한번 사업권을 따낸 사람들은 독점이윤을 향유하면서 기술개발을 게을리 한다. 우수한 기술이나 서비스를 가진 다른 기업들이 이 사업에 진출할 수 있는 기회는 없어진다. 사회는 부패하고 경제는 퇴보하는 것이 바로 '지대추구경제'다.

　한국에도 많은 공기업들이 있다. 대부분 정부가 인허가를 갖고 있는 기업들이다. 이들 기업은 한번 사업권을 따내면 그 자리에 안주한다. 경쟁자가 없기 때문에 사업을 확장하고 개선할 유인이 별로 없다. 이들 기업에게는 경쟁상태보다 높은 수준의 독점이윤이 확보된다. 이 돈으로 경영진과 노조가 각종 혜택을 만들어낸다. 임금과 복지는 민간기업보다 훨씬 높다. 그래서 '신의 직장', '신이 감춰둔 직장'으로까지 소개된다. 그런데 그들이 많은 혜택을 누리는 이유는 소비자들이 높은 가격을 지불하기 때문이다. 소비자들은 경쟁 메커니즘이 작동할 때보다 훨씬 높은 가격을 내고 이들 공기업이 만든 물건과 서비스를 사고 있는 것이다. 정부는 독점을 보장해 주는 대가로 '낙하산' 인사들을 내려 보내고 이들을 통해 음으로 양으로 영향력을 행사한다. 소비자들을 담보로 한 공기업들의 잔치는 민영화를 통한 경쟁 메커니즘을 확립할 때 근본적으로 없어진다. 그런데 민영화에 대해 기득권을 계속 유지하려는 공기업 노조가 맹렬히 반대하고 있다. 민영화를 하면 낙하산을 보낼 수 없기 때문에 정부도 미온적이다. 낙하산으로 간 공기업 경영진들이 민영화를 찬성할 리 없다. 한국에서 민영화 얘기는 자주 나오지만 한 번도 제대로 성공한 적이 없다. 지대추구경제가 한번 자리 잡으면 이를 개혁하기는 쉽지 않다. 하지만 중장기적 경제발전을 위해서는 지대로 점철된 공기업의 민영화는 해결해야 할 과제다.

지대추구경제
둘째
성완종 게이트

    2015년 성완종 게이트가 온 나라를 들쑤셨다. 파괴력은 막강했다. 로비는 그 처음과 끝이 보이지 않을 정도로 광범위하고 집요했다. 성씨는 성공한 기업가에서 하루아침에 뇌물을 뿌리고 다닌 범죄자로 전락했다. 성씨의 두 가지 모습은 동전의 양면이다. 자본주의는 개인의 이기심이 사회발전의 원동력이라 믿는다. 개인이 자기만 생각하고 열심히 일하면 시장에서 보이지 않는 손이 작동해 사회를 효율적인 상태로 만들어준다는 것이 자본주의의 기본철학이다. 성완종 씨도 자기의 이익을 위해 열심히 노력했다. 하지만 방법이 틀렸다. 그는 좋은 물건을 만들어 팔기보다는 정부와 정치권에 대한 로비가 돈을 많이 버는 가장 확실하고 쉬운 방법이라 믿었고 실천했다. 지대추구이론은 기업들의 로비 행위가 합리적 의사결정의 결과라고 설명한다. 기업이 돈을 벌기 위해 어떤 행위를 할 것인가에 대한 선택을 하게 만드는 것은 그 사회의 경제 시스템이라는 것이다. 경제 시스템에 따라 한 기업가가 좋은 물건을 만들어 공급하는 천사의 얼굴을 띨 수도 있고 뇌물로 사회를 혼탁하게 만드는 악마의 모습을 가질 수도 있다. 문제의 원인을 기업가에게서 찾기보다는 사회적 시스템에서 찾는다. 당연히 해법도 개인에 대한 처벌과 교육보다는 시스템 개혁이라고 주장한다.

이상적인 자본주의 경제 시스템에서 기업들은 기술개발을 통해 좋은 물건을 싸게 만들어 많이 파는 것을 목표로 한다. 경쟁기업보다 좋은 물건을 만들면 시장에서 잘 팔리고 이익도 늘어난다. 이런 방식의 기업행위는 '이윤추구행위(profit-seeking behavior)'로 불린다. 자본주의는 기업의 이윤추구행위를 적극 보장한다. 그래야만 경쟁이 활발해지고 그 결과로 더 좋은 물건이 계속 소비자에게 공급된다. 아담 스미스가 말한 기업의 사익추구행위가 사회 전체적으로 효율성을 높인다는 것도 이 같은 이윤추구행위 때문이다.

반면 정부가 많은 인허가권을 갖고 있는 경제에서의 기업 간 경쟁 메커니즘은 전혀 다르다. 예를 들어 정부가 광범위한 공사를 발주하고 기업 간 공사를 따내기 위한 경쟁을 벌이는 건설업계에서는 다른 차원의 경쟁이 발생한다. 공평무사한 정부란 없다. 정부관리도 사람이고 국가의 이익보다는 자신의 이익을 우선시한다. 로비를 받고 공사를 발주하는 것도 자신의 이익을 높이는 하나의 방법일 수 있다. 기업가들은 이 틈을 파고들어 치열한 로비 경쟁을 벌인다. 로비에 성공한 한 업체가 정부가 발주한 공사를 따내면 다른 기업들은 이 영역에 진입할 수 없다. 그때부터 기업 간 경쟁은 중단되고 승자는 독점적 이익을 올린다. 경제 내에서 이 같은 경쟁이 반복되면 기술개발이나 좋은 물건을 만드는 것은 뒷전이다. 매번 인허가를 받을 때마다 경쟁적인 로비가 성행한다. 미국의 경제학자 고든 툴록은 이런 기업들의 행위를 '지대추구행위(rent-seeking behavior)'라 불렀다. 부패한 정부관료와 그들이 인허가권을 많이 갖고 있는 경제 시스템에서 독점이윤을 얻기 위해서는 로비가 가장 확실한 방법이다. 지대가 만연한 경제에서 기업들의 지대추구행위는 어찌 보면 당연하다. 쉽고 확실하게 돈 버는 길이 있는데 어렵게 기술을 개발하고 좋은 물건을 만들 필요가 없다. 기업들이 돈을 버는 경쟁을 한다는 점에서 이윤추구행위와 별다른 차이가 없다. 하지만 지대추구행위가 만연하면 국가 전체적으로는 기술은 낙후되고 시스템은 노후화된다. 국가의 경쟁력은 한없이 떨어진다. 개인이 돈을 버는 과정이 동시에 사회 전체를 망가뜨리는 과정이 되는 것이다.

성완종 씨가 기업을 경영해온 모습은 지대추구행위의 전형이다. 건설업의 특성상 정부의 관급공사 수주가 매출의 큰 부분을 차지하고 있어 더 심했는지도 모른다. 좋은 빌딩을 낮은 가격에 짓기 위한 경쟁보다는 정치권이나 관료를 매수해 인허가를 따내는 데 치중했다. 그는 한국사회에서의 경쟁의 규칙을 그렇게 이해했다. 물건을 잘 만들어 파는 것보다 로비가 그에게는 더 쉬웠고 이를 더 잘했다. 돈을 버는 것만이 목적인 기업주 입장에서 보다 효과적으로 돈 버는 방법을 택한 것이다. 지대추구 경쟁을 유발하는 사회제도가 그의 행동을 부추겼다. 정치인이나 관료 등 권력기관에 있는 사람들은 로비를 받고 자신들의 권한을 행사하는 데 익숙했다. 기업에게 정치자금을 받고 이권을 나눠주는 데 골몰했지, 사회에 부패가 만연하는 데는 나 몰라라 했다. 이런 사회구조 속에서는 성완종 씨 같은 기업인 한두 사람을 처벌한다고 문제가 해결되지 않는다. 경제 시스템을 고쳐 부당한 지대가 발생하지 않도록 만드는 것이 필요하다. 정부가 갖고 있는 인허가권을 비롯해 이권에 개입할 수 있는 여지를 없애고 관료나 정치인의 행위에 대해 철저히 감시할 수 있는 시스템을 구축해야 한다. 그래야 기업들은 지대추구행위보다는 생산성 향상을 통한 이윤추구경쟁에 매진할 수 있다. 성완종 게이트의 본질은 사회에 만연한 지대추구행위라는 빙산의 일각이 노출됐을 뿐이다. 이 빙산을 거둬낸다고 해도 그 밑바닥에 있는 거대한 암 덩어리가 사라지지 않는 한 제2, 제3의 성완종은 언제든 나타날 수 있다.

연금은
세대 간 계약,
국가 역할은?

생각을 단순화하면 문제를 쉽게 풀 수 있는 경우가 종종 있다. 국민연금, 공무원연금 등 연금과 관련된 문제도 그렇다. 연금은 왜 생겼을까? 경제학의 한 분야인 '세대 간 모형(overlapping generation model)'은 이와 관련한 아이디어를 제공해준다. 상황을 단순화하기 위해 우선 사람의 일생을 젊은 날과 늙은 날 두 기간으로 구분하자. 젊었을 때는 일을 해서 쌀을 생산하고 늙으면 일을 하지 않고 쌀을 먹기만 한다. 한 사람이 젊은 날 만들 수 있는 쌀의 양은 두 가마다. 이 사람이 혼자서 미래에 대한 계획을 세운다면 그는 젊었을 때 벌은 쌀 두 가마 중 한 가마를 저축하고 늙었을 때는 이를 먹으며 여생을 보낸다.

여기서부터 고민이 시작된다. 혼자서 쌀을 모아두려니 여러 가지 문제가 있다. 쌀 한 가마니를 창고에 넣어두니 시간이 지날수록 쌀의 가치가 떨어진다. 예를 들어 모아둔 쌀 중 일부는 썩어버린다. 저축해 놓은 쌀을 누가 훔쳐 갈 수도 있다. 때때로 불이 나거나 홍수가 나서 쌀이 송두리째 날아가 버린다. 이런 일이 발생하면 이 사람은 늙었을 때 쫄쫄 굶어야 한다.

누군가 한 가지 방법을 생각해냈다. 이 사람이 벌은 두 가마니 쌀 중 한 가마니를 저축하는 것이 아니라 그 당시 늙은 사람에게 줘서 먹게끔 하는 것이다. 그리고 이 사람이 늙었을 때는 그때 새로 태어난 젊은 사람이 생산한 쌀 두 가마니 중 한 가마니를 받아서 먹는다. 젊은 세대는 자기가 번 것을 그때 다 소비하지 못한다. 늙은 세대는 생산은 못하는데 소비는 해야 한다. 이런 서로 간의 필요에 의해서 젊은 사람이 많이 번 것 중 일부를 늙은 사람들에게 주고 나중에 자신들이 늙으면 다시 젊은 사람들에게 받아 소비하는 방식이다.

이렇게 하면 여러 가지 장점이 있다. 우선 쌀을 보관할 비용이 들지 않는다. 누가 훔쳐가거나 자연재해로 쌀이 없어질 것을 염려할 필요도 없다. 그럴듯해 보인다. 그런데 문제가 있다. 다음 세대가 약속을 안 지킨다면 어떻게 될까. 엄밀하게 말하면 다음 세대는 이전 세대에게 진 채무가 없다. 현재 젊은 세대는 자신들보다 윗세대에게 번 것을 줬다. 하지만 젊은 세대가 늙었을 때 자신들이 쌀을 줬던 그 세대는 이미 세상을 떠나고 없다. 다음 세대는 채무가 없는 데도 자기들이 번 것을 줘야 한다.

내가 꿔주지도 않은 후세대한테 나중에 제대로 받아낼 수 있을까. 왠지 불안해진다. 그래서 국가가 개입한다. 국가가 젊은 사람들에게 말한다. '너희들이 국가에 쌀 한 가마니를 주면 국가가 너희들이 늙었을 때 그것을 지급한다'라고. 국가가 지급보증을 해주는 방식이다. 쌀을 적절하게 배분하는 역할을 개인 간 직거래가 아닌 국가가 담당하는 것이다. 이제 좀 안심이 된다.

이처럼 연금제도의 본질은 세대 간 계약에 대해 국가가 개입하는 것이다. 처음에는 아주 그럴듯했다. 연금제도가 만들어질 당시에는 시간이 갈수록 생산성이 늘어나 젊은 사람이 만드는 쌀이 계속 늘었다. 또 처음에는 젊은이들의 인구도 늘었다. 늙은 사람들은 자신들이 부양했던 윗세대보다 훨씬 많은 것을 젊은이들한테 받을 수 있었다.

하지만 시간이 지날수록 문제가 생겼다. 젊은 세대가 벌어들이는 쌀이 예전만 못하다. 생산성이 떨어졌고 젊은 인구도 줄었다. 아울러 늙은 사람들의 수명은 늘었다. 젊은이들이 벌어 부양할 노년층이 급속히 늘어난 것이다. 생산성이 줄어드는 것은 경기 사이클과 관련이 있다. 젊은 사람이 줄어드는 것은 아이를 낳지 않으려는 세간의 풍토와 관련이 있다. 내가 늙었을 때 연금을 제대로 받을 수 있을지에 대해 사람들이 불안해한다. 만약 국가가 전지전능하다면 이런 부분까지 다 고려해서 연금제도를 만들었어야 한다. 하지만 신이 아닌 이상 국가가 미래의 인구와 생산성, 수명 등을 예측해 한 치의 부족함과 남음이 없이 연금제도를 디자인하는 것은 불가능하다.

이런 문제 때문에 우리나라 국민연금은 2050년이 되면 줄 돈이 없어진다고 한다. 공무원 연금은 이미 줄 돈이 없어 국민세금을 쏟아 붓고 있다. 교원들이 가입하는 사학연금도 마찬가지다. 그러다 보니 연금제도를 개혁해야 한다는 목소리가 커진다. 연금제도의 본질을 정확히 파악해야 해법도 나온다. 우선 세대 간 벌어지는 문제를 직시해야 한다. 후손들이 벌어서 줄 것이 없는데 달라고 떼쓰는 것은 어른이 할 일이 아니다. 자신들은 많이 벌어서 윗세대를 잘 봉양했다고 하더라도 자신들의 후손이 능력이 없다면 이것을 인정하고 받는 양을 줄여야 한다. 젊은 세대는 자신들이 번 것 중 조금 더 많이 내더라도 윗세대를 봉양할 수 있어야 한다. 이처럼 세대 간의 원활한 소통이 이뤄지도록 국가가 개입해야 한다. 그래도 안 될 때 정부가 개입해서 재원을 마련해야 한다. 또 직업과 관련한 연금은 그 직업 내부에서 문제를 해결해야 한다. 예를 들어 공무원연금의 경우는 공무원 선후배들 간의 계약에 국가가 개입한 것이다. 공무원이 아닌 국민 세금을 여기에 쏟아 붓는 것은 바람직하지 않다. 그동안 우리 정부는 문제가 커질 때까지 뒷짐을 지고 있었다. 그러다 보니 각종 연금이 줄 돈이 없어 펑크가 나고 나서야 부랴부랴 대책을 마련하는 모습이다. 연금이 자신이 낸 돈을 사후에 돌려받는 것이라고 생각하면 해법이 안 나온다. 자신이 많이 냈더라도 덜 받을 수 있고 자신이 적게 냈더라도 많이 받을 수 있다. 세대 간 소통을 통해 문제를 해결할 수 있도록 국가가 개입해야 대책을 만들 수 있다.

자본주의
위기극복 사상
마르크스, 케인즈, 피케티

　자본주의는 출발할 때부터 불안정했다. 사적재산과 자유시장 경제를
두 축으로 한 자본주의는 비약적인 생산력의 발전을 가져왔지만 많은 경
제적, 사회적 문제들을 일으켰다. 자본주의가 본격화된 19세기 영국에
서는 10살짜리 어린아이들이 자본가에게 고용돼 하루 20시간 가까이
일을 했다. 노동자들의 산업재해도 끊이질 않았다. 당시 영국경제는 자
본의 힘으로 인간을 얼마나 옥죌 수 있는지 여실히 보여줬다. 이런 비인
간적인 노동환경이 지속될 수 있을지에 대해 자본가들은 불안해했고 노
동자들은 어떻게든 이런 지옥에서 벗어나고 싶었다. 자본주의 경제의 경
기 사이클도 매우 불안정하다. 호황을 거듭하던 경제에서 어느 날 갑자
기 기업들이 생산한 물건이 팔리질 않는다. 수많은 기업들이 문을 닫고,
거리엔 실업자들이 넘쳐난다. 1920년대 전 세계는 자본주의가 몰고 온

공황을 직접 경험했다. 이후 많은 사람들은 언제 이와 유사한 공황이 닥쳐올지 몰라 불안해하고 있다. 자본주의가 만든 분배 시스템도 불안정한 것은 마찬가지다. 부자들의 창고에는 온갖 물건들이 넘쳐난다. 다른 한편에서는 사람들이 굶어죽는다. 부자들이 썩어서 버리는 식량을 굶어 죽는 사람에게 줄 수 있는 메커니즘이 자본주의에는 없다. 빈곤을 개인의 선택의 문제로 치부할 만큼 냉정하기 때문이다.

자본주의 문제를 해결하기 위한 노력은 일찍부터 시작됐다. 19세기 칼 마르크스는 자본가와 노동자 간에 형성된 자본주의 생산관계 분석에서 출발해 사회주의 이론을 만들었다. 그는 '자본주의가 망할지도 모른다'는 세간의 불안감을 역사의 필연으로 바꿨다. 자본주의라는 불완전한 체제를 사회주의가 대체할 것으로 봤다. 실제 그의 이론을 따라 세계 각국에서 사회주의 혁명이 잇따랐다. 한때는 지구상의 전체 국가의 3분의 2가 사회주의 국가였다. 하지만 국가의 계획경제에 의존하는 사회주의는 많은 비효율성을 양산했고 공산당 1당 독재에서 발생한 관료주의 폐해는 커졌다. 급기야 1990년대 구소련과 구동독을 필두로 사회주의 국가들은 몰락의 길을 걸었다. 사회주의는 자본주의의 문제를 해결한다는 취지에서 출발했지만, 현실사회에서는 대안으로 자리매김하지 못했다. 하지만 마르크스가 제기한 자본주의에 대한 문제의식은 아직까지 유효하다.

1900년대 초반 영국의 경제학자 존 메이너드 케인즈는 자본주의 경기 사이클의 불안정성을 해결하는 데 초점을 맞췄다. 당시 자본주의는 대공황으로 위기를 맞고 있었다. 케인즈는 정부가 경제정책을 통해 경기 사이클을 조절할 수 있다는 이론을 만들었다. 마르크스처럼 체제의 전복을 역설하지는 않았지만, 케인즈의 이론은 당시 정부개입을 최소화해야 한다는 자유주의 경제체제가 안고 있는 근본적인 문제를 제기한 혁신적인 이론이었다. 대공황 당시 미국은 케인즈의 아이디어에 입각한 뉴딜정책을 통해 막대한 규모의 재정을 투입했다. 이는 경제의 유효수요를 늘려 경제가 공황에서 빨리 빠져나올 수 있게 했다. 이 때문에 케인즈 이론은 대공황을 타개하는 데 큰 공을 세운 것으로 평가받고 있다. 케인즈 이론도 영원하지는 못했다. 1970년대에는 케인즈 이론에 입각한 경제정책이 경기를 호전시키기보다는 인플레이션 기대심리를 자극해 경제에 해악을 끼쳤다는 평가를 받았다. 자유주의 경제학의 대가인 밀튼 프리드먼이 케인즈 이론의 문제를 제기하면서 자유주의 경제학이 다시 부활하기도 했다. 하지만 케인즈가 대공황의 위기에 빠진 자본주의를 구하는 대안을 모색했다는 점은 높이 평가할 만하다.

2014년에는 토마 피케티라는 프랑스의 젊은 경제학자가 자본주의의 불평등 문제를 해결하기 위한 대안을 들고 나왔다. 피케티는 『21세기 자본』이라는 책에서 경제적 불평등이 심화되면서 자본주의가 위기를 맞고 있다고 진단했다. 책에 대한 반응은 뜨거웠다. 발간 직후 바로 베스트셀러에 올랐다. 노벨상 수상자인 폴 크루그먼은 이 책을 '사회와 경제학에 대한 우리의 인식을 바꿔 놓을 것'이라고 평가했다.

피케티는 자본주의 사회의 불평등이 심화된 원인으로 자본의 수익률이 경제성장률을 크게 초과했기 때문이라고 설명했다. 일해서 돈을 버는 것보다 돈이 돈을 버는 속도가 빠르기 때문에 불평등이 심화된다고 설명했다. 그는 1800년대 후반부터 2010년까지 미국, 유럽 등 선진국들의 데이터를 활용해 이를 증명했다. 200여 년간 아무 일도 안하는 자본이 일을 해서 버는 사람보다 훨씬 더 많은 수익을 올렸다. 이에 따라 자본이 국가 전체소득에서 차지하는 비중은 1970년대 이후 빠른 속도로 증가하고 있다. 자본의 수익률이 성장률보다 높으면 사람들은 재산을 저축하거나 이를 자식에게 물려주는 것에 열중한다. 재산을 물려받은 사람들이 부를 늘리는 속도가 일을 해서 돈을 버는 것보다 훨씬 빠르기 때문에 경제적 불평등은 커진다.

피케티가 밝혀낸 자본주의 200년의 역사가 이를 반영한다. 미국의 경우 상위 1%의 자산가들이 갖고 있는 자산이 총자산에서 차지하는 비율이 30%가 넘고 상위 10%의 자산가들이 차지하는 비율은 70%가 넘는다. 유럽도 상위 1%의 자산가들이 전체 자산의 60% 이상을 보유하고 있다. 소득도 마찬가지다. 미국은 상위 10%의 소득자들이 전체소득의 45% 이상을 갖고 있다. 상위 자산가들과 고소득자가 차지하는 자산과 소득의 비중은 1970년대 이후 빠른 속도로 늘고 있다. 불평등이 커지면 근로의욕은 없어지고 사회적 불안정은 심화된다. 피케티의 대안은 지구상의 국가들이 공조해 고액 자산가와 고소득자에 대해 지금보다 훨씬 많은 세금을 물리는 것이다. 구체적으로는 소득이 상위 1%인 사람들에 대해 최고 세율을 80%까지 올릴 것을 제안하고 있다.

실제 많은 나라에서 불평등의 문제는 심각한 수준이다. 과거 대공황의 위기를 극복했던 자본주의가 현재는 경제적 불평등의 문제로 신음하고 있다. 케인즈가 정부의 개입을 통해 대공황의 문제를 해결하는 대안을 내놨던 것처럼 피케티는 급진적인 조세제도의 개혁으로 자본주의를 위기에서 구할 수 있다고 역설한다. 자본주의의 문제가 심해질 때마다 역사적으로 위대한 사상가들이 등장했다. 피케티가 제시한 해법으로 자본주의가 또 한 차례 위기를 극복할 수 있을지 주목된다.

피케티
동행
취재기

『21세기 자본』의 저자 토마 피케티 파리경제학교 교수가 2014년 9월 18일부터 3박 4일간 한국을 방문했다. 경제분야 세계 최고 베스트셀러 작가에게 쏠린 관심은 대단했다. 그가 가는 곳마다 사람들이 몰렸고 그의 말들은 속속 언론에 보도됐다. 43세에 불과한 경제학자가 마치 글로벌 팝스타나 정치인처럼 관심을 끌었다. 피케티 교수는 "『21세기 자본』은 지금까지 미국과 프랑스에서만 80만 권이 팔렸다."며 "앞으로 38개 언어로 번역될 예정"이라고 했다. 앞으로 자신의 책이 번역되는 세계 각국을 방문할 예정이라고 한다. 이렇게 '핫(hot)'한 인물을 근처에서 지켜볼 기회가 있었다. 그와의 만남은 공항에 마중 나가면서부터 시작됐다. 이후 각종 강연, 기자회견, 저녁식사까지 그와 함께 하면서 많은 이야기를 주고받았다. 그는 한국에 대해 많은 질문을 던졌고 답을 들으면 어린

애처럼 즐거워했다. 그는 한국사회에 대한 그의 생각을 허심탄회하게 밝혔다. 그를 만나면서 느낀 것은 그가 책에서 밝힌 '부유층 증세를 통한 소득불평등 해결'이라는 담론 외에도 한국사회에 여러 가지를 시사했다는 점이다.

피케티 교수는 방한 전부터 큰 관심을 모았다. 그는 한국사회에서 보수, 진보 간 논쟁을 다시 끌어냈다. 소득불평등을 해소하기 위한 해법으로 상위 소득계층에 대해 80%의 소득세를 부과하고 거액 자산가들에게는 글로벌 부유세를 부과해야 한다는 그의 주장에 보수층들은 극렬히 반대했다. 반면 진보진영은 그의 해법을 지지했다. 한국에서의 피케티 논쟁은 조세논쟁으로 비화됐다. 80%의 소득세율과 글로벌 부유세가 과연 실행가능한가에 논의의 초점이 맞춰졌다. 이 와중에 피케티는 한쪽에서는 '자본주의의 구세주'로, 다른 쪽에서는 '현실을 모르는 이상론적 좌파 경제학자'로 불렸다. 당연히 한국을 방문한 피케티에게는 이와 관련된 질문이 쏟아졌다. 하지만 정작 그는 자신이 제시한 정책대안보다 연구성과에 주목해 줄 것을 요구했다.

피케티 교수는 "내가 한 연구의 가장 큰 공헌은 방대한 역사적 데이터를 만들고 이를 통해 자본주의를 분석한 것"이라며 "나를 좌파나 우파 등 어느 한쪽의 성향을 갖는 사람으로 묘사하지 말았으면 한다."라고 명확히 말했다. 그는 이번 책을 쓰기 위해 각국의 소득과 조세 데이터를 15년간 구했다. 이 자료를 토대로 자본주의에서는 소득불평등이 심화되는 경향이 있음을 보였다. 그가 가장 공들여 만든 부분이다. 하지만 한국에서의 논쟁은 그의 연구성과보다는 그가 제시한 정책의 타당성에만 집중됐다. 피케티는 이에 대해 "내가 제시한 정책은 국가와 시대에 따라 달라질 수 있다."고 했다. 그는 또 "나에 대해 비판하는 사람들이 많다는 것도 안다."면서도 "하지만 그들이 나의 책을 읽고 비판하는지는 의문"

이라고 말했다. 책도 꼼꼼히 읽지 않고 그가 제시한 몇 가지 정책만 갖고 논쟁하는 한국의 지식인들에게 쓴 소리를 날렸다.

피케티 교수는 경제학자이다. 경제학 중에서도 그의 연구영역은 역사적 데이터를 구하고 이를 설명하는 것이다. 지금까지 그의 주요 분석대상은 선진국이었다. 사실 그는 한국에 대해 잘 몰랐다. 그가 한국을 본격적으로 연구한 적도 없다. 실제 그는 한국에 대해 말하기보다는 한국에 대해 여러 가지를 물어 보고 답을 듣길 원했다. 그는 "이번에 한국을 방문하면서 한국에 대해 많은 것을 배우고 싶다."고 했다. 그는 또 "한국에 대한 공부를 한 후 『21세기 자본』 개정판에 이를 반영할 것"이라고 미래계획도 밝혔다. 하지만 한국에서 그는 우리가 안고 있는 많은 경제적 문제를 해결해 줄 수 있을 것 같은 존재로 인식됐다. 공식석상에서 그에게 쏟아진 질문은 한국에서의 부동산값을 포함한 자본수익률과 성장률 간의 관계, 한국의 조세제도가 나가야 할 방향, 한국 노동운동의 방향 등 그가 답변하기에 너무 어려운 질문들 일색이었다. 마치 미국의 농구스타인 마이클 조던을 불러놓고 그가 세계적인 스포츠 스타라는 이유로 국내 축구가 나가야 할 길을 물어보는 것 같았다. 그는 이런 질문들에 대해서도 나름대로의 생각을 밝혔지만 대부분 일반론적인 답변에 그쳤다. 자신이 잘 모르는 것에 대해 답변하려니 무척 곤혹스러웠을 것 같다.

하지만 그는 한국에 대해서도 중요한 언급을 했다. 피케티 교수는 "한국의 경우는 지식의 확산과 교육기회의 제공을 확대함으로써 소득불평등을 상당 부분 줄일 수 있다."고 했다. 그는 특히 공교육 강화가 소득불평등 해소를 위해 중요하다고 역설했다. 그가 교육과 지식 얘기를 할 때 피케티를 '과격한 증세론자'로만 알았던 많은 사람들은 놀랐다. 교육과 지식의 확산은 증세와는 전혀 다른 차원의 소득불평등 해법이기 때문이다. 하지만 이 발언은 그가 한국을 심도 있게 연구해서 나온 얘기는 아니다. 그의 책에 이미 언급돼 있다. 그의 연구에서 논리적으로 유추할 수도 있다.

피케티 교수가 연구한 주요 국가는 영국, 프랑스, 미국 등 선진국들이다. 소득불평등 문제는 자본수익률이 성장률을 훨씬 웃도는 선진국에서 본격화된다. 개발도상국에서는 선진국보다 성장여력이 많이 남아 있다. 이 때문에 개도국은 교육개혁 등을 통해 노동생산성을 높임으로써 성장률을 높일 수 있고, 이를 통해 소득불평등을 줄일 수 있는 공간이 선진국보다 상대적으로 많이 남아 있다. 한국도 아직은 선진국이라 할 수 없기 때문에 이 같은 정책이 상대적으로 유효하다는 지적이다.

피케티 교수의 방한은 그의 이론을 정확히 이해할 수 있는 기회를 제공했다는 점에서 의미가 있었다. 그의 방한은 이와 함께 한국 지식인들의 아집과 게으름을 다시 한 번 보여줬다. 우리나라의 지식인들은 그의 연구를 이해하는 것이 목적이 아니라 그의 방한을 이용해 자신들이 하고 싶은 주장을 제기하는 기회로 삼으려는 것 같았다. 소득불평등 문제의 해법은 나라마다 다르다. 그것을 해결하는 것은 그 나라의 지식인과 국민들의 몫이다. 세계적인 석학이라고 우리 문제를 해결해 줄 수는 없다. 우리나라 지식인들이 자신들의 수준을 정확히 인식하고 해법을 찾으려 겸허히 노력하는 자세가 필요한 때다.

보편적 복지,
자본주의,
공산주의

경제의 기본은 일을 해서 물건을 만들고 이를 나누는 것이다. 물건을 만드는 방식과 나누는 방식은 수만 가지가 있지만 본질을 따져보면 몇 가지 원칙을 발견할 수 있다. 이 원칙에 따라 경제는 물론 정치체제도 달라진다. 자본주의는 개인의 능력을 최대한 발휘할 수 있는 인센티브를 주는 것에 초점을 맞췄다. 자신이 물건을 만드는 데 기여한 만큼 가져간다. 능력이 많거나 일을 많이 하는 사람이 많이 가져가는 것을 당연시한다. 자기가 번 돈을 쓰고 남는 한이 있더라도 가져가 집에다 쌓아둔다. 특히 기계 등 자본이 생산에 기여한 부분에 대해서는 자본을 소유한 사람들이 가져간다. 그러다 보니 빈부격차가 커진다. 어떤 사람은 평생 쓰지도 않을 돈을 곳간에 쌓아 둔다. 다른 쪽에서는 밥을 굶는 사람들이 생겨난다. 자본주의는 이렇게 해야 사람들이 능력을 최대한 발휘해 경제 전체적으로 생산성이 높아질 것으로 봤다.

공산주의는 자본주의의 반대편 극단에 서 있는 이론이다. 공산주의는 수많은 혁명과 전쟁으로 자본주의와 대립각을 세웠지만, 경제적 본질은 생산과 분배에 대한 이론이다. 칼 마르크스는 공산주의의 생산-분배의 원칙을 '능력에 따라 일하고 필요에 따라 분배받는 사회'로 정의했다. 능력만큼 일하는 것은 자본주의와 동일하다. 하지만 만든 사람이 아닌 필요한 사람이 물건을 가져간다. 내가 100만큼 생산했는데 80만큼만 필요하다면 나머지 20은 다른 필요한 사람이 가져간다.

그런데 내가 만든 것을 아무 대가도 없이 남이 쓴다고 생각하면 일할 맛이 안 난다. 이기적인 관점에서 본다면 쉬엄쉬엄 일해서 80만큼만 만들고 내가 다 가져오는 게 이익이라고 생각할 수 있다. 그래서 공산주의에서는 인센티브의 문제가 발생한다. 마르크스는 공산주의 사회는 생산력이 충분히 발달했을 뿐만 아니라 인격적으로도 성숙한 사회이기 때문에 모든 사람이 자기가 가져가지 않더라도 열심히 자신의 능력을 최대한 발휘할 것으로 생각했다. 하지만 그동안 지구상에 존재했던 공산주의 국가 중 이런 식으로 생산하고 분배한 경우는 한 번도 없었다. 오히려 공산주의식 생산-분배 방식을 적용하려다 경제가 파탄난 적이 종종 있다.

자본주의에서 공산주의로 이행하는 과정에 필요하다는 사회주의적 생산-분배 방식도 있다. 자본주의가 한 번에 공산주의로 이행하는 것이 힘들기 때문에 사회주의를 거쳐야 한다는 이론이다. 사회주의적 생산-분배 방식의 기본원리는 '능력에 따라 일하고 일한 만큼 가져가는 사회'다. 어찌 보면 자본주의와 비슷해 보인다. 하지만 사회주의 체제하에서는 생산수단이 국유화돼 있기 때문에 자본가에 의한 노동자의 착취는 발생하지 않는다는 점이 차이점이다. 능력에 따라 일하고 일한 만큼 가져가는 인센티브를 통해 생산력을 늘리고 이후 능력에 따라 일하고 필요한 만큼 받는 공산주의로 이행하는 것이 사회주의 이론의 기본이다.

공산주의 실험은 실패했지만 현재 대부분의 자본주의 국가들도 사회주의나 공산주의적 요소를 받아들이고 있다. 빈곤문제의 해결을 위해서다. 갈수록 심해지는 자본주의 내에서의 빈부격차를 방치했다가는 체제 자체가 위협받을 것이라는 위기감도 작용했다. 선별적 복지와 보편적 복지와 관련한 논쟁도 한 사례를 제공한다.

선별적 복지란 능력이 없어 자본주의 테두리 내에서 제대로 생활할 수 없는 사람들을 국가가 나서서 도와주는 것이다. 자본주의 체제하에서 능력이 평균적인 사람들에 못 미치는 노인, 장애인 등을 비롯해 극빈층에 있는 사람들이 대상이다. 철저한 자본주의식 경쟁원리를 적용하면 이들은 생존을 위협받는다. 이런 사람들을 타깃으로 한 복지제도는 많은 국가들이 시행하고 있다. '능력에 따라 일하고 보수를 가져가지만 능력이 없고 생존수단이 필요한 사람에게 어느 정도의 지원은 국가가 약속한다'는 것이 선별적 복지의 원리다. 자본주의의 근간은 유지하면서 평등한 분배를 지향하는 공산주의적 요소가 가미됐다.

보편적 복지는 얘기가 좀 다르다. 보편적 복지는 국민들의 세금으로 재원을 조성하고 전 국민들에게 일정 수준 이상의 복지를 제공한다는 목표를 갖고 시행된다. 대표적인 예가 현재 학생들의 점심을 해결해주는 무상급식이다. 점심 먹기가 힘들 정도로 가난한 학생들에게 무상급식은 큰 도움이 된다. 반면 점심을 충분히 해결할 수 있는 부유층들에게는 무상급식이 사실상 필요 없다. 필요 없는 사람에게까지 동일한 점심을 주는 이유는 공동체적 의식을 강조하기 위해서다. 집안이 어려운 학생들에게만 점심을 제공하면 한창 감수성이 예민한 학생들이 학교생활에서 소외될 수 있다. 있는 집 아이들과 없는 집 아이들이 점심을 따로 먹는 현실은 누가 봐도 좋은 광경은 아니다. 이 때문에 모든 학생들에게 무상급식을 제공하면 이런 문제를 해결할 수 있다. 보편적 복지는 이런 이유 때문에 생겨났다.

문제는 재원이다. 재원이 풍부하다면 보편적 복지를 반대할 이유가 없다. 그런데 재원이 부족하다면 얘기는 달라진다. 우리나라의 보편적 복지 논란도 '재원이 부족한데 돈 많은 사람에게까지 복지를 제공해야 하나'라는 것이 본질이다. 선거 때마다 등장하는 보편적 복지 논란도 재원 문제에 기인한다.

이 때문에 보편적 복지의 장점과 선별적 복지의 장점을 융합할 수 있는 방법이 모색될 필요가 있다. 예를 들어 무상급식을 제공받는 학생들이 소외감을 느끼지 않도록 하는 방법도 생각해볼 수 있다. 미국 생활 중 경험한 것인데, 공립학교는 학교에서 식사를 3달러 정도에 판다. 대부분의 학생들이 한 식당에서 식사를 한다. 그리고 저소득층에게는 식권을 제공한다. 학생들은 누가 식권을 무상으로 제공받았는지 알지 못한다. 식권을 주고 밥을 사먹는 형태를 취하기 때문에 저소득층은 급식을 제공받지만 노출이 되지 않는다. 우리도 이런 방식을 도입한다면 선별적 복지에 따른 문제를 어느 정도는 해소할 수 있다. 또 복지를 논할 때는 재원 마련도 함께 논의해야 한다. 복지를 하기 위해서는 세금을 늘려 재원을 확충해야 한다. 세금을 누구에게 어떻게 조성할지와 복지를 어떻게 제공하는가는 동전의 양면이다. 국가가 복지에 개입하는 목적은 이론적 선명성을 추구하는 것이 아니라 실질적으로 많은 사람에게 혜택이 가도록 하는 방법을 찾아 이를 실행하는 데 있다.

공공재 이론으로
본
메르스 사태

2015년 6월 메르스(중동호흡기징후군)가 한국을 뒤흔들었다. 확진 환자 수가 180명을 넘었고 많은 병원에서 환자가 나왔다. 이 과정에서 정부의 허술한 방역체계가 속속 드러나면서 국민들의 공분을 자아냈다. 우리나라 민간의료는 상당히 높은 수준이고 개인들의 소득도 상위권이지만 정부의 방역 시스템은 허술하기 그지없다. 왜 매번 이런 일이 반복될까. 경제학의 대가인 폴 사무엘슨(Paul Samuelson)이 만든 '공공재 이론'은 이 부분에 대해 시사점을 준다.

문제의 본질은 우리가 일상생활에서 흔하게 볼 수 있는 사례부터 시작된다. 보석의 꽃인 다이아몬드는 사람들이 수천만 원을 주고 산다. 반면 맑은 공기를 마시기 위해 돈을 내는 사람들은 거의 없다. 다이아몬드는 없어도 우리가 살아가는 데 아무 문제가 없다. 전 세계 인구의 99% 이상이 다이아몬드가 없이 잘 살아간다. 하지만 맑은 공기가 없으면 수많은 사람들의 생존이 위협받는다. 살아가는 데 훨씬 소중한 것은 다이아몬드보다 맑은 공기인데 내가 지불하는 가격은 정반대다. 왜 그럴까.

사무엘슨은 두 가지 이유에서 설명했다. 첫 번째는 배타성이다. 다이아몬드는 내가 돈을 주고 사면 나만 갖는다. 내가 다이아몬드 반지를 끼고 나가면 사람들은 내가 돈 많은 사람이라고 생각한다. 그렇게 과시할 수 있다. 그런데 맑은 공기는 내가 돈을 주고 사도 나만 마시는 것은 아니다. 돈을 아무리 많이 줘도 내가 가는 곳만 맑은 공기가 나오게 하는 것은 불가능하다. 내가 많은 돈을 들여 주변 환경을 깨끗이 만들면 내 주변에 있는 사람들도 나와 똑같이 맑은 공기를 마실 수 있다. 사람들은 맑은 공기가 필요하다는 것은 안다. 하지만 많은 사람들은 주변 사람들이 돈을 내주면 자신들은 공짜로 맑은 공기를 마실 수 있다는 생각을 한다. 먼저 나서서 돈을 낼 사람은 없다. 아무도 돈을 내지 않으면 공기는 오염된다. 이기적인 개인들만 모여 있으면 이처럼 사회 전체가 불행해질 수도 있다.

두 번째는 다이아몬드는 내가 돈을 주고 사면 다른 사람은 그만큼을 가질 수 없다. 지구상에 100킬로그램의 다이아몬드가 있다고 할 때 내가 1킬로그램을 사면 다른 사람은 99킬로그램을 살 수 있을 뿐이다. 내가 산 만큼 물건이 없어진다. 반면 맑은 공기는 내가 마셨다고 해서 그 양이 없어지는 것은 아니다. 내가 양껏 소비해도 다른 사람이 나 때문에 맑은 공기를 덜 마시는 일은 벌어지지 않는다. 옆 사람이 돈을 낼 때까지 기다리면 가만히 앉아서 맑은 공기를 마실 수 있다. 누구나 똑같은 생각을 한다. 이런 시스템 아래서는 공기는 더러워져도 누구도 나서서 공기를 맑게 하려고 하지 않는다. 이런 상태를 돈을 안내고 차를 타려고 한다는 의미에서 '무임승차의 문제'라 부른다.

맑은 공기처럼 다른 사람들을 배제할 수 없고, 내가 소비한다고 양이 줄어들지도 않는 것들이 공공재에 해당된다. 국방, 치안, 안전, 환경과 관련된 국가의 제도와 시스템이 여기에 해당된다. 국가가 경제에 개입하는 것을 극도로 싫어했던 자유주의 경제학자인 아담 스미스도 공공재 생산에서만큼은 국가가 적극 개입해야 한다고 주장했다. 공공재를 생산하고 여기에 들어가는 비용을 국민들에게 거둬들일 수 있는 국가의 강제력을 인정한 것이다. 개인이나 민간기업에 이 일을 맡기면 매번 '무임승차의 문제'가 발생하기 때문에 제대로 된 공공재를 공급하는 시스템을 구축할 수 없다.

메르스 사태는 한국에서 공공재를 공급하는 정부의 기본적인 기능이 작동하고 있지 않음을 여실히 보여줬다. 메르스라는 바이러스에 대한 검역 시스템을 만들고 이 시스템이 작동하도록 어느 정도의 강제력을 발휘하는 것은 공공재의 영역이다. 우리나라 재벌들은 아무리 세계적인 기업이라고 해도 민간기업이다. 민간기업은 이윤의 논리에 민감하다. 자기가 시스템을 구축하면 그 혜택을 남들이 보기에, 적극 나설 민간기업은 없다. 공공재를 만들어 공급하는 것은 이윤원리에 민감한 민간기업이 담당할 일은 아니라는 게 경제학자들의 일관된 주장이다. 국내 최고의 의료기술과 최고의 명성을 자랑하는 삼성의료원에서 메르스 환자들이 속출했던 것도 이 같은 이론과 무관하지 않다.

이 때문에 공공재와 관련한 시스템을 구축하는 데 정부는 강한 리더십을 발휘해야 한다. 하지만 박근혜 정부는 메르스 사태 초기부터 리더십을 발휘해 문제를 풀지 못했다. 메르스에 걸린 환자가 돌아다닐 때 이를 차단하지 못했고 병원의 감역 시스템이 작동하지 않아도 방치했다. 국가의 가장 기본적인 기능인 공공재가 제대로 공급되지 못하면서 수많은 사람들이 메르스의 위험에 노출됐다. 한국의 국민들은 공공재가 원활히 공급되지 않는 국가에 살고 있는 것이다. 공공재도 제대로 공급하지 못하는 정부에게 국민을 행복하게 해주는 나라의 건설을 기대하는 것은 어불성설이다.

Chapter 7

성공하는 정책과
실패하는 정책

통일대박론은
실현가능한
일인가

박근혜 정부가 집권 2년차인 지난 2014년 '통일대박론'을 들고 나왔다. 비속어 같지만, 국어사전을 찾아보면 '대박'은 '엄청난 돈을 따거나 벌게 되는 행운이나 복'이라고 설명된 표준어다. 사전의 설명을 곱씹어 보면 대통령의 말에 담긴 여러 가지 의미를 캘 수 있다. 첫 번째는 정부가 통일에 대한 강한 정책의지가 있음을 천명하는 것이다. 대통령이 대박이라고 표현하면서 한국사회에 잠재돼 있는 '통일회의론'이나 '통일무용론' 등을 일소해 버렸다. 통일대박론의 두 번째 의미는 통일이 경제적으로 우리에게 큰 이득을 가져다 줄 것이라는 점을 강조했다. 대박의 사전적인 의미에도 경제적인 이익을 강조했다. 세 번째는 통일이 우리나라에 갑자기 올 수 있음을 시사했다. 대박이란 의미에는 행운이나 복처럼 자신의 의지와 상관없이 어느 순간 실현되는 것이라는 뜻도 있기 때문이다. 박근혜 정부의 통일대박론은 이런 여러 가지 복합적인 의미를 담고 있는 것으로 풀이된다. 대박이란 단어 하나로 이번 정부는 과거 어느 정부보다 통일에 대해 간명하지만 명확한 메시지를 전달하고 있다.

하지만 이 정부의 통일대박론은 여러 가지 문제가 있다. 첫 번째, 정부의 정책의지는 강하게 피력했지만 통일과정에 대한 로드맵은 제시하지 않았다. 한국의 역대 정부는 통일에 대한 로드맵을 제시해왔다. 초대 정부인 이승만 정권은 북한을 미수복 지역으로 본 통일론을 제기했다. 박정희 정부는 '자주 평화 민족대단결'을 통일의 원칙으로 내세우고 7·4 공동성명을 이끌어내면서 통일에 한걸음 더 나가는 듯했다. 당시 북한정부의 주권을 어느 정도 인정하고 보다 현실적인 계획을 세운 것으로 평가된다. 김대중 정부는 햇볕을 쫴 북한이 스스로 공산주의 체제의 옷을 벗게 만든다는 '햇볕정책'을 내세웠다. 퍼주기라는 비판도 있었지만 북한에 대한 지원을 확대함으로써 통일을 모색한다는 취지는 공감대를 얻었다. 과거 정부와 비교해 볼 때 박근혜 정부의 대박론에는 북한을 어떻게 볼 것인지, 통일은 어떤 원칙하에 추진할 것인지 등에 대한 구체적인 계획이 없다. 대박이라는 말로 국민을 현혹시킨다는 비판을 받을 만하다.

두 번째, 통일이 경제적으로 이득일지 면밀히 따져봐야 한다. 한국이 반면교사로 삼고 있는 독일의 통일과정을 살펴볼 때 통일은 막대한 비용을 수반한다. 1990년대 사회주의 국가들의 위기가 발발하면서 동독의 사회주의 국가체제는 무너지기 시작했고 결국에는 서독에 흡수통합된다. 당시 서독은 동독의 화폐를 1 대 1의 교환비율로 바꿔주고 동독인구의 고용과 이 지역에 대한 경제적 지원을 늘리면서 통일을 이뤘다. 베를린 자유대학교 연구결과에 따르면 독일 통일에 따른 비용은 1조 5000억 유로(1800조 원)로 추산된다. 직간접적으로 투입된 돈뿐만 아니라 양국의 경제체제를 통합시키기 위한 무형의 비용도 엄청나게 들었다. 통일 이후 독일은 사회주의 복지가 강조되면서 경제의 효율성이 급속히 떨어지는 '독일병'을 앓았다. 2003년 이후 잇달아 실시된 하르츠 개혁을 통해 노동시장을 개혁하는 대타협을 이뤄내면서 경제는 다시 성장기에 접어들었다. 현재 독일은 유로존에서 경제규모와 효율성 면에서 단연 수위를 점하고 있는 경제대국으로 다시 발돋움했다.

남북한 경제력 격차는 과거 서독과 동독 간의 경제력 격차보다 훨씬 크다. 북한의 인구수는 과거 동독의 인구수보다 훨씬 많다. 경제적 통합의 본질은 처음에는 잘 사는 나라가 못 사는 나라를 도와줘야 한다. 이 때문에 경제력 격차와 인구 차이 등을 감안할 때 한국의 통일과정에도 막대한 비용이 들 것으로 예상된다. 통일연구원, 한국개발연구원(KDI) 등이 공동연구한 자료에 따르면 통일이 이뤄졌을 때 초기 1년 동안만 체제통합비용 33조 4000억 원~49조 9000억 원, 사회통합비용 21조 3000억 원~199조 4000억 원 등 총 54조 7000억 원~249조 3000억 원이 들 것으로 추산된 바 있다. 물론 통일에 따른 이익도 만만찮다. 우선 국방비 지출이 줄어들고 국제사회의 신인도도 높아지는 장점이 있다. 하지만 과거 독일의 경우 통일 이후 직접적인 비용뿐만 아니라 사회적, 정치적 격차 때문에 많은 혼란을 겪은 것을 감안할 때 이익이 발생하는 시점은 다소 불투명하다.

마지막으로 대박처럼 통일이 어느 한순간 실현될 것으로 보면 착각이다. 설사 북한의 체제는 하루아침에 붕괴되더라도 이것이 곧 통일로 가는 것은 아니다. 한국을 둘러싼 미국, 일본, 중국의 이해관계가 엇갈리고 이들 사이에서 줄타기 외교를 해야 할 한국의 입장에서는 북한체제가 붕괴되더라도 이를 곧바로 흡수할 토대가 형성돼 있지 않다. 독일은 1969년 빌리블란트 총리의 동방정책을 시작으로 구동독과의 국교를 정상화하고 교류를 확대해 나갔다. 일관되고 꾸준한 정책으로 양국 간의 교역이 늘고 많은 정보들을 공유했다. 독일의 경우 20년이 넘는 일관된 정책으로 통일을 준비해온 것에 비하면 한국의 준비는 크게 미흡한 상태다.

세계사를 살펴보면 갈라진 국가를 통일한 왕이나 집권자들은 최고의 영웅으로 추앙된다. 우리나라에서도 삼국통일의 기틀을 닦았던 신라의 태종 무열왕, 후삼국을 통일했던 고려의 태조 왕건 등은 우리가 역사를 평가할 때 항상 거론된다. 미국에서 가장 존경받는 대통령은 남북전쟁을 통해 통일 미국을 만든 링컨 대통령이다. 중국에서 사회주의 국가를 건설한 마오쩌뚱도 중국 전체를 하나로 만든 영웅으로 받아들여진다. 갈라진 나라를 합치는 것은 국가의 대사다. 하지만 세계 어느 역사를 볼 때도 통일이 대박처럼 국가의 행운으로 갑자기 다가온 경우는 없었다. 통일대박론은 보다 실현가능한 계획으로 바뀌어야 한다.

정부정책이
민간에 읽히는
시대

정부가 매번 방송에 나와 경제정책을 발표하는 것을 흔히 볼 수 있다. 금리를 내리기도 하고 세금을 올리기도 한다. 또 국가재정에서 돈을 풀어 경기를 살리겠다고 말한다. 거창한 일을 하는 것 같지만 실상 정부의 거시경제정책이 효과를 발휘하는 것은 기본적으로 정부와 일반인이 갖고 있는 정보의 차이에서 비롯된다. 정부는 일반 국민들보다 많은 정보를 갖고 있다. 또 정부가 하는 일에 대한 중장기적인 효과를 일반인들보다 잘 예측할 수 있다. 이런 전제하에서 정부는 통화 및 재정정책을 통해 경기 사이클을 조절할 수 있다. 만약 정부가 하는 일을 국민들이 꿰뚫어 보고 있다면 정부의 정책은 효과를 발휘할 수 없다. 그동안 경제학자들도 많은 모델을 만들어 정부정책의 효과를 분석해왔다. 이론의 핵심은 정책효과는 정보력의 차이에 기인한다는 것이다.

정부의 거시경제정책이란 개념을 처음으로 만든 것으로 알려진 존 메이너드 케인즈 이론의 핵심도 정보력의 차이를 이용해 정부가 사실상 일반인들을 그럴 듯하게 속이는 것이다. 실업이 광범위하게 발생할 때 정부가 통화량 공급을 늘려 인플레이션(물가상승)을 유도하면 화폐로 표시한 명목임금은 올라가지만 물가를 감안한 실질임금은 떨어질 수 있다. 예를 들어 현재 시간당 임금이 100원이고 인플레이션율이 0이라면 실질임금은 100원이다. 이때 정부가 통화량을 늘려 인플레이션율이 10%가 되고 명목임금이 105원으로 오른다면 실질임금은 95.5원으로 떨어진다. 노동자들이 정부가 하는 일을 꿰뚫어보고 있다면 정부정책으로 실질임금이 떨어지기 때문에 명목임금을 110원으로 올려야 한다고 주장할 수 있다. 이들의 주장이 관철된다면 명목임금과 물가만 오르고 고용 등 실물경제 지표는 그대로 유지된다. 이 경우 정부의 통화정책은 실업을 줄이는 데 효과가 없다.

　하지만 이 같은 메커니즘을 정부와 사용자만 알고 노동자는 모른다고 가정하면 상황은 달라진다. 노동자들은 명목임금이 105원으로 오르면 이를 실질임금이 오른 것으로 착각하고 일을 더 많이 한다. 고용주들은 인플레를 감안한 실질임금이 떨어졌다는 사실을 간파하고 고용을 늘린다. 경제 전체적으로는 실업이 줄고 국내총생산(GDP)은 늘어난다. 경기를 띄우려는 정부의 정책이 본격적으로 효과를 발휘한다. 이것이 케인즈 통화정책의 핵심이다.

　정부가 세금을 깎아주거나 지출을 늘리는 재정정책도 메커니즘은 비슷하다. 예를 들어 정부가 올해 세금을 깎아주면 개인들의 가처분소득이 늘어난다. 소득이 늘어나면 개인들은 소비를 늘리고 경제는 다시 활력을 얻는다. 하지만 정부의 의도를 개인들이 간파하면 상황은 달라진다. 정부가 올해 세금을 깎아주면 세수가 줄어들어 재정은 적자가 된다. 균형

재정을 이루기 위해 정부는 내년 이후 다시 세금을 늘려야 한다. 이를 간파한 개인들은 정부가 세금을 깎아줘 가처분소득이 늘어나더라도 소비를 늘리지 않는다. 돈을 모아뒀다 다음 해에 세금이 늘면 세금을 내야 하기 때문이다. 이 경우 소비를 늘려 경기를 띄우려는 정부의 정책은 무력화된다.

정부가 국채를 발행해 정부지출을 늘리면 정부사업이 늘어나 정부 부문의 고용과 생산이 늘어나는 측면이 있다. 하지만 정부가 국채를 발행하면 국채값이 떨어지고 이는 이자율을 끌어올리는 요인으로 작용한다. 이자율이 오르면 민간 부문이 자금을 조달하기 어려워져 민간의 투자는 줄어든다. 정부지출의 증가가 민간투자의 감소로 구축되는 효과가 발생하는 셈이다. 특히 정부가 지출을 늘린다고 발표하면 민간은 이런 구축효과를 미리 예상하고 투자를 줄이기 시작한다. 이처럼 경기를 띄우기 위한 정부의 정책이 민간에 간파되면 재정정책도 효과를 발휘하기 힘들다.

과거 케인즈는 정부가 정보력에서 막대한 우위를 점하기 때문에 통화재정 정책을 통해 경기 사이클을 조절할 수 있다고 주장했다. 하지만 현대로 올수록 인터넷 등이 발달하면서 민간경제 주체들의 정보력은 상당한 수준에 이르렀다. 정부의 정책의도가 민간에게 정확히 읽히는 시대가 된 것이다. 이 경우 정부의 경제정책은 효과를 발휘하기 힘들다. 미국의 저명한 경제학자인 로버트 루카스는 이런 사회적 변화를 미리 읽고 '정책 무력성 명제'라는 것을 만들어냈다. 민간경제 주체들이 합리적으로 정부의 행동과 이에 따른 효과를 예상한다면 정부의 정책은 효과를 발휘하기 어렵다는 것이다. 현재 미국 경제학의 주류는 이처럼 합리적 기대를 할 수 있는 경제주체를 가정하고 경제이론을 만들어내고 있다. 개인들이 합리적이라면 정부의 경제개입은 최소화해야 한다는 것이 이들의 주장이다.

눈을 우리나라로 돌려보면 정부의 경제정책이 효과를 발휘하기 힘든 점이 여러 가지가 있다. 우선 정부가 경제정책을 편다고 발표를 한 후 그 대로 시행되는 경우는 거의 없다. 국회라는 문턱을 넘어야 한다. 국회로 들어간 입법안이 국회를 통과해 시행되기까지 거의 1년 이상이 걸린다. 이 기간 중 시장은 이미 정부의 정책의도를 간파하고 움직인다. 2015년 5월에 정부가 추경예산을 편성해야 한다고 발표했지만 이 예산안이 국 회를 통과해 실제 집행될 때면 민간은 이미 반응을 끝낸 후다. 금리를 조 절하는 중앙은행도 항상 뒷북을 치기 일쑤다. 2015년 들어서도 우리나 라 한국은행이 금리를 내릴 때는 항상 시장이 먼저 반응했다. 이런 후행 적인 정책으로 효과를 내는 것은 불가능하다. 시장에 정부정책이 계속 읽히면 시장은 정부를 무서워하지 않는다. 그러면 정부가 정책을 펼 수 있는 환경은 계속 나빠진다. 갈수록 정부의 정책이 효과를 발휘하지 못 하는 것도 정부의 수가 시장에 먼저 읽히기 때문이다.

공무원이
규제를 없앨 수 없는
이유

　사업하는 사람들이 호환마마보다 무서워하는 게 정부의 규제다. 이 때문에 과거 김대중 정부 때부터 정부는 항상 불필요한 규제를 없애겠다고 입버릇처럼 말해왔다. 박근혜 대통령도 직접 나서서 '규제는 암 덩어리', '규제는 처부숴야 할 원수'라는 원색적인 표현을 일삼았다. 대통령이 한마디 하면 공무원들은 호떡집에 불난 모양 이리저리 뛰어다니며 규제 때려잡기에 나선다. 수십 년째 이어져 온 규제가 대통령 말 한마디에 하루아침에 없어진다. 그동안 규제 만들기에 열을 올려왔던 공무원들이 다시 규제 없애기에 본격 나서면서 스스로를 부정하는 모순된 상황도 벌어진다. 한때 유행했던 '공무원은 뇌가 없다'는 말이 떠올려진다. 규제개혁이라는 대의에는 동감하지만 공무원들이 제대로 된 개혁을 수행할 수 있을지에 대해서는 회의적이다.

규제란 정부가 법과 제도 등을 통해 민간의 경제활동에 개입하는 방식이다. 정부가 왜 이런 규제를 만드는지에 대한 경제학적 논리는 크게 세 가지가 있다. 첫째는 민간에 의해 자율적으로 움직이는 시장에서 발생하는 '시장의 실패'를 고치기 위해 정부가 개입해야 한다는 논리다. 예를 들어 어떤 기업은 물건을 만들면서 공해를 끊임없이 배출한다. 이 기업은 물건을 만들어 파는 데만 집중하기 때문에 자신들이 배출하는 공해에는 신경 쓰지 않는다. 이 기업은 물건을 생산해 돈을 벌지만 공해로 인한 피해는 불특정 다수가 입는다. 이 경우 정부가 나서 환경오염에 대한 규제를 만들어 공해배출에 벌금을 부과한다면 사회 전체적으로 공해문제를 어느 정도 해결할 수 있다. 정부규제가 시장의 실패를 고쳐주는 순기능을 담당하기 때문에 규제가 정당화되는 부분이다.

정부가 특정 이해집단의 이익을 늘려주기 위해 규제를 만든다는 이론도 있다. 정부가 특정 이해단체에 포획되어 규제를 만든다는 것으로 '포획이론'이라 불린다. 현대사회로 올수록 기업들을 포함한 이해집단들은 정부에 대한 로비를 통해 자신들에게 유리한 규제를 만들려고 노력한다. 이를테면 정부에 납품하는 기업의 경우, 자신들만 갖고 있는 특정한 기준을 충족하는 기업만 이 산업에 진입할 수 있다는 규제를 만들도록 정부에 요구하고 정부가 이를 받아들이는 식이다. 이 과정에서 기업체는 정부에 로비를 하고 규제를 얻어내 자신들의 이익을 챙긴다. 의외로 많은 규제가 특정 집단의 로비로부터 발생한다. 이런 규제는 시장 경제활동을 저해하고 국가경제 전체적으로 비효율성을 양산한다.

정부관료들이 자신들의 영향력을 극대화하기 위해 새로운 규제를 만들 수도 있다. 규제가 없다면 공무원들의 영향력은 매우 미미할 것이다. 민간인들이 공무원들을 만날 일이 없기 때문이다. 하지만 공무원들이 각종 규제를 갖고 있다면 상황은 달라진다. 회사를 하나 만드는 데 관공서에서 수백 개의 서류를 떼어야 하고 일일이 허락을 맡아야 한다면 공무원들이 민간에 갖는 영향력은 훨씬 커진다. 이 경우 공무원들은 민간인들한테 대접을 받을 수도 있고 일종의 권력도 누릴 수 있다. 공무원들이 민간인들을 '포획'하는 경우다. 실제 관료들이 경제성장에 깊숙이 개입했었던 우리나라는 관료들에 의해 이런 동기로 만들어진 규제가 상당수 있다. 이런 규제가 많아질수록 경제는 활력을 잃게 된다는 점은 자명하다.

규제완화를 통해 경제활력을 높이기 위해서는 우선 규제의 옥석가리기가 중요하다. 규제가 만들어진 동기와 효과를 분명히 규명해야 한다. 즉 정부가 특정 기업의 이권을 보장하기 위해 만든 규제와 관료들이 영향력을 높이기 위해 만든 규제는 없애야 한다. 이 같은 규제는 경제의 활력을 떨어뜨리고 시장경제를 좀먹는다. 대통령이 말한 '암 덩어리'나 '쳐부숴야 할 원수'는 이런 규제를 말한다. 하지만 시장경제를 운용하는 과정에서 발생하는 '시장의 실패'를 고치기 위한 규제는 오히려 늘려야 한다. 시장의 실패는 어느 자본주의 경제에나 있다. 시장이 자체적으로 정화할 수 있는 능력이 없는 환경문제나 독점 및 불공정행위에 대한 규제는 오히려 늘려야 한다. 무원칙하게 규제를 없앨 경우 오히려 더 큰 부작용을 양산할 수 있다.

없애야 할 규제가 명확히 정리된다면 이 규제를 없앨 수 있는 주체 또한 명확히 해야 한다. 우리나라의 경우 규제는 공무원에 의해 양산됐다. 또 대부분의 규제는 공무원들의 권한과 직결돼 있다. 이런 규제를 공무원보고 없애라고 하는 것은 어불성설이다. 어느 공무원이 자기 살을 파내는 아픔을 극복하면서 규제를 없앨 수 있을 것인가에 대해서는 회의적이다. 지금까지 공무원들은 대통령의 서슬이 퍼럴 때는 규제를 없애는 척 하다가 어느 시점이 지나면 다시 변형된 방식의 규제를 더 많이 만들어왔다. 규제를 없애기 위해서는 공무원 조직이 아닌 제3의 조직을 만들어 규제혁파에 대한 권한을 부여해야 한다. 지금까지는 대통령이 한마디 하면 공무원들이 규제를 없애는 척하다가 정권이 바뀌면 규제는 다른 형태로 되살아나는 악순환이 반복됐다. '뇌가 없는 공무원'과 정치적인 입장에서만 성과를 내려는 집권자의 의지가 함께 맞물린다면 규제개혁은 소리만 요란한 구호가 될 것이다.

세종시와
관료 주도 경제의
쇠락

　시대가 바뀌면 그 시대를 주도했던 인물들도 바뀐다. 우리나라의 관료들이 대표적인 사례다. 경제발전의 주도 세력에서 이제는 규제를 틀어쥐고 경제발전에 역행하는 집단으로 전락했다는 평가도 나온다. 특히 세종시로 정부부처가 이전하면서 관료들의 존재감도 급속히 약해졌다. 정도의 차이는 있지만 경제발전 주도 세력이 관에서 민으로 옮겨가는 자본주의 역사를 살펴보면, 관료들의 쇠락은 필연적이다.

　자본주의 경제는 영국에서 상공인들이 왕실로부터 경제적 자유를 획득하는 과정에서 만들어졌다. 17세기 영국은 왕실에 의한 무리한 경제 개입으로부터 발생하는 폐해가 심각한 상태였다. 왕실이 비대해지면서 민간에서 거둬들이는 세금은 갈수록 늘었다. 조세저항이 커져 세금을 더 이상 걷지 못하게 되자 왕실은 각종 이권에 개입했고 심지어는 독점권이라는 것을 민간에 판매해 왕실재정에 충당했다. 민간 상공인들의 저항은 극에 달했다. 그들은 수차례 혁명을 일으키며 왕실과 투쟁했다. 다른 한 편으로는 정부개입이 없어야 경제효율이 높아진다는 점을 강조하는 자유주의 경제학을 만들어냈다. 아담 스미스가 국부론을 써서 자유방임주의를 역설했던 시기도 왕실과 상공인 간의 대립이 첨예했던 시절이다. 시민혁명의 성공으로 영국의 정치권력이 왕실에서 의회로 바뀌었지만 자유주의 경제학자들은 이후에도 정부에 의한 경제개입은 경제에 득보다 실이 많다는 입장을 굽히지 않는다. 자본주의 경제를 만들기 위해 피비린내 나는 싸움을 했던 영국에서 왕실 권력은 국가의 경제개입에 대한 상징이었다. 경제적 관점에서 영국 왕실의 몰락은 자본주의 경제발전에서 국가의 경제개입이 축소되는 과정으로 이해할 수 있다.

대통령 중심제를 채택한 미국의 상황은 영국과는 다소 다르다. 미국 정부는 국가의 경제적 효율성을 극대화한다는 명분을 앞세워 경제에 개입한다. 왕실의 이익을 위해 경제에 무리하게 개입했던 영국보다 개입에 대한 명분이나 방법이 훨씬 세련됐다. 하지만 미국에서도 자유주의 경제학의 전통은 여전히 살아 있다. 경제가 발달할수록 정부보다 민간의 주도력이 커지기 때문에 정부가 국가이익 증대라는 명분으로 개입하더라도 '득보다 실'이 많다는 논리가 미국 경제학을 주도하는 '시카고 학파'의 주장이다.

자본주의의 역사가 짧은 한국은 1950년대 전쟁의 폐허에서 경제재건을 시작했다. 자본주의 경제를 만들기 위해서는 자본이 형성돼 있고 이를 소유한 자본가 계급이 있어야 한다. 하지만 당시 한국은 자본도 자본가 계급도 없었다. 이런 상태를 그대로 놔두면 경제는 도태된다. 이때 국가가 나섰다. 영국 등 선진국과 달리 한국은 국가가 주도적으로 자본주의 경제를 만들었다. 정부가 나서서 외국자본을 도입해서 이를 민간에 나눠줬다. 이 과정에서 한국 재벌이 탄생했다. 정부는 또 각종 경제개발 계획을 세우고 이를 실천하기 위해 국가의 공권력을 적극 동원했다. 경제는 빠른 속도로 성장했다. 기업이 육성되면서 기업가들도 속속 나왔다. 더불어 기업들에게 자본을 배분해주고 각종 경제계획을 주도하는 '경제관료'들도 세력화됐다. 박정희 독재시대에 관료들은 독재권력이라는 확고한 정치적인 배경을 갖고 각종 경제정책을 적극적으로 추진했다. 관료집단의 파워는 막강해졌다.

하지만 달도 차면 기우는 법. 1990년대 이후 우리나라 대통령 임기가 5년 단임제로 바뀌고 민간기업이 활성화되면서 관료들의 역할과 권한도 바뀌고 있다. 우선 한국경제가 발전하면서 자원을 국가 관료가 배분하던 시대도 지났다. 또 정치권력이 계속 바뀌자 관료들의 정치권 눈치보기도 심해졌다. 관료들은 신뢰를 잃었다. 민간은 더 이상 관료를 필요로 하지 않고 오히려 경제발전의 걸림돌로 생각한다. 관료 자신들의 문제도 불거졌다. 각종 이권과 인사에 개입하고 민간으로부터 뇌물도 심심찮게 받아오면서 관료주의의 폐해인 부정과 부조리가 많아졌다. 박근혜 정부 들어서서 한국 관료들의 몰락은 그 속도를 빨리하고 있다. 우선 모든 중앙부처가 세종시로 이전했다. 서울에서 130킬로미터 떨어진 세종시로 공무원들이 이전하면서 그들은 경제의 중심에서 그만큼 멀어졌다. 민간에 대한 권위도 약해졌고 공무원 스스로도 많이 위축됐다. 여기에 역대 정권에서 강력하게 추진했던 규제완화의 속도도 박근혜 정부 들어서서 더 빨라졌다. 세종시 이전과 규제개혁은 관료들의 쇠락을 부추겼다. 규제란 관료권력의 상징이면서 그들의 밥그릇이다. 영국에서 자본주의가 발달하면서 왕권이 몰락됐듯이, 한국에서 자본주의가 발달하면서 관료들이 쇠락하는 것은 어찌 보면 역사의 필연이다. 한국 관료들의 쇠락은 우리 경제가 새로운 국면에 접어들고 있음을 보여준다.

국가 시스템의 민낯, 세월호

    기업체 최고경영자(CEO)는 항상 회사를 우선적으로 생각할 것 같지만 때때로 나타나는 배임이나 횡령 등의 사건을 보면 꼭 그렇지만은 않은 것 같다. 공무원들도 항상 국가를 생각하고 행동할 것 같지만 사실은 개인의 이익에 기반을 두고 행동하는 경우가 많다. 이들의 이중적인 행동은 당사자만 알 수 있도록 은밀하게 이뤄진다. 평상시에는 이런 행동이 알려지지 않는다. 하지만 많은 사람들이 직업이 요구하는 행동보다 자신의 이익만을 위해 일을 할 경우 그 피해는 눈덩이처럼 커진다.

    경제학은 이런 이중성의 문제를 '주인과 대리인'의 문제로 정의하고 해법을 모색해왔다. 예를 들면, 회사의 오너와 그가 선임한 CEO의 이해관계는 다르다. 오너는 회사의 가치를 극대화하려고 하는 반면, CEO는 회사보다는 자신의 이익을 최대화하는 행동을 취한다. 비밀만 보장된다면 불법적인 일도 일삼는다. 회사 오너가 CEO와 관련된 정보를 모두 안다면 문제를 풀 수 있다. 하지만 현실적으로 이는 불가능하다. 주인과 대리인의 문제는 국민과 공무원 간에도 적용할 수 있다. 공무원은 국민들이 세금으로 채용한 대리인들이다. 국민을 우선시 할 것 같은 직업의식을 가진 사람이 공무원으로 채용되지만, 채용 후 이들은 자신들의 권한과 조직을 늘리는 데에 치중한다. 이들을 채용한 국민들은 공무원들의 속마음을 속속들이 들여다 볼 수 없고 그들의 행동을 일일이 감시할 수도 없다. 정보의 비대칭성에 따라 발생하는 부작용을 막을 수 있는 시스템의 구축 여부는 국가수준과 직결된다.

지난 2014년 4월 16일 발생한 여객선 '세월호' 침몰 사태는 우리나라 국가 시스템의 민낯을 고스란히 드러냈다. 우선 직위나 직책에 걸맞지 않는 공무원들이 너무 많았다. 담당부처 장관에서부터 현장직원까지 사상 최악의 여객선 침몰사건이 발생했는데 통계 숫자 하나 제대로 파악하지 못했다. 보고 채널이 제대로 작동하지 않는 바람에 구조대책이 시행될 때까지 시간이 너무 많이 걸렸다. 배를 책임지고 있는 선장은 승객들을 먼저 대피시켜야 한다는 '기본 중의 기본'도 지키지 못했다. 공무원들은 '공익'을 위해 행동할 수 있는 능력도 없었고 능력이 있다 해도 어떻게 해야 하는지를 몰랐다. 이 과정에서 많은 사람들이 죽어갔다. 공무원이 제대로 일 할 수 있는 시스템을 구축하지 못했던 것에 대한 충격은 너무나 컸다.

세월호 사태에서도 소수의 영웅이 탄생했다. 그들은 직업윤리에 충실했고 나보다 남을 먼저 생각하는 영웅적인 행동을 보여줬다. 그들의 행동은 칭송받아 마땅하다. 하지만 소수의 영웅이 사태를 수습하기엔 역부족이었다. 세상은 그만큼 넓어지고 복잡해지고 다양해졌다. 사람에 의존하기보다는 시스템에 의존해야 한다는 것이 많은 현대국가가 추구하고

있는 방향이다. 이런 관점에서 볼 때 우리나라 국가의 시스템은 너무 낙
후됐다. 인재를 발굴하는 시스템도 낙후됐고 발굴된 인재들이 제 역할을
할 수 있게끔 만들어 주는 시스템은 더 형편없었다.

시스템 개혁의 원칙은 어찌 보면 단순하다. 주인-대리인 이론에 따르
면, 맡은 바 일을 열심히 하는 사람이 많은 보상을 받을 수 있도록 인센
티브를 줘야 한다. 일을 열심히 하는 사람과 그렇지 않은 사람이 똑같은
보수를 받는 시스템에서는 열심히 일할 유인이 없어진다. 일을 덜하고
월급은 똑같이 받으려는 '모럴해저드'가 판을 친다. 능력이 우수한 사람
들이 다른 일자리를 찾아 떠나고 능력이 모자라는 사람들만 모이게 되는
'역선택' 현상도 발생한다. 인센티브와 함께 일을 잘못했을 때는 엄중한
처벌이 뒤따라야 한다. 중세 때 지중해 무역을 주름잡았던 매그리비 상
인들은 그들이 고용한 사람이 잘못하면 상인그룹 전체가 잘못한 사람에
게 벌을 부과하는 '집단적 형벌(collective punishment)' 제도를 통해 대리
인들의 배임행위를 막았다. 이 같은 집단적 형벌도 모럴해저드를 막을
수 있는 효과적인 방법으로 평가받는다.

우리나라의 국가 시스템 수술이 필요하다는 것은 재난을 통해 여실히
드러났다. 국가 시스템을 고치지 않고서는 소득 4만 달러를 지향하는 것
이 얼마나 의미 없는 일인지 많은 국민들은 다시 한번 깨달았다. 하지만
이런 깨달음이 전면적인 국가 시스템 개혁으로까지 이어지지 않고 있는
점이 문제다.

관(官)피아
개혁이
성공하려면

과거 1980~90년대 행정고시에서 수석을 한 사람들이 지망했던 부서가 재무부(현 금융위원회와 기획재정부 일부)였다. 당시 한 고위관료가 그 이유를 신참 사무관 후보자들에게 물었다. 재무부를 지망한 한 사무관은 '공무원 퇴직 후 은행장으로 갈 수 있어서'라고 답했다고 한다. 당시 재무부에서 잔뼈가 굵은 사람들이 퇴직 후 은행장으로 부임하는 것은 당연한 것처럼 받아들여졌다. 소위 재무부 공무원에 대한 전관예우다. 선배가 은행장으로 있고 자신도 나중에 은행장으로 갈 가능성이 있으니, 공평무사한 금융정책은 요원했다. 유난히 강한 결속력으로 한국 금융산업을 좌지우지했던 이들을 재무부의 영문약자와 이태리의 조직폭력배 마피아를 합쳐 '모피아'라고 흔히 부른다. 모피아를 본 떠 다른 부처 관료들도 사조직화 됐다. 산업통상자원부 관리들은 산피아, 해양수산부 관리들은 해피아를 만들어 뭉쳤다. 이렇게 '관(官)피아'가 형성됐다. 그들의 목적은 단순하다. 관료 후배들은 퇴직한 선배들을 봐주고, 선배들은 든든한 후배들을 버팀목으로 산하기관이나 민간기관에 낙하산으로 꽂힌다. 해당 분야의 발전보다 선후배 간의 의리가 중요했고 잘못된 일을 저질러도 '우리가 남이가' 하며 눈감아줬다. 그들만의 리그에서 서로 밀어주고 끌어주느라 우리나라 각 분야의 산업은 곪아갔다. 국가인재를 모집하는 고시제도는 사실상 관피아에 진입하기 위한 입장권이었다.

'관피아'들에게도 위기는 있었다. 1997년 우리나라는 사상 초유의 국가 부도사태를 맞았다. 외환·금융정책의 실패로 인한 인재였다. 국민들은 모피아 책임론과 모피아 척결론을 들고 나왔다. 외환·금융정책의 최고 책임자가 그들이었기 때문이다. 당시 경제정책 라인에 있던 장차관은 물러났고 국과장급 공무원들은 한직으로 물러났다. 국가위기라는 치욕스런 역사에 대한 책임을 지고 모피아는 사라지는 듯했다. 그런데 당시 구조조정을 진두지휘했던 이헌재 금융감독위원장을 필두로 한 '이헌재 사단'이 등장하면서 '모피아 부활론'이 제기됐다. 이헌재 씨가 금감위원장과 재정경제부 장관을 잇달아 역임하던 기간에 그와 친분이 있던 관료와 민간인들이 주요 요직을 꿰찼다. 이헌재 씨 역시 과거 재무부 핵심요직을 역임했었던 모피아 출신이다. 외환위기 후 한직으로 밀려났던 관료들이 원대복귀하기 시작했다. 어느 순간 외환위기 책임론은 쑥 들어갔다. 이처럼 관피아들은 위기가 닥치면 몸을 낮춘다. 그들 중 일부는 책임을 지고 물러나고 한직으로 이동한다. 하지만 비난여론이 잠잠해지면 소리 소문 없이 다시 부활한다. 정말 끈질긴 생명력이다.

관피아들은 지난 2014년 4월 세월호 사태로 관료조직의 치부가 적나라하게 드러나면서 또 한 번의 위기를 맞았다. 박근혜 대통령은 관피아를 오랫동안 쌓여온 폐단을 일컫는 국가의 '적폐(積弊)'로 정의하고 개혁의 깃발을 추켜올렸다. 하지만 대통령의 의지에도 불구하고 개혁은 제대로 진행되지 않고 있다. 특히 '이번에는 제대로 될까' 하는 의구심이 팽배하다. 어느 개혁보다도 힘들고 어려운 것이 관피아 개혁이다.

개혁이 성공하기 위해선 우선 문제를 정확히 짚어야 한다. 관피아의 문제는 특정 개인의 문제가 아니다. 한국정부가 들어선 이후 50년 넘게 지속돼온 공무원과 공무원 출신 민간의 유착관계다. 세월호 사태를 통해서도 여러 명의 관료들이 도마 위에 올랐다. 그들에 대한 엄한 처벌을 관피아 개혁이라고 생각한다면 큰 오산이다. 잘못한 사람에 대한 처벌에 이어 시스템 개혁이 수반돼야 한다. 시스템 개혁에는 시간이 필요하다. 박근혜 정부 임기 중은 물론이거니와 다음 정권에서도 지속적으로 추진할 수 있는 개혁방안을 만들어야 한다. 이번 정권 임기 내에 관피아 개혁을 마무리 짓겠다고 한다면 개혁은 실패한다. 다음으로 관료들의 낙하산 인사 금지 등의 원칙을 수립하는 것과 더불어 향후 관피아를 대체할 수 있는 인력풀을 양성해야 한다. 20~30대에 고시라는 한 번의 시험으로 평생 먹거리를 해결하려는 그릇된 동기가 관피아라는 조직을 만들었다. 관피아를 만드는 근간인 고시제도를 대체할 수 있는 민간인 채용 시스템 수립이 필요하다. 아울러 관료조직에도 경쟁 시스템을 도입해야 한다. 일 못하는 사람은 퇴출시키고 일 잘하는 사람에게는 보상을 더 많이 줄 수 있어야 한다. 평생 고용을 보장하고 능력에 상관없이 획일적인 급여를 지급하는 조직은 민간 부문 어디에서도 찾아볼 수 없다.

세월호와 메르스(중동호흡기증후군) 사태로 국민들이 관료 시스템의 한계를 똑똑히 목격한 지금이 관피아 개혁을 위한 최적의 시기다. 추상 같은 잣대를 적용해 장기적인 개혁 시스템을 구축해야 한다. 관피아들은 소나기가 몰아칠 땐 움츠렸다가 일단 소나기가 지나면 다시 고개를 들고 나온다. 사석에서 만난 그들은 항변을 늘어놓는다. '한국사회에 관료를 대체할 만한 인력군이 있나', '산하기관으로 가는 것은 낙하산이 아니고 전문성을 살리기 위한 것', '정치인이나 학자에 비하면 관료들이 우수하다' 등등이다. 대통령 입장에서도 관료만큼 입맛에 맞게 일을 추진하는 사람을 찾기 힘들 수도 있다. 그러다 보니 이런 저런 이유로 그동안 관료개혁이 여러 번 무산됐다. 하지만 관료개혁은 중장기적으로 국가의 생산성을 높이는 시스템 개혁이다. 단기적인 불편함과 비용을 감수하더라도 시스템을 철저히 바꾸는 게 관피아 개혁의 본질이다.

메커니즘 디자인과
우리나라의
국가개조

2014년 세월호 사태와 2015년 메르스 사태를 겪은 우리나라 국민들 사이에서는 국가의 모든 걸 뜯어 고쳐야 한다는 여론이 득세했다. 큰 일이 터질 때마다 나타난 우리나라의 민낯은 초라하기 그지없었다. 어떻게 국가를 개조해야 할까. 경제학의 한 분야인 '메커니즘 디자인' 이론은 효율적인 국가 시스템과 관련한 아이디어를 제공한다.

노벨경제학상 수상자인 로저 마이어슨(시카고)과 에릭 매스킨(프린스턴) 교수는 모두가 자발적으로 자신의 능력과 선호를 솔직하게 드러내고 각자의 능력을 최대한 발휘하는 메커니즘을 만드는 것이 경제와 사회발전을 위해 중요하다고 역설했다. 어려운 얘기지만, 이들이 던지는 메시지는 간단하다. 예를 들어보자. A는 한 시간에 볼펜 10개를 만들 수 있는 능력이 있다. B는 한 시간에 볼펜 하나밖에 못 만든다. A와 B, 둘 다 돈을 많이 벌고 싶어 한다. 개인의 능력에 대한 정보는 당사자만 알고 있다. 이 경우 사회가 어떤 메커니즘을 만드는 것이 가장 효율적인지 생각해보면 답이 보인다. 우선 한 시간 일해 물건을 만들면 100원의 급여를 준다고 가정하자. A 입장에서는 한 시간에 10개를 만들든 한 개를 만들든 똑같이 100원을 받는데 굳이 노력해서 10개를 만들 이유가 없다. 천천히 놀면서 하나만 만든다. B는 하나를 만들 능력밖에 없다. 이때 사회가 만들어내는 볼펜 생산량은 두 개다.

메커니즘을 바꿔서 A와 B 간에 경쟁을 시켜서 더 많이 만드는 사람에게 보너스 100원을 더 준다고 하자. 이 경우 B는 똑같이 하나만 만들 수 있다. 그럼 A는 자신의 능력을 십분 발휘할까. 아니다. A는 두 개만 만들어도 B를 이길 수 있고 보너스를 챙길 수 있는데 굳이 10개를 만들 이유가 없다. A는 볼펜 두 개를 만들고 200원을 챙기고 B는 여전히 하나만 만든다. 이 메커니즘하에서 사회의 총생산량은 세 개가 된다.

그럼 물건 한 개당 100원을 주는 메커니즘을 만들어보자. 이때 A는 10개를 만들어 1000원을 챙길 것이고 B는 한 개를 만들어 100원을 벌 것이다. A의 능력이 자발적으로 최대한 발휘되는 경우는 이 메커니즘 아래서다. 국가의 생산력을 끌어올리는 것이 사회의 목표라면 세 번째 메커니즘을 도입하는 것이 이상적이다.

대런 애쓰모글루(MIT)와 제임스 로빈슨(하버드)은 『국가는 왜 실패하는가』라는 책에서 사유재산권을 보장하고 공정한 경쟁이 보장된 '포용적 경제제도'를 갖고 있는 국가들이 역사적으로 성공했다고 지적했다. 반면 사유재산권이 없거나 경제활동에 대한 인센티브를 보장하지 못하고 지배층이 국민들을 착취한 '착취적 경제제도'를 갖고 있는 국가는 발전하지 못했다. 과거 노예제나 봉건주의 국가가 자본주의보다 발전하지 못한 이유도 이 같은 '착취적 제도' 때문이라는 것이다.

우리나라에도 이들 이론을 적용해 볼 수 있다. 민간 부문에서는 자신이 일한 만큼 받을 수 있는 보상체계가 어느 정도 확립돼 있다. 일을 잘하고 열심히 하면 할수록 금전적인 보상이 뒤따른다. 하지만 공직사회는 그렇지 않다. 모든 공무원들이 획일적인 급여체계 아래서 월급을 받는다. 능력 있고 열심히 일하는 공무원들에게 금전적인 보상을 해줄 수 있는 방법이 없다. 공무원들의 능력은 천차만별이지만 급여는 똑같다. 이경우 그들의 생산성은 하향 평준화된다. 능력 있는 사람들은 뒤로 숨고 능력이 모자란 사람들의 목소리가 커진다.

한때 자본주의 사회에서 정부는 공평무사한 시장의 감시자 역할을 할 것이라는 믿음이 있었다. 시장의 실패를 고치기 위해 정부의 시장개입은 정당화됐다. 하지만 정부를 공무원들의 집합체로 볼 때 문제는 달라진다. 각 개별 공무원들은 시장에서 활동하는 사람들처럼 자신들의 이익을 추구하는 개인들이다. 그들이 획일적인 공무원 시스템하에서 자신들의 이익을 극대화하기 위해 만든 것이 '관(官)피아'라는 것이다. 서로서로 울타리를 형성해 공직에 있을 때 민간을 봐주고, 나중에 민간에 좋은 자리를 만들어 가고, 그들은 다시 현직 공무원들과 유착된다. 열심히 일을 할 인센티브가 없으니 공직에 있을 때 능력을 십분 발휘하지 않는 것은 물론 오히려 부패고리를 만들어 나라를 좀먹고 있다. 애스모글루의 정의에 따르면, 이런 조직은 불특정 다수를 착취하는 '착취적 제도'에 다름 아니다.

지난 2014년 대통령이 관료개혁을 위해 공무원들의 유관기관 취업을 금지한다는 발표가 나오자 공무원들의 첫 반응은 '그럼 안 나가고 60세까지 버틴다'는 것이다. 국민안전처라는 조직을 새로 만든다는 발표가 나오자 장관을 비롯해 새로 만들어지는 자리에 누가 갈지에 대해 먼저 촉각을 곤두세웠다. 고시제도를 없앤다고 하니 '지금 같은 박봉에 우수한 민간인력이 공무원으로 오겠냐는 냉소적인 반응이다. 대통령의 의도는 공무원들을 자극해 열심히 정직하게 일하도록 만드는 것이었을 텐데 공무원들의 반응은 정반대다. 지금보다 더 복지부동하고 눈치 보겠다는 것이었다. 엄포와 질타만으로 공무원들을 움직일 수 없다. 그들에게 자발적으로 자신들의 능력을 최대한 발휘할 수 있도록 만드는 인센티브도 동시에 줘야 한다. 일 잘하는 공무원들에게는 보상을 충분히 하고 일 못하는 공무원들은 퇴출시킬 수 있는 제도를 만들어야 한다. 인센티브까지 감안한 효율적인 메커니즘을 만들려면 시간을 충분히 두고 새로운 제도에 대한 확실한 검증을 한 후 이를 도입해야 한다. 설익은 제도를 너무 급하게 시행했다가는 오히려 폐해만 늘어난다.

백가쟁명식 '~노믹스'의 명암

레이거노믹스, 아베노믹스, 초이노믹스……. 바야흐로 '노믹스' 천국의 시대다. 매일 경제뉴스에 '노믹스'가 붙은 단어 한두 개는 꼭 등장한다. 라틴 어원을 거슬러 올라가보면 '노믹스(nomics)'는 인위적인 법칙을 말한다. 어느 순간부터 이름에 노믹스를 붙이는 것은 그 사람이 주축이돼 만든 경제정책을 말하는 경우가 많다.

경제정책으로서 노믹스가 처음 사용된 것은 1980년대 미국 로널드 레이건 대통령의 경제정책을 일컫는 '레이거노믹스'다. 레이거노믹스는 감세와 규제완화 등을 통해 정부의 시장개입을 대폭 줄인 것으로 유명하다. '정부가 세율을 줄이면 세수가 오히려 늘어난다'는 공급경제학의 명제를 그대로 받아들였다. 세금을 줄이고 규제를 완화해 민간 부문의 경제활력을 보강했다. '레이거노믹스'라고 거창하게 이름 붙였지만, 이는 아담 스미스에서 하이예크로 이어지는 자유주의적 경제학 전통을 이어받은 것에 다름 아니다. 레이거노믹스 전에 영국의 대처 수상은 대대적인 규제완화와 노동의 유연성 강화, 노조파업에 대한 엄단 등을 통해 민간에 경제자유를 최대한 부여하는 정책으로 당시 '영국병'을 치료했다는 평가를 받았다. 레이거노믹스의 모태가 된 대처의 정책은 '대처리즘'으로 불렸다.

지난 2012년부터 본격화된 일본 수상 아베의 경제정책을 일컫는 '아베노믹스'는 대처리즘-레이거노믹스와 180도 다르다. 돈을 무제한적으로 풀고 재정을 최대한 확대해 경제의 수요를 자극하는 아베의 정책은 정부의 개입을 통한 경기활성화를 역설했던 케인즈의 전통을 따르고 있다. 정부개입을 늘려 경기를 인위적으로 띄우고 구조조정을 통해 민간에 활력을 불어넣는 것이다. 아울러 자국 통화가치를 떨어뜨려 무역흑자를 늘리는 정책은 과거 중상주의를 떠올리게 한다. 아베노믹스로 다른 나라가 손해를 입더라도 일본만 이익을 보면 된다는 자국 이기주의적인 정책의 표본이다.

일본에 아베노믹스가 있다면, 중국에는 '리커노믹스'가 있었다. 중국의 경제통인 리커창 총리의 이름을 따서 만들어졌다. 리커노믹스는 인위적인 경기부양책을 실시하지 않고 각 부문의 부채를 줄이고 구조개혁을 단행한다는 내용을 담고 있다. 정부의 역할을 축소한다는 점에서 자유주의적 전통을 따른다고 볼 수 있다. 구조개혁을 통해 생산성을 높인다는 점은 아베노믹스와 공통적이다. 하지만 중국은 기본적으로 사회주의 국가다. 시장을 존중하는 것 같지만 일단 문제가 생기면 국가의 역할이 대폭 늘어난다는 점에서 마르크스적인 전통을 따른다고도 볼 수 있다. 이처럼 '~노믹스'는 거창한 것 같지만 속을 들여다보면 자유주의, 정부개입주의, 사회주의 등 기존 이데올로기를 짜깁기해 나름대로의 원칙을 만든 것이다.

우리나라에도 지난 2014년 최경환 경제부총리가 취임한 이후 '초이노믹스'라는 용어가 생겨났다. 최 부총리가 취임해 여러 가지 파격적인 대책을 내놓으면서 붙은 이름이다. 국가재정에서 돈을 풀고 금리를 내려 경기를 부양하고 가계소득을 늘리기 위해 세금제도를 개편한 것 등이 그가 내놓은 경제정책의 골자다. 최 부총리를 만날 기회가 있어 그에게 초이노믹스의 본질에 대해 물었다. 초이노믹스는 아담 스미스부터 케인즈까지, 또 레이거노믹스부터 아베노믹스까지 어떤 '노믹스' 또는 '이즘'과 일맥상통하는 부문이 많은가, 하는 게 질문의 요지였다. 최 부총리의 대답이 재밌었다. 그는 '초이노믹스는 잡학'이라고 웃으면서 말했다. 최경환 경제팀의 경제정책은 기존에 있던 '노믹스' 중에서 우리가 필요하다고 생각되는 것은 다 모아 만든 것이어서 '잡학'이라는 것이 그의 답변이다. 굳이 공통점이 있었던 과거 사례를 찾는다면 중국의 경제개혁, 개방을 이끌었던 등소평의 '흑묘백묘'론과 유사하다고 할 수 있을 것 같다. 검은 고양이든 흰 고양이든 쥐를 잘 잡는 것이 최고라는 것이 등소평의 소신이었다. 철저한 실용주의적 접근이다.

실제 '초이노믹스'는 이데올로기를 불문하고 우리 경제에 도움이 되는 정책은 다 끌어 모았다. 그러다 보니 일관성은 떨어진다. 초이노믹스 정책 중 재정을 46조 원 투입해 경기를 띄운다는 것은 케인즈의 전통을 따른다. 정부의 적극적인 거시경제 개입을 통해 성장률을 끌어올린다는 복안이다. 대대적인 규제완화를 통해 민간 부문의 활력을 높인다는 것은 자유주의 경제학의 전통을 따랐다. 정부의 규제는 '득보다 실'이 많다는 게 아담 스미스로부터 하이예크, 프리드먼, 루카스 등으로 이어지는 자유주의 경제학의 기본철학이다. 기업소득환류세제라는 세금을 만들어 기업들이 얻은 이익을 배당, 임금, 투자로 환원하지 않으면 세금을 물리겠다는 정책은 가계소득 증대로 성장을 이끈다는 '소득주도성장론'과 유사한 측면이 있다. 정부가 세제 등을 통해 직접 개입해 기업소득을 가계로 흘려보낸다는 것은 보수정권에서는 다소 파격적이다. 이는 소득분배에 정부가 직접 개입하는 것으로 '사회민주주의'적인 사고다.

초이노믹스는 최 부총리 말대로 필요한 것을 다 모아놓은 백화점이다. 자유주의에서 사회민주주의까지 스펙트럼도 대단히 넓다. 사변적인 일관성을 추구하지 않고 현실에 도움 되는 것은 다 담았다. 그렇게 초이노믹스는 발진했다. 보기에는 그럴듯하지만 곳곳에 걸림돌이 있다. 우선 다양한 이해집단의 공격이 있었다. 재벌들은 사회민주주의적 요소를 철저히 거둬내기 위해 초이노믹스를 비판했다. 한국의 좌파진영은 우파적인 자유주의 정책에 대해 비판의 목소리를 높였다. 그래서 초이노믹스는 칭찬보다 비판을 더 많이 받는다.

또 다른 문제는 정책의 상충이다. 2015년 들어 수출이 대폭 감소하면서 수출전선에 비상이 걸렸다. 수출과 내수를 동시에 부양한다는 논리보다는 수출이냐 내수냐의 정책 우선순위를 결정해야 할 시점이었다. 최 부총리는 수출이 부진할 때는 수출대책을 내놨고, 국내로 자본이 들어올 때는 자본을 해외로 빼내는 것을 촉진하기 위한 '해외투자 활성화' 대책을 내놨다. 그러다가 내수가 부진할 때는 내수부양책을 내놨다. 그때그때 임기응변에는 능했지만 그러다 보니 정책이 상충하는 경우가 많았다. 특히 일관성이 없는 실용주의 정책은 상황논리나 정치논리에 휘둘린다는 지적을 받았다. 그가 정치인이라는 점에서 정치논리를 앞세우는 것은 어쩌면 당연할지도 모른다. 경기를 단기에 부양시켜 놓고 선거에서 승리한 후 정치인으로 돌아가면 개인적으로는 만족할 수도 있다. 하지만 그가 남겨놓은 유산은 두고두고 우리 경제에 부담으로 작용할 수 있다는 점에서 걱정스럽다.

이런 점에서 미국의 볼커와 그린스펀의 사례는 우리나라 위정자들에게 시사하는 바가 크다. 폴 아돌프 볼커 주니어와 앨런 그린스펀은 모두 미국 연방준비제도이사회(FRB) 의장을 역임했다. 재임 기간은 볼커가 1979년부터 1987년까지였고, 그린스펀은 1987년부터 2006년까지이었다. FRB 의장은 금리정책을 통해 미국의 경기와 자금시장을 조율하는 명실상부한 세계의 경제대통령이다. 두 사람의 공통점이 있다. 볼커와 그린스펀은 모두 욕을 세게 먹었고 칭찬도 들었다. 차이점도 있다. 볼커는 재임 기간 중 욕을 먹고 퇴임 후 칭찬을 들었다. 그린스펀은 그 반대다. 재임 중 칭찬을 들었고 퇴임 후 욕을 먹었다. 더 근본적인 차이점은 두 사람의 내세운 정책이다.

볼커는 지미 카터 대통령 말기인 1979년 FRB 의장에 임명됐다. 당시 미국의 인플레이션율은 11%가 넘었다. 1980년에는 인플레이션율이 14%가 넘었다. 볼커는 물가를 잡지 않으면 미국경제의 부활이 어렵다고 판단했다. 인플레이션 기대심리는 경제에는 독이다. 자본주의 경제의 근간인 화폐에 대한 불신을 가져오기 때문이다. 물가를 잡기 위해 볼커는 금리를 계속 올렸다. 물가가 잡힐 때까지 통화긴축정책을 폈다. 11%의 금리가 20% 선까지 치솟았다. 볼커의 긴축정책으로 경기는 크게 위축됐다. 1978년 7%에 달했던 미국의 성장률은 1982년에는 -1.4%까지 급락했다. 정치권은 미국경제 부진의 책임을 볼커에게 돌렸다. 특히 카터가 1980년 대선에서 로널드 레이건에게 패배한 이후에도 볼커는 물가를 잡기 위한 고금리 정책을 계속 폈다. 이 같은 무지막지한 정책 때문에 미국물가는 1986년 1.9%까지 떨어졌다. 이후 볼커는 '인플레이션 파이터'로 불렸다.

다음은 그린스펀의 시대다. 1987년에 FRB 의장으로 취임한 그린스펀은 볼커로부터 저물가와 인플레 기대심리가 해소된 경제를 물려받았다. 통화정책을 펴기가 훨씬 좋은 여건을 물려받은 셈이다. 그린스펀은 취임한 직후 미국주가가 22%나 급락한 블랙먼데이 등 경제상황이 불안해질 때 금리를 과감히 내렸다. 그린스펀이 금리를 내려 시중에 유동성을 공급해도 인플레 기대심리가 확산되지 않았다. 당연히 금리인하의 효과는 커졌다. 그린스펀은 수차례에 걸쳐 금리인하를 통해 미국경기를 살렸다. 2006년 벤 버냉키에게 바통을 넘기기까지 그린스펀은 선제적인 통화정책으로 금리를 올리고 내리면서 미국이 원하는 대로 경기를 이끌고 갔다. 그에게 '마에스트로'라는 별명이 부쳐질 만큼 자유자재로 경기를 조절했다. 하지만 그가 퇴임을 앞둔 2006년을 전후해서 그린스펀이 과도한 저금리 정책으로 미국경제에 버블을 만들었다는 비판이 제기됐다. 그에 대한 비판은 2008년 주택버블로 세계적으로 금융위기가 닥쳤을 때 절정에 달했다. 금융위기의 원인 중 하나가 그린스펀이 공급한 과잉유동성 때문이었다는 비판이다.

볼커는 물가를 잡았고 그린스펀은 경기를 안정시켰다. 하지만 볼커는 재임 중 경기를 망친 FRB 의장이라는 욕을 먹은 반면 퇴임 후에는 그린스펀이 자유자재로 금리정책을 펼 수 있도록 인플레 기대심리를 잡은 공로로 칭찬을 받았다. 반면 그린스펀은 재임 중 경기를 살린 공로로 칭찬을 들었지만 퇴임 후 경제에 버블을 만든 잘못 때문에 비판받았다. 약은 입에 쓰지만 몸에 좋고 사탕은 입을 즐겁게 하지만 건강을 망친다. 되돌아보자면 볼커는 경제에 약을 투여한 것이고 그린스펀은 사탕을 준 것으로 볼 수도 있다.

최경환 경제부총리는 2014년 7월 취임 후 대대적인 경기부양책을 내놨지만 오히려 우리 경제 내에서 구조개혁에 대한 목소리가 커지고 있다. 경제를 도약시키기 위해서는 구조개혁이 필수적이다. 구조개혁은 이해 당사자들이 있기 때문에 욕을 먹는다. 공무원 연금개혁에 공무원들이 반대하고, 의료개혁에는 의사들이 반대하는 식이다. 하지만 지금은 욕을 먹더라도 구조개혁이 완성되면 우리 경제는 성장할 수 있는 토대를 갖게 된다. 최 부총리가 걸은 길이 당시에는 욕을 먹고 나중에 칭찬을 듣는 볼커의 길이 될지, 아니면 정반대의 그린스펀의 길이 될지 궁금하다.

담뱃값 인상 정책의 부메랑

경제정책을 색깔로 표현하면 회색이다. 하얗고 검은 것처럼 분명하지 않고 이렇게 보면 희고 저렇게 보면 검다. 그래서 정책 만들기가 어렵고, 선명성을 추구하는 각종 이해단체로부터 욕을 먹는다. 하지만 자본주의 경제의 속성상 회색지대에서 가장 바람직한 상태가 만들어진다. 경제정책이 회색인 이유는 회색인 정책을 추구해서가 아니라 주변의 여러 가지 상황을 고려해 최선의 방안을 마련한 결과다.

범죄율이 제로인 사회는 어떻게 보면 바람직하다. 법을 집행하는 사람들은 범죄 없는 세상을 꿈꾼다. 하지만 경제논리는 좀 다르다. 범죄 없는 세상을 만들려면 지금보다 경찰력을 100배 이상 늘려야 한다. 경찰력을 늘리는 데 들어가는 행정비용은 일반 국민들이 부담한다. 어느 것을 선택할 것인가. 행정비용을 줄이고 어느 정도의 범죄를 용인할 것인가, 아니면 행정비용을 대폭 늘려 범죄 없는 세상을 만들 것인가. 경제논리를 추구하는 사람들은 전자를 택한다. 그것이 실질적으로 국민들의 부담을 줄여주는 방법이라 믿기 때문이다. 그래서 극단보다는 중간인 회색지대에 경제적으로 가장 바람직한 상태가 있다는 것을 역설한다.

어느 지역에 공장을 지으면 그 주변의 하천이나 공기는 오염된다. 오염물질을 만들어내니 공장을 짓지 말자는 것이 환경론자들의 논리다. 환경만 생각하면 당연히 공장을 짓지 말아야 한다. 하지만 공장이 없으면 우리가 생활하는 데 필요한 많은 것들을 만들 수 없다. 공장이 없는 초록빛 자연에서 모든 국민이 농사를 짓고 살아야 하는가, 아니면 오염을 어느 정도 감수하더라도 생활의 편의성을 높일 것인가도 선택의 문제다. 경제정책 담당자들은 항상 중간에 답이 있다고 본다. 이처럼 경제정책이 회색의 빛깔을 띠는 것은 제반여건들을 충분히 고려한 결과다. 충분한 근거를 갖고 이해당사자들을 설득할 수 있을 때만 회색의 정책이 빛난다. 뚜렷한 근거 없이 적당히 이해집단의 눈치를 봐서 만든 정책은 같은 회색이라도 이해집단 간 갈등만 더 부추길 뿐이다.

정부가 내놓은 배출권거래제와 담뱃값 인상 등의 정책도 유사한 논리에서 비롯됐다. 배출권거래제가 시행되면, 기업의 오염물질 방출할당량을 정부가 지정하고, 이 양을 넘는 오염물질을 내놓는 업체는 돈을 주고 배출권을 구입해야 한다. 배출권을 구입하지 않고 오염물질을 필요 이상 방출하면 과징금을 내야 한다. 기업의 생산도 유지하고 환경도 보호한다는 명분을 내걸었다. 문제는 이 제도가 두 마리 토끼를 다 잡을 수 있느냐이다. 과도한 환경보호 논리에 치우쳐 기업의지를 꺾은 것은 아닌지, 혹은 기업논리에 치우쳐 환경오염을 방치하는 것은 아닌지 꼼꼼히 따져야 한다. 이 부분은 논리의 문제가 아니라 실증의 문제다. 실제로 벌어지는 환경비용과 기업비용을 정확히 측정하는 것이 무엇보다 중요하다. 엄격한 잣대를 들이대고 비용과 편익을 꼼꼼히 따져 만든 정책인지는 의문이다.

담뱃값 인상도 마찬가지다. 국민의 건강을 보호한다는 논리와 정부가 거둬들이는 세금을 늘려 국가재정을 보강한다는 논리가 적절히 섞여 있다. 극단적으로 국민의 건강을 보호한다는 명분을 강조한다면 담배 판매를 금지하면 된다. 1920년대 미국에서는 금주령을 내려 술 판매를 금지한 적도 있었다. 국가재정을 보충하기 위해 세금을 더 거둬야 할 필요가 있으면 소득세와 법인세 등 본질적인 세금을 더 걷는 것이 타당하다. 정부는 국민건강을 보호하고 재정도 튼튼히 한다는 두 마리 토끼를 잡기 위해 담뱃값 인상이라는 카드를 내놨지만 국민들의 반응은 냉담하다. 담뱃값을 2000원 올린다고 해서 담배 피는 사람이 크게 줄 것 같지도 않다. 담배를 못 끊는다면 결국 국민들은 세금만 더 내는 꼴이다. 국가재정 문제도 담뱃값 올린 것으로 해결되지는 않는다. 정부가 담뱃값 인상으로 더 거둬들이는 세금은 3조 원 안팎이라고 한다. 정부 재정적자 규모는 올해 25조 원, 내년에도 30조 원에 육박할 것으로 보인다. 담뱃값 인상으로 재정에 조금이라도 보탬은 되겠지만 갈수록 늘어나는 재정적자를 해소하기에는 요원하다.

경제정책은 항상 극단보다는 중도를 추구한다. 희고 검은 것 보다는 회색지대에 있는 것이 보다 많은 사람들에게 이익을 가져다준다는 논리 때문이다. 하지만 이 의미가 정책담당자들이 눈치 보기를 통해 이도 저도 아닌 정책을 만들어 내야 한다는 것은 절대 아니다. 철저한 검증을 통해 실상을 정확히 국민들에게 알리고 합의점을 찾는 과정에서 회색 빛깔을 띠어야 한다. 처음부터 눈치 보기를 통해 회색을 추구하는 것과는 차원이 다른 얘기다. 정부가 내놓는 정책이 이해집단 간 눈치 보기의 결과인 것 같아 아쉽다.

양치기 소년과
정부의
공표효과

늑대와 양치기 소년 얘기는 경제적으로도 의미가 깊다. 양치기 소년이 처음 '늑대가 나타났다'고 소리쳤을 때 온 마을 사람들이 다 피하고 일부는 소년을 구하러 쫓아왔다. 하지만 소년의 외침은 거짓말이었다. 두 번째로 늑대를 외쳤을 때도 처음만큼은 아니지만 상당수 사람들이 움직였다. 하지만 세 번째는 진짜 늑대가 나타나 소년이 외쳤지만 사람들은 아무 반응이 없었다. 결국 소년은 낭패를 봤다.

경제적으로 이 이야기를 풀어보면 정부와 양치기 소년 사이에 재밌는 공통점들이 있다. 우선 양치기 소년은 마을에 있는 사람보다 정보를 많이 가질 수 있는 위치에 있다. 늑대를 가장 먼저 볼 수 있기 때문이다. 한 경제 내에서 정부는 일반인들보다 많은 정보를 갖고 있다. 온갖 정보가 정부기관으로 모인다. 양치기 소년의 말에 사람들이 움직이듯 정부가 한마디를 하면 시장이 움직인다.

예를 들어 중앙은행은 매월 통화정책 방향을 발표하면서 금리를 조절하지 않더라도 향후 금리를 올릴 것인지 혹은 내릴 것인지에 대한 신호를 준다. 금리를 올릴 것 같은 신호를 주면 시장은 이 말을 듣고 움직인다. 몇 달 후에는 실제 정책금리를 올린다. 정작 금리를 올렸을 때는 시장에 미치는 충격은 상당 부분 줄어든다. 세금정책도 마찬가지다. 정부가 세금을 더 걷으려고 할 때 세율을 올리기 전에 이를 사전에 발표하면 시장에서 경제주체들은 미래에 세금 낼 것을 감안해 소비나 생산을 조절한다. 그 결과 세금을 실제 올렸을 때 경제에 미치는 충격이 감소한다. 이는 정부의 사전발표에 따른 경제효과를 의미한다. 경제학 용어로는 '공표효과(announcement effect)'라고 부른다.

신호를 주는 방식은 여러 가지가 있다. 우선 정부가 공개적으로 발표하는 경우다. 미국 연방준비제도이사회(FRB)나 한국은행은 매월 통화정책 방향을 발표한다. 대표적인 공표효과를 노리는 정책이다. 다음으로 정부가 언론에 미리 흘리는 경우도 있다. 요즘은 소셜네트워크서비스(SNS)와 인터넷이 발달해 정부가 미리 정보를 흘리기에 매우 유리한 환경이다. 공표효과를 감안하면 정부의 정책과정은 생각보다 훨씬 길다. 정책이 실행될 때 정부가 정책을 시작하는 것이라고 생각하는 사람들은 매우 순진한 것이다. 사실 정책이란 입안 과정부터, 아니 아이디어를 모으는 과정에서부터 시행된다고 보는 것이 일반적이다. 대통령이나 각 부처 장관, 중앙은행 총재 등 정책담당자들의 입에 많은 사람들이 관심을 갖는 것도 공표효과 때문이다.

공표효과를 제대로 내기 위해서 가장 중요한 것은 정부의 말과 행동이 일관되게 진행돼야 한다는 점이다. 그래야 시장이 정부를 믿을 수 있다. 정책담당자들을 믿을 수 있어야 시장이 정부가 원하는 방향으로 반응한다. 시장이 정책담당자들의 말을 믿지 못하면 정책을 수립하고 집행하는 과정에서 많은 문제가 발생한다. 공표효과를 기대하기보다는 시장의 혼선만 가중된다. 양치기 소년의 이야기처럼 늑대가 오지도 않는데 늑대가 온다고 말하는 것과 유사한 상황이다. 정부의 거짓말이 계속 쌓이면 정책을 정작 집행할 때 효과를 발휘하지 못한다. 오히려 사회적 비용만 지불해야 한다.

우리 정부는 2015년 초 세법파동으로 양치기 소년으로 전락했다. 정부가 수차례 발표한 정책을 스스로 뒤집었다. 근로자들의 연말정산 과정에서 각종 불만이 폭증하자 연말정산 관련 세법을 수정해 소급적용하겠다고 밝혔다. 당시 문제가 된 세법은 지난 2013년 말에 국회를 통과해 확정된 것이다. 하지만 정책의 수립과정부터 시장에 정부의 의도가 전달된 것을 감안한다면, 이번 정권이 들어선 직후부터 사실상 정책의도가 시장에 전달됐다고 볼 수 있다. 2년이 넘는 기간 동안 시장은 정부의 정책을 믿고 여기에 반응해왔다. 그런데 정부가 갑자기 법안 자체를 바꾸겠다고 나섰다. 법안을 바꾸는 것과 더불어 이 법을 과거의 행동에 대해 소급적용하겠다고 말했다. 사상 유래가 없는 일이다. 정부의 신뢰는 땅에 떨어졌다. 이뿐만이 아니다. 정부가 공언했던 건강보험료 개편작업도 전면 백지화하겠다고 밝혔다. 국민들은 그동안 2013년에 만들어진 세법과 건강보험료 개편을 기정사실화하고 이에 대비해왔다.

그런데 정부가 발표하고 국회까지 통과해 시행되는 정책을 뒤집었으니 그 뒷감당을 어떻게 할지 걱정이 된다. 정부의 신뢰가 무너지면 정부의 발표는 아무런 공표효과를 발휘할 수 없다. 시장이 반응하지 않는 정부의 경제정책은 무용지물이다. 과거 금융위기처럼 지금보다 훨씬 더 심각한 위기가 닥쳤을 때 정부의 정책이 약발을 발휘하지 못하면 그 피해는 국민들이 고스란히 입어야 한다. 마치 늑대가 마을에 몰려왔는데 대피를 하지 못해 많은 사람들이 피해를 입었던 것처럼 말이다. 신뢰를 잃은 정부의 정책은 그만큼 위험한 것이다.

추경과
정부의
도덕적 해이

어렸을 적, 어머니가 꼭 써야 할 곳이 생겼는데 집에 돈이 없다고 바가지를 긁으면 아버지가 회사에서 '가불'을 받아 온 적이 있었다. 가불이란 회사에서 월급을 미리 받는 것이다. 예를 들어 월급날이 25일이면 10일경에 월급의 일부를 미리 받고 25일에 나머지를 받는 식이다. 지금처럼 은행에서 단기대출을 받기도 어렵고 신용카드가 활성화되지 않은 시절에 가불은 직장인들이 당장 급한 돈을 구할 수 있는 거의 유일한 방법이었다. 가불을 받아 돈을 쓸 때는 좋지만 쓰고 나면 걱정이 앞선다. 후에 줄어든 월급을 받아 한 달을 또 버텨야 하기 때문이다. 제대로 씀씀이를 따지는 가정이라면 웬만하면 가불을 받지 않는다. 꼭 필요한 경우 가불을 받더라도 그 금액은 최소한으로 하려고 한다.

정부 살림살이도 마찬가지다. 정부는 매년 들어올 돈과 쓸 돈을 계산해 수지를 맞춘 예산안을 만들어 국회의 승인을 받는다. 월급쟁이들이 월급을 타서 쓰는 것과 비슷하다. 그런데 정부가 예상하지 못했던 일이 생겨 돈 쓸 곳이 발생하면 어떻게 될까. 이 경우 우선은 비상금조로 모아둔 예비비라는 것을 쓴다. 그래도 모자라면 별도의 예산을 편성한다. 이른바 추경(추가경정)예산이다. 긴요하게 쓸 곳이 생긴 경우 정부가 예산을 추가로 편성해 집행하는 것은 법적으로 보장돼 있다. 추경을 편성할 때 들어간 돈은 국채발행을 통해 조달한다. 이 돈은 나중에 갚아야 할 정부 빚이다. 정부 빚은 결국 국민들이 세금으로 부담한다. 돈을 쓸 때는 좋지만 갚을 때 고통스러운 것은 정부나 가계나 마찬가지다.

개인이 월급을 미리 끌어 쓰는 것과 정부가 추경을 편성하는 것은 유사한 점이 많다. 여기에 추경과 관련한 불편한 진실들이 있다. 정부는 흔히 경기를 살리기 위해 추경을 한다고 하지만, 실상은 추경을 한다고 경기가 살아나는 것은 아니다. 개인이 가불을 한다고 월급이 오르지 않는 것과 비슷하다. 추경을 하면 그때는 정부지출이 늘어나 경기가 좋아지는 듯 보인다. 하지만 이것은 한 면만 보는 것이다. 정부가 국채를 발행하면 누군가이 국채를 사줘야 한다. 국채를 사는 투자자는 자기 돈을 쓰지 못한다. 정부지출은 늘어나는 반면 민간투자와 소비는 줄어든다. 또 정부가 국채를 내놓으면 시장에서 국채값은 떨어지고 금리는 오른다. 금리가 오르면 기업과 가계의 부담이 늘어나고 투자와 소비를 줄이는 요인으로 작용한다.

추경을 해서 실제 돈이 집행되는 기간도 고려해야 한다. 가불을 신청하고 돈이 월급날보다 뒤에 나오면 괜히 복잡한 절차를 밟을 필요가 없는 것과 마찬가지다. 정부가 추경안을 국회에 제출한다면 이 안이 국회를 통과하기까지 시간이 필요하다. 여당과 야당이 으르렁거리고 싸우는 시기에는 국회 통과시간이 더 많이 소요된다. 가까스로 국회를 통과해도 정부가 추경예산을 집행한 후 이 돈이 실제 필요한 사람에게 전달될 때까지도 시간이 필요하다. 그러다 보면 올해 경기를 부양하기 위해 추경을 편성했는데 이 돈이 효과를 발휘하는 시점은 올해를 넘길 수도 있다. 그러면 올해 괜히 추경을 할 필요가 없다. 내년 예산에 반영해 빨리 집행하는 것이 훨씬 좋은 모양새다.

개인이 가불을 한번 하기 시작하면 습관이 된다. 돈을 미리 끌어 쓰는 버릇이 들면 헤어 나오기 쉽지 않다. 정부도 마찬가지다. 추경을 한번 편성하면 계속 추경을 편성하는 악순환이 생겨난다. 추경을 편성하면 그 다음엔 지출을 줄여야 하는 고통이 수반된다. 이 때문에 한번 추경을 편성하면 그 다음번엔 빚을 갚기보다는 또 추경을 편성해 지출을 늘리려는 경향도 있다. 박근혜 정부는 지난 2013년 4월 17조 3000억 원에 달하는 추경을 편성했다. 2년이 지난 2015년에도 또 추경을 편성했다. 지난번엔 세금이 안 들어오고 경기를 살려야 한다는 명분을 내걸었다. 2015년에는 메르스(중동호흡기증후군)로 인한 경제피해를 막기 위한 것이라고 한다. 정부는 메르스를 명분으로 내걸고 있지만 갈수록 하강하는 경기를 되살리려는 욕심도 있다.

우리나라 대통령의 임기가 5년인 점을 감안할 때, 정부가 추경을 잇달아 편성해 지출을 늘리면 그 부담은 다음 정권에서 떠안는다. 이번 정부는 돈만 쓰고 이 돈을 갚는 것은 다음 정부라는 얘기다. 현 정부는 추경을 편성해 생색을 내고 그 부담은 다음 정권에 떠넘기려는 것은 전형적인 도덕적 해이(모럴해저드)다. 정치권도 마찬가지다. 총선이나 대선을 앞둔 정치권은 일단 선심성 정책을 펴서 표를 얻자는 계산이 깔려 있다. 정권은 바뀌지만 국민은 바뀌지 않는다. 정부가 남긴 부채는 결국 우리 국민들이 갚아야 한다. 추경이 정말 필요한 곳에 쓰이도록 편성되는지, 추경을 미끼로 정부와 정치권이 야합하는지 등을 감시하고 감독할 사람이 있어야 한다. 아버지가 가불 받은 돈을 정말 알뜰하게 쓸 어머니 같은 존재가 필요한 것처럼.

원엔
환율의
정치경제학

자본주의 경제의 핵심은 가격을 통한 경쟁이다. 비슷한 물건을 팔 때 가격을 조금 내리면 경쟁사보다 물건을 많이 팔 수 있다. 삼성전자와 LG전자가 세탁기를 팔 때를 가정해보자. 물건의 질이 비슷하고 세탁기 값도 100만 원으로 같다. 이때 삼성이 갑자기 세탁기값을 10만 원 내렸다. 소비자들은 당연히 삼성 세탁기로 쏠린다. 값싼 물건을 외면할 이유가 없다. 삼성전자는 한 대를 팔 때 90만 원을 받지만 파는 물량이 많이 늘어나면 결국 이득을 본다. LG전자도 이 경우 바보가 아닌 이상 높은 가격을 유지할 이유가 없다. 동시에 가격을 내린다. 그렇게 한 시장에서 많은 기업들이 가격경쟁을 한다. 그런데 만약 어떤 이유에서인지 삼성전자만 세탁기 가격을 10만 원 내릴 수 있고 LG전자는 가격을 내릴 수 없다면 어떻게 될까. 소비자들은 LG전자 세탁기는 사지 않을 것이고 LG

전자는 시장에서 도태된다. 삼성전자가 시장을 독점하게 되고 독점적 지위를 갖게 된 기업은 쾌재를 부른다. 가격을 조절하는 것은 기업전략의 처음이자 끝이다. 그만큼 기업에겐 치명적이다. 그렇기 때문에 한 국가 내에서는 한 기업은 가격을 내릴 수 있고 다른 기업은 가격을 내릴 수 없는 경우는 거의 없다.

그런데 국제시장으로 가면 얘기가 달라진다. 국제시장에서는 한 국가의 기업만 가격을 내릴 수 있고 이와 경쟁하는 다른 나라의 기업은 가격을 움직일 수 없는 경우가 발생한다. 국내에서는 불가능한 것을 국제시장에서 가능하게 해주는 것이 환율이다.

삼성전자와 LG전자를 일본 도요다와 한국의 현대차로 바꿔놓고 판매시장을 미국으로 바꿔놓으면 전혀 다른 스토리가 만들어진다. 일본 도요다와 현대차의 미국 내 차값이 1만 달러로 같다고 가정하자. 한국 원화와 미국 달러의 환율은 1달러당 1000원, 일본 엔화와 달러 환율은 1달러당 100엔이다. 이때 일본이 엔화 값을 떨어뜨리는 정책을 펴서 1달러당 엔화가 110엔이 된다고 하면 어떤 일이 벌어질까. 도요다는 종전에는 1만 달러짜리 차를 팔면 100만 엔을 받았다. 지금은 1만 달러짜리 차를 팔면 110만 엔을 받게 된다. 도요다 입장에서는 차 한 대를 팔고 엔화로 받는 금액이 10%가 늘어난다. 차값을 올리지도 않았고 자동차가 질적으로 좋아진 것도 없는데 차 한 대로 받을 수 있는 엔화가 10%나 늘어나니 회사 입장에서는 횡재가 아닐 수 없다. 도요다가 만약 엔화로 받는 차값을 종전과 같은 수준인 100만 엔으로 결정하면 어떤 일이 벌어질까. 이 경우 미국에서 도요다 차값은 종전 1만 달러에서 9090달러로 떨어진다. 당연히 미국 소비자 입장에서는 도요다 차를 많이 사려고 한다. 종전에 현대차를 사는 사람들이 이젠 도요다 매장을 찾는다. 도요다는 미국에서 승승장구하고 현대차 판매는 급속히 줄어든다.

이것이 환율전쟁의 시작과 끝이다. 환율은 두 나라 화폐 간의 교환비율이다. 이상적인 상황이라면 환율은 자국통화와 타국통화 간의 수요와 공급에 따라 결정된다. 하지만 지구상의 모든 나라들은 외환시장에 개입해 환율을 자기 나라에 유리하게 바꾸려고 한다. 국제무역에서 환율이 가져다주는 달콤함 때문이다. 이 때문에 미국을 비롯한 선진국들은 다른 나라들이 외환시장에 개입해 환율을 왜곡시키는 것을 엄격히 감시하고 있다.

하지만 일본은 교묘한 방법으로 외환시장에 개입해 끊임없이 일본 엔화 값을 떨어뜨렸다. 일본 아베 정부가 펴고 있는 양적완화 정책도 환율시장에 개입하는 하나의 방법이다. 일본은 중앙은행이 돈을 찍어내 자국 내 연기금이나 금융기관이 보유하고 있는 국채를 산다. 금융기관은 국채를 정부에 넘기고 돈을 받는다. 이 돈으로 금융기관은 미국 국채를 산다. 미국 국채를 사려면 엔화를 달러로 바꿔야 한다. 이 과정에서 엔화의 공급은 증가하고 미국 달러화에 대한 수요는 늘어난다. 시장에서 달러 대비 엔화 값은 하락한다. 일본의 양적완화가 겉으로는 통화정책이지만 본질은 일본기업의 수출을 늘리기 위한 외환시장 개입이라는 지적도 이래서 나온다. 다른 나라들은 이런 일본의 통화 및 외환정책에 대해서는 유독 관대했다. 서방 선진국가들은 일본이 통화정책을 통해 엔화 값 절하를 유도하는 정책에 대해 외환정책이 아닌 국내경기 부양정책으로 평가하고 이의를 제기하지 않았다. 이는 일본 외교력의 승리다. 미국을 비롯한 유럽 선진국가들에게 일본의 사정을 호소하고 나름대로 허락을 얻어낸 것이다. 달러 당 일본 엔화 값은 지난 2012년 9월 77엔에서 2015년 6월에는 124엔까지 떨어졌다. 일본의 통화정책은 국내경기 부양을 표방하고 있지만, 그 결과는 엔화 값 절하를 통해 자국 기업들의 이익을 극대화하는 쪽으로 흐르고 있다.

반면 한국은 일본의 공격적인 양적완화를 통한 외환정책에 속수무책으로 당하고 있다. 한국도 수차례의 금리인하를 통해 돈을 풀었지만 일본에 비하면 규모가 지극히 미미하다. 그 결과 일본의 엔화는 빠른 속도로 떨어지는데 한국의 원화는 쉽게 떨어지지 않는다. 달러당 원화 값은 2012년 이후 1100원대를 오르내리고 있다. 달러당 엔화 값은 빠른 속도로 떨어졌는데 달러당 원화 값이 그대로라면 엔화 대비 원화 값은 많이 올랐다는 얘기다. 100엔당 원화 값은 지난 2011년 10월 1575원에서 2015년 5월에는 890원까지 올랐다. 원화 대비 엔화 값이 4년 새 거의 반 토막이 난 것이다. 일본의 공격적 양적완화로 엔화 값은 급속히 떨어지는데 여기에 한국 통화 및 외환당국은 적절하게 대처하지 못했다. 그 결과가 한국기업들이 미국을 비롯한 해외시장에서 일본기업의 공세에 고전하는 결과로 나타났다.

　일본은 자기 나라 기업의 이익을 위해 경제력, 외교력, 정치력을 동원해 총공세에 나서는데 한국은 속수무책으로 당하는 형국이다. 국가 간 돈의 거래로 정해지는 환율이 공평무사하게 중립적으로 결정되는 경우는 없다. 어느 나라가 이익을 보면 다른 나라는 손해를 입는다. 그래서 환율전쟁이라고도 부르는 것이다.

Chapter 8

나무 대신 숲을 봐야
경제가 보인다

소비가 줄면
경제에
병목현상이 생긴다

    사람들은 왜 돈을 벌려고 아등바등할까? 나름대로의 이유들이 있다. 좋은 집에 살고 맛있는 것 먹기 위해서, 또는 아이들 교육을 잘 시키고 싶어서, 아니면 자식에게 물려주고 싶어서 등등이다. 어떤 이유에서든 현대 자본주의 사회에서 사람들은 부자가 되고 싶어 한다. 개인뿐만 아니라 국가도 마찬가지다. 경제성장을 통해 부강한 나라를 만드는 것이 지구상 모든 국가들의 바람이다. 그럼 어떤 나라가 부자나라일까.

    부자에 대한 기준은 시대에 따라 바뀌었다. 과거 15~18세기에 세계를 풍미했던 중상주의 시대에는 국가에 금이 많으면 부자라고 생각했었다. 개인들도 집에 쌓아둔 재산이 많으면 부자라고 불리듯 국가도 마찬가지라는 논리다. 당시 유럽의 많은 국가들은 아시아와 아메리카의 나라들을 침략해 약탈을 하거나 불평등한 무역을 통해 금으로 대표되는 국가의 재산을 무한정 늘렸다. 그러면 부자나라가 될 것으로 생각했다. 해가 지지 않는 나라로 불렸던 영국이 수많은 식민지를 거느렸던 것도 세계에서 많은 재산을 가져와 영국에 쌓아두기 위해서였다.

18세기 후반 현대 자본주의 경제학을 만든 아담 스미스는 중상주의를 비판하고 나섰다. 그는 국가의 부는 나라가 생산을 많이 하고 이를 제대로 소비할 때 증가할 수 있다는 논리를 폈다. 부자나라는 금이 많은 나라가 아니라 생산과 소비를 많이 하는 나라다. 분업을 통해 생산을 늘리고 시장경제를 통해 효율적인 자원의 배분을 이뤄 사람들이 최대한 많은 소비를 할 수 있도록 하는 것이 부자나라를 만드는 방법이라는 것이다. 개인적으로도 부자란 자산이 많은 사람이 아니라 많은 소비를 통해 효용을 누리는 사람이다. 국가가 잘 산다는 것은 한 국가의 국민들이 평균적으로 다른 나라보다 많은 소비를 하는 것이라는 의미다.

아담 스미스 이후의 경제학에서는 소비를 경제이론의 출발점으로 삼는다. 개인은 합리적인 소비를 통해 자신의 효용을 극대화한다는 것이 미시경제학의 기본가정이다. 경기 사이클을 연구하는 거시경제학에서도 국가의 소비행태에 대한 분석부터 시작해 경기변동을 설명한다. 개인이나 국가의 재산이 소비로 연결되지 않는다면 그 의미는 퇴색한다. 모든 재산과 돈은 궁극적으로 소비로 연결됨으로써 삶의 질을 높여준다. 한 나라의 경제구조를 볼 때도 소비는 중요하다. 후진국에서 선진국으로 갈수록 소비가 경제에서 차지하는 비중은 증가한다.

이런 관점에서 볼 때 한국의 소비가 빠른 속도로 줄어들고 있어 주목된다. 한국개발연구원(KDI)이 분석한 자료에 따르면 우리나라 국민들의 소비는 지난 10년간(2003~2013) 연평균 3.2% 증가했다. 이는 생산증가율 4.1%에 크게 못 미친다. 국민들이 번 만큼 쓰지 않는 것이다. 특히 50대 이상 고연령층에서의 소비가 급속히 둔화되고 있다. 사람들은 보통 젊었을 때 많이 벌고 나이가 들면 수입이 떨어진다. 소득 대비 상대적인 소비는 젊었을 때는 적고 늙으면 늘어나는 것이 일반적이다.

그런데 우리나라 사람들은 50대가 넘어도 소비가 늘지 않고 있다. 미래에 대한 불안감이 주된 원인으로 지적됐다. 평균수명은 늘어났지만 일자리는 그대로다. 그러다 보니 50세가 넘은 노년층이 맘 놓고 돈을 쓸수 없는 것이다. 한국의 소비패턴도 문제가 있다. 우리나라 사람들이 교육비로 지출하는 돈이 미국보다 7배나 많은 것으로 조사됐다. 돈을 벌어서 자신들을 위해서 쓰기보다는 자녀들의 사교육비로 대부분 지출하고 있는 셈이다. 소비가 위축되고 왜곡되면서 우리나라 사람들의 삶의 질도 갈수록 떨어지고 있다.

사람들이 소비를 안 하면 여러 가지 문제가 생긴다. 우선 생산이 줄어든다. 소비자들이 지갑을 닫아버리면 생산된 물건이 팔리질 않는다. 기업들은 물건이 안 팔리니 생산을 줄이고 이는 경제 전체를 위축시킨다. 선진국으로 갈수록 정부지출이나 기업투자보다는 민간소비가 경제에서 차지하는 비중이 커진다. 우리나라도 과거 경제개발 시대에는 정부지출이나 기업투자가 성장을 이끌었다. 하지만 선진국의 문턱에 진입한 지금은 소비의 중요성이 갈수록 커지고 있다. 소비가 위축되면 경제는 갈수록 쪼그라들고 장기불황에 빠진다. 개인 입장에서는 소비를 제대로 못하니 삶의 질이 떨어진다. 재산을 많이 모은들 이를 제대로 쓰지 않으면 행복한 삶을 살기 힘들다. 특히 한국의 경우에는 빈부격차가 갈수록 커지고 있는 점이 소비부진의 중요한 요인이다. 어느 나라든지 중산층의 소비가 가장 왕성하다. 극빈층은 돈이 없어서 소비를 못하고 최상위의 부자들은 이미 충분한 소비를 하고 있기 때문에 돈을 벌더라도 소비가 늘어나지 않는다. 이 때문에 빈부격차가 심해지면 경제 전체적으로 소비는 줄어든다. 자신이 소비할 수 없을 만큼 많은 돈을 버는 것도 문제고 생존을 위한 최소한의 소비마저 할 수 없을 정도로 빈곤한 것도 문제다. 우리나라는 선진국으로 제대로 진입도 하기 전에 소비위축으로 인한 경제의 병목현상을 겪고 있다.

갈수록
쪼그라드는
한국경제

축구공을 공중에 던지면 계속 튀다가 어느 순간에 정지한다. 축구공을 다시 움직이기 위해서는 발로 다시 차든지 손으로 던지는 등의 충격을 가해야 한다. 천칭 저울에 무게가 같은 물건을 올려놓으면 저울은 어느 쪽으로도 치우치지 않는다. 한쪽을 손으로 툭 건드리면 저울은 오르내림을 반복하다가 다시 치우치지 않는 상태로 바뀐다. 자연과학에서는 외부의 충격이 없을 때 유지되는 상태를 균형이라고 부른다. 경제현상에서도 균형의 개념은 자주 이용된다. 가격이 적정 수준보다 높으면 사려는 사람보다 팔려는 사람이 더 많아져 가격이 내려가 균형을 찾아간다.

자본주의 경제학에서는 대부분의 경제현상을 균형의 개념을 활용해 설명한다. 수요와 공급이 맞아 떨어져 형성되는 시장가격은 균형가격이다. 이때의 생산량은 균형생산량이다. 경제 내의 모든 시장에서 균형이 형성되면 국가경제 전체적으로도 균형상태에 도달한다. 모든 경제변수는 균형상태를 지향한다. 가격, 생산량 등 경제지표는 일시적으로는 오르락내리락 하지만 모두 균형상태에 접근하기 위해 움직인다는 것이다.

균형의 개념은 경제성장에도 적용된다. 노벨경제학상 수상자인 로버트 솔로우는 경제성장을 국가가 적정 수준의 자본규모를 찾아가는 과정으로 설명했다. 성장하는 경제에서는 자본이 계속 축적된다. 저축된 자본은 투자로 이뤄지고 이는 생산가능인구 1인당 평균 자본량을 증가시킨다. 1인당 자본이 축적되면 생산성이 향상되고 경제는 성장한다. 그러다 어느 수준에 도달하면 경제는 성장률이 다소 진정되는 수준에 도달한다. 이때는 저축과 투자를 통한 성장보다는 소비와 내수를 통해 경제가 성장한다.

솔로우 이론을 현실에 적용하면 후진국은 일반적으로 성장률이 선진국보다 높다. 국가의 자본량이 적정 수준에 한참 못 미치기 때문에 많은 저축을 통해 자본량을 축적시키기 위해서는 고도성장을 이뤄야 한다. 이론적으로 모든 후진국은 시차만 있을 뿐 선진국보다 높은 성장률을 구사해 선진국과 유사한 상태로 진입할 수 있다. 몇 가지 변수도 있다. 기술이 발전하면 같은 자본으로도 많은 물건을 생산할 수 있어 성장률이 계속 높아진다. 이 같은 기술진보도 선진국보다는 후진국에게 있어서 성장률을 높이는 원동력이 된다. 이 이론을 확장하면 모든 후진국은 저축과 기술진보 등을 통해 선진국보다 높은 성장률을 이룩함으로써 결국 선진국을 따라잡을 수 있다는 결론이 나온다.

한국경제의 성장률을 이야기할 때도 이 같은 균형성장률 개념을 생각해볼 수 있다. 우리나라는 1960~70년대 연 10%가 넘는 경제성장을 이뤘다. 국가가 나서서 저축을 장려하고 투자를 이끌어냈다. 조선, 철강, 화학 등 중화학 공업단지가 형성되면서 국가의 자본축적이 본격적으로 이뤄졌다. 1990년대 들어서는 성장률이 종전보다는 낮았지만 선진국들보다는 한참 높았다. 그러던 우리나라의 성장률이 2000년 들어서는 눈에 띄게 둔화됐다. 2001년 한국의 성장률은 연 4.5%를 기록해 일본(0.4%), 미국(1.1%), 독일(1.5%)에 비해 높았다. 하지만 2005년에 한국은 연 3.9%의 성장률을 기록해 미국(3.1%)과의 격차가 줄어들었다. 2012년에는 한국은 2.3%의 성장에 머물렀는데 이때 미국경제는 2.2% 성장했다. 이 기간 일본도 연 1.9%의 성장률을 올렸다. 성장률 격차는 줄었지만 우리 경제는 아직 선진국에 한참 못 미친다. 2013년 기준으로 한국의 국민소득은 2만 4328달러로 미국(5만 3101달러), 독일(4만 4999달러), 일본(3만 8491달러)에 크게 못 미친다. 솔로우 이론에 따르면 한국은 이들 나라의 1인당 국내총생산에 도달할 때까지 이들 국가들보다 높은 성장률을 기록해야 한다. 그래야 비슷한 수준까지 경제를 발전시킬 수 있다.

폴 로머 미국 뉴욕대 교수의 내생적 성장이론에서는 경제의 성장이 경제 내부에서 결정될 수 있다고 봤다. 솔로우는 생산성을 경제외적인 요소로 치부했지만 로머는 자본축적을 통해 생산성을 높일 수 있다고 본 점이 차이점이다. 로머는 경제가 물적·인적자본의 축적을 통해 생산성을 계속 증대시키면 이 경제는 지속적으로 성장할 수 있다고 설명했다. 그의 이론에서는 자본축적을 통한 기술개발이 경제의 성장을 결정짓는 가장 중요한 요소다. 로머는 선진국이든 후진국이든 인적자본의 축적과 생산성 향상을 통해 경제를 지속적으로 성장시킬 수 있다고 설명했다. 오스트리아 경제학자인 조지프 슘페터는 기업가의 '창조적 파괴'를 통해 경제를 성장시킬 수 있다고 봤다. 기업인은 독점이윤을 추구하는 과정에서 새로운 것을 개발하려고 노력한다. 이 결과로 향상된 생산성이 경제 전체적으로 퍼지면 경제는 성장한다.

숱한 경제학자들이 경제성장을 설명했지만 완성된 것은 없을 만큼 성장은 설명하기 어려운 부분이다. 하지만 몇 가지 공통점은 있다. 인구가 증가하거나, 자본축적이 이뤄지거나, 생산성이 높아지면 경제는 성장한다. 이들 세 가지 요소가 경제성장을 설명하는 중요한 요소라는 점에는 이론의 여지가 없다.

그런데 우리 경제는 여러 가지 성장이론을 적용해 볼 때 미래가 밝지 않다. 성장을 이끄는 전통적인 경제이론과는 다른 방향으로 우리 경제가 움직이고 있다. 후진국의 성장원동력은 저축을 통한 투자확대로 국가의 자본량을 늘리는 것이다. 그러다 선진국에 진입하면 경제주체들의 왕성한 소비가 경제의 성장을 이끈다. 하지만 우리나라의 기업투자는 위축될 대로 위축돼 있다. 기업들은 회사에 돈을 쌓아놓고 투자를 기피하고 있다. 사내유보금은 연일 최대치를 경신하고 있고 투자의욕은 갈수록 감퇴하고 있다. 개인들은 소비를 줄이고 있다. 노년층은 미래에 대한 불안감으로, 청년층은 일자리를 찾지 못해 소비할 만큼 돈을 벌지 못하고 있다. 소비와 투자가 위축되면 경제가 빨리 늙는 조로현상이 나타난다. 어디서도 성장동력을 찾을 수 없기 때문이다. 한국은 더구나 고령화사회 진입을 앞두고 있다. 고령화와 인구감소는 생산력의 저하를 의미한다. 가만히 놔두면 한국경제는 갈수록 자본규모가 작아지는 축소균형 상태로 들어간다. 선진국의 문턱을 넘지 못하고 경제규모가 다시 작아져 개발도상국가로 되돌아가는 현상이다. 정부가 백방으로 소비와 투자를 늘리기 위한 대책마련에 골머리를 쌓는 이유도 이 때문이다. 한국경제는 축소균형이 진행 중이다.

2011년부터
떨어진
우리 경제 기초체력

공부 잘하는 학생도 한두 번 시험을 못 볼 수 있다. 컨디션이 안 좋을 수도 있고 급한 일이 생겨 시험준비를 잘 못했을 수도 있다. 하지만 기초 실력이 탄탄한 학생이라면 성적은 다시 반등한다. 조급해할 필요는 없다. 반대의 경우도 있다. 실력은 변변치 않은데 시험만 잘 보려 부모가 나서서 족집게 과외부터 시작해 벼락치기, 몰아치기 공부를 시킨다. 성적이 오르기는커녕 공부에 대한 거부감만 쌓인다. 시간이 좀 걸리더라도 기초실력을 쌓는 데 힘을 기울이면 성적은 결국 오른다.

경제도 마찬가지다. 경기는 매년 출렁인다. 호황과 불황을 반복한다. 호황 때는 많은 사람들이 행복해하고 불황 때는 얼굴을 찡그린다. 마치 시험점수가 들쭉날쭉한 것처럼 말이다. 정부가 하는 일은 경기의 출렁거림을 최소화하는 것이다. 호황 때는 돈줄을 죄어 경기를 진정시키고 불황 때는 돈을 풀어 경기를 띄운다. 정부가 호황과 불황을 나누는 기준이 잠재성장률이다. 잠재성장률의 사전적 정의는 '물가상승을 유발하지 않으면서 달성할 수 있는 성장률'이다. 물가가 오른다는 것은 경제에 과부하가 걸렸다는 것을 의미한다. 물가상승이라는 부담을 만들지 않으면서 달성할 수 있는 성장률이라는 것은 한 나라 경제의 기초체력을 의미한다. 정부는 실제성장률이 잠재성장률에 못 미치면 돈을 풀어 경기를 띄운다. 반대로 성장률이 잠재성장률을 넘어서면 돈줄을 죄어 경기를 가라앉힌다. 경제를 잠재성장률 수준에서 움직이도록 유도하는 것이 정부가 하는 거시경제정책이다.

잠재성장률은 세 가지 요소로 구성된다. 우선 일하는 사람, 즉 노동의 양이다. 다음은 일하는 도구인 기계의 양, 즉 자본이다. 마지막으로는 일하는 기술, 즉 생산성이다. 세 가지가 늘어나면 잠재성장률은 높아진다. 물건을 만들려면 사람과 기계와 기술이 필요하다. 잠재성장률이란 이 같은 생산요소들을 결합해 물건을 얼마나 만들어 낼 수 있는지를 의미한다. 한국개발연구원(KDI)이 지난 2012년 추정한 우리나라 잠재성장률은 1990~1999년은 평균 6.4%, 2001~2010년은 평균 4.5%, 2011~2020년은 평균 3.6% 등이었다. 잠재성장률은 시간이 갈수록 떨어진다. 경제발전 초기에는 노동과 자본이 빠른 속도로 늘어나지만, 경제가 성숙기에 접어들면 자본과 노동이 늘어나는 속도가 점점 느려지기 때문이다. 잠재성장률은 2010년 전까지만 해도 실제성장률의 평균치와 비슷했다.

별 탈이 없었던 우리 경제가 2011년 이후부터 이상해졌다. 잠재성장률 예측치와 실제성장률 간 괴리가 점점 커졌다. 우리나라의 2011~2015년 성장률의 평균치는 3%에 불과했다. 당시 주요 연구기관이 전망한 잠재성장률보다 0.6% 포인트나 낮다. 과거에는 한두 해 성장률이 잠재성장률에 못 미치면 그 다음 해에는 성장률이 반등했다. 하지만 2012년부터 4년 연속 우리나라 성장률은 잠재성장률에 못 미치고 있다. 또 2011년 이후 3년간은 성장률이 2%대에 불과했다. 2012년 우리 경제 성장률이 2.3%까지 떨어졌을 때 정부가 화들짝 놀라 경기부양책을 내놨다. 정부는 이후 추경예산도 2차례나 편성했고 중앙은행의 정책금리도 1.5%포인트나 낮췄다. 정부가 이처럼 경기부양책을 편 이유는 간단하다. 실제성장률이 잠재성장률에 미치지 못한다고 보고 성장률을 끌어 올리는 정책을 편 것이다. 하지만 정부의 정책에도 불구하고 우리 경제의 성장률은 올라가기는커녕 더 떨어졌다.

이쯤 되면 상황이 심각하다. 정부의 적극적인 부양책으로도 경기가 살아나지 않는 것은 잠재성장률 자체가 떨어진 데 기인할 가능성이 높다. 실제 잠재성장률을 구성하는 요소들의 움직임이 심상찮다. 인구고령화가 예상보다 빨리 진행됐고 기업들의 투자가 크게 줄면서 경제 내에서 운영할 수 있는 자본도 좀처럼 늘지 않고 있다. 기술개발을 게을리 하면서 생산성도 떨어졌다. 그러다 보니 경제의 기초체력이 급속히 쇠퇴했다. 이것도 모르고 정부는 경기 띄우기에만 연연했다.

경제의 기초체력은 떨어졌는데 무리하게 경기를 부양시키려고 하면 부작용만 커진다. 이 기간 동안 재정적자로 인해 국가부채는 늘어났고 돈을 무리하게 풀면서 가계부채도 크게 증가했다. 정책의 부작용은 조만간 부메랑이 돼서 돌아온다. 성장잠재력을 늘리기 위해서는 기업들이 투자할 수 있도록 북돋워주고 개인들의 근로의욕을 높이고 기술개발로 생산성을 높여야 한다. 정부가 해야 할 일도 여기에 있다. 돈만 푼다고 경제가 살아나는 것은 아니다.

소득불평등이
경제성장
가로막는다

자본주의 경제의 철칙은 일을 잘하는 사람에게 더 많은 보상을 지급하는 것이다. 성과위주의 보상 시스템 아래서 모든 사람들이 자신의 능력을 최대한 발휘할 것이라는 전제가 깔려 있다. 일의 성과와 무관하게 동일한 보상을 지급한다면 일을 잘하는 사람이나 못하는 사람이나 똑같이 일을 못할 것이라는 점은 쉽게 이해할 수 있다. 이 때문에 자본주의는 소득불평등을 전제로 한다. 일을 잘하는 사람과 못하는 사람의 차별이 자본주의의 근간을 이루기 때문이다.

개인의 입장에서 보면 일 잘하는 사람에게 인센티브를 주는 것은 효율성을 높이는 가장 좋은 방법이다. 그런데 경제 전체적으로 보면 얘기가 좀 달라진다. 자본주의 경제는 생산과 소비를 두 축으로 한다. 공장에서 만든 물건이 시장에서 팔려야 돈이 돌고 경제가 제대로 돌아간다. 생산력이 발달하면 물건은 많이 만들 수 있지만 이 물건이 다 팔리는 것은 아니다. 사람들이 번 돈을 모두 소비하지는 않는다. 특히 부자일수록 소비와 소득 간의 격차는 커진다. 경제 전체적으로도 소득격차가 커질수록 생산과 소비 간의 격차가 커진다. 예를 들어 한 나라가 10개의 자동차를 만들었다고 가정하자. 소득이 골고루 퍼져 있을 때는 10명이 모두 한 대씩 차를 살 수 있다. 그런데 한 사람이 모든 부를 독점하면 나머지 9명은 차를 살 수 없다. 그렇다고 한 사람이 차 10대를 다 사지는 않는다. 이 경우 생산된 차는 팔리지 않는다. 이후에는 생산도 줄어들고 경제는 갈수록 위축된다.

개인에게 인센티브를 부여해서 생산력을 극대화시켜야 한다는 것과 경제 전체적으로 소득불평등을 어느 정도 조절해야 경제가 잘 돌아 갈 수 있다는 두 가지의 원리는 논리적으로는 상충된다. 하지만 이 부분을 해결하는 것 역시 자본주의가 제대로 굴러가기 위해 반드시 필요하다. 세계 각국이 부자한테 세금을 더 걷거나 각종 기부 등을 통해 '승자의 독식'을 막고 소득불평등을 개선하려고 노력하는 것도 자본주의 체제 발전을 위해 필요하다고 생각하기 때문이다.

한국도 예외는 아니다. 통계청 자료를 통해 우리나라의 소득불평등 문제를 살펴보면 몇 가지 현상이 발견된다. 우선 한국의 소득불평등도를 나타내주는 5분위 배율은 1990년대 이후 꾸준히 늘고 있다. 5분위 배율은 소득 상위 20%인 사람의 평균소득을 하위 20%인 사람의 소득으로 나눈 값이다. 이 비율은 1990년 3.93에서 2013년에는 5.7로 확대됐다. 1990년대 이후 전체적으로 소득불평등도가 확대되는 추세다. 다음으로 특이한 점은 우리나라의 소득불평등도는 세계 경제위기를 전후해 급속히 증가했다. 1997년 국제통화기금(IMF) 구제금융을 받은 직후인 1998년에 5분위 배율은 4.78을 기록해 전년(3.97)보다 0.8 포인트 가량 늘어

낮다. 또 미국발 세계 금융위기가 발발했던 2009년에는 5분위 배율이 6.11을 기록해 이 수치를 계산하기 시작한 1990년 이후 가장 높았다. 위기 후 소득불평등도가 높아진 것은 경제성장률과도 관련이 깊다.

1998년 우리 경제의 성장률은 마이너스 5.7%를 기록했으며 2009년에는 성장률이 0.3%에 불과했다. 성장률이 높을 때 소득불평등도는 개선됐다. 1999년과 2000년에 성장률이 8~10%에 달했으며 이 기간 중 5분위 배율은 4.4까지 떨어졌다. 마지막으로 한국의 5분위 배율은 2009년을 정점으로 4년 연속 하락해 2013년 말에는 5.7을 기록하고 있다. 2010년 이후 우리 경제의 성장률은 2~3%대에 머물고 있다. 2010년 이후는 우리 경제에서 분배에 관심이 높아진 시기다. 이 기간 중 정부는 각종 보조금 등을 통해 하위소득 계층에 대한 지원을 늘렸다. 미국에서는 이 기간 중 '월스트리트를 점령하라(Occupy Wall Street)'며 부의 불공평한 분배에 대해 비난의 목소리가 커지기도 했다.

성장과 분배는 동시에 잡을 수 없는 두 마리 토끼처럼 보인다. 그런데 과거자료를 꼼꼼히 살펴보면 어느 정도의 시사점을 얻을 수 있다. 우선 성장이 어느 정도 담보돼야 소득불평등도를 어느 정도 해소할 수 있다.

특히 우리나라는 과거 성장이 부진했을 때 분배가 악화됐었다. 하지만 성장만으로는 분배문제를 해결할 수 없다. 특히 경제가 어느 정도 성장한 이후에는 분배를 도외시한 성장은 한계가 있다. 생산과 소비 간의 괴리가 커지기 때문이다. 소득불평등 해소를 통해 성장의 과실이 구매력으로 계속 이어져야 성장을 지속할 수 있다. 정부가 분배문제에 관심을 기울이게 된 것도 이 같은 괴리를 극복하기 위한 과정이다. 한국도 더 이상 성장을 담보로 분배를 악화시킬 수 없는 나라가 됐다.

화폐가
실물을 잡아먹는
디플레이션

　디플레이션의 사전적인 정의는 물가가 지속적으로 하락하는 현상이다. 개인 입장에서는 물가가 떨어지면 좋을 것 같다. 적은 돈으로도 많은 물건을 살 수 있기 때문이다. 하지만 경제전체적으로 볼 때 디플레이션이 진행되면 치명적인 문제가 발생한다. 디플레이션은 물가하락으로 대표되지만, 그 본질은 돈이 실물경제를 잡아먹는 것이다. 자본주의 경제의 주객이 바뀌는 현상이다.

　사람들이 돈을 보유하는 목적은 쓰기 위해서다. 쓰지 않는 돈은 소용이 없다. 화폐경제학의 대가인 미국의 경제학자 밀튼 프리드먼은 화폐가 사람들에게 주는 효용은 거래를 시의적절하게 할 수 있도록 해주기 때문이라고 했다. 돈은 자본주의 경제에서 매우 중요한 것이지만 그것이 거래에 활용됐을 때 진정한 효능이 발휘된다. 실제 모든 나라에서 사용되는 지폐의 가치는 그것이 살 수 있는 물건의 가치에 비하면 보잘것없다.

100달러짜리 지폐의 가치와 100달러로 살 수 있는 물건을 비교해보면 쉽게 알 수 있다. 이런 돈의 속성을 감안하면 사실 돈값은 조금씩 떨어지는 게 좋다. 그래야 사람들이 돈을 움켜쥐고 있으려 하지 않고 쓴다. 기업들은 돈으로 투자를 하고 개인들은 소비를 한다. 그러면 경제 내에서 생산, 소비 등이 원활히 굴러간다.

그런데 돈의 가치가 시간이 갈수록 오른다면 어떤 일이 생길까. 돈값이 오른다는 것은 상대적으로 이 돈으로 살 수 있는 물건값이 떨어지는 것을 의미한다. 돈값이 오르면 사람들은 물건 사는 것을 뒤로 미룬다. 오늘 100원짜리 물건이 내일 90원이 된다면 굳이 오늘 물건을 살 필요가 없다. 오늘 꼭 써야 할 물건이 아니면 내일 사는 게 전적으로 유리하다.

투자를 하려는 기업도 마찬가지다. 투자에 들어가는 각종 기계값이 시간이 지나면 떨어지는데 오늘 투자를 할 이유가 없다. 개인과 기업이 소비와 투자를 하지 않으면 경제가 쪼그라든다. 디플레 시대에는 사람들이 돈을 움켜쥐고 있다. 거래를 원활히 하기 위해 만든 돈이 거래를 방해한다. 개인 입장에서는 디플레 시대에 돈을 움켜쥐고 있으면 유리할 것 같다. 하지만 경제 전체적으로 보면 개인들이 돈을 움켜쥐고 있음으로 해서 경제는 산산조각이 난다. 돈이 실물경제를 말아먹는다는 것도 이런 이유 때문에 나온다.

세계경제사에서 디플레의 고통을 뼈저리게 느낀 건 1930년대 미국 대공황 때이다. 1929년부터 1933년까지 4년간 미국의 물가는 30%나 떨어졌다. 물가하락은 실물경제의 위축을 가져왔다. 같은 기간 미국의 실질 국내총생산(GDP)도 30%나 하락했다. 공장이 문을 닫으면서 실업률은 이 기간에 3.2%에서 24.9%까지 올랐다. 당시 미국은 막대한 규모의 돈을 풀어 정부가 인위적으로 경제 내에서 수요를 일으켜 물가를 올리고 생산을 늘림으로써 디플레 국면을 탈피했다.

옆 나라 일본은 1999년부터 디플레이션이 본격화됐다. 일본의 소비자물가 상승률은 1999년부터 2005년까지 -0.9~0% 사이에서 오르내렸다. 경제성장률은 -0.2~2% 사이에서 등락을 거듭했다. 2006년 들어 디플레를 탈피하는 듯했지만 일본의 디플레는 금융위기 직후인 2009년 이후에 다시 발생했다. 디플레 국면을 빠져나오기 위해, 일본정부는 국가재정에서 돈을 풀었고, 중앙은행은 발권력을 동원해 막대한 규모의 돈을 시중에 풀었다. 하지만 일본은 아직까지도 디플레 국면을 탈피하지 못했다. 이처럼 디플레는 한번 빠져들면 좀처럼 헤어나오지 못한다.

우리나라의 여러 경제지표는 디플레의 망령이 점점 가까이 오고 있는 것을 보여준다. 한국은 그동안 경제가 고도성장을 기록했기 때문에 본격적으로 디플레이션을 경험해본 사례가 없다. 지난 1965년 이후 우리나라의 연간 소비자물가가 마이너스를 기록한 경우는 한 차례도 없다.

1980년대까지 우리나라는 연간 소비자물가 상승률이 10~20%에 달했다. 고도의 인플레이션을 유도해 자산가들과 기업들에 유리하도록 환경을 조성한 후 경제성장을 이끌었다. 하지만 한국의 소비자물가 상승률은 1990년대에는 연평균 5.7%, 2000년대에는 연평균 3.1%, 2010년대 들어서는 연평균 2.6% 등으로 점점 떨어지고 있다. 물가하락과 더불어 우리 경제도 활기를 잃어가고 있다. 2014년 2분기 명목 국내총생산(GDP) 성장률은 마이너스 0.1%를 기록해 지난 2008년 4분기(-2.2%) 이후 처음으로 마이너스 성장률을 기록했다. 당시 GDP디플레이터로 측정한 물가상승률이 0%를 기록했다. 디플레이션의 경계에 있는 셈이다. 디플레 징후는 점점 강해지고 있다. 2015년 1월 소비자물가 상승률은 전년 같은 기간보다 0.5% 올랐다. 하지만 정부가 2015년부터 담뱃값을 올린 효과로 소비자물가는 0.57% 정도 올라갔다. 물가의 흐름을 파악

할 때는 정부의 정책변화와 같은 돌발요인을 빼고 보는 게 맞다. 담뱃값 인상분을 제외하면 우리나라 소비자물가는 소폭 하락한 셈이다. 물가하락과 함께 경기도 위축되고 있다. 지난 2015년 1월 산업생산도 마이너스 1.7%를 기록했다. 경제주체들의 기대 인플레이션을 반영하는 지표들도 역사상 최저치까지 떨어졌다. 이런 지표들의 변화를 볼 때 우리 경제가 디플레로 향해가고 있는 것은 분명해 보인다.

우리나라는 지난 1960년대 경제개발을 시작한 이후 물가상승률이 높은 전형적인 고물가 사회였다. 디플레는 한 번도 경험하지 못했다. 만약 디플레가 진행된다면, 이는 우리 경제에 자본주의가 본격화한 이후 처음 있는 현상일 것이다. 그 충격을 가늠하기 힘들다. 이 때문에 사전에 디플레를 차단하는 것이 무엇보다 중요하다.

소득이
주도하는
경제성장이란

  2015년 들어 경제성장의 동력에 대한 논쟁이 일고 있다. 논쟁의 중심에는 기업의 이윤이 성장의 동력이라는 '이윤주도성장론'과 근로자 임금이 동력이라는 '소득주도성장론'이 있다. 사실 자본주의 경제에서 경기 사이클과 성장의 원인을 맞추는 것은 신의 영역이다. 수많은 경제이론가들이 경기와 성장의 원인을 설명하려고 시도했지만 어느 누구도 성공하지 못했다. 경제학자와 기상학자 간의 공통점은 '예측이 매번 틀린다는 점'이고, 차이점은 '기상학자는 현 상태는 알 수 있지만 경제학자는 현 상태도 모른다는 것'이라는 유머도 있다. 수많은 사람들의 심리와 개인들의 의사결정, 외부충격, 정부정책 등이 어우러져 경기 사이클이 만들어지고 이 경기 사이클을 통해 성장과 퇴보가 결정된다. 변수가 너무 많아 예측이 불가능한 것이 당연한 것 같다. 그래도 경제를 좀 안다는 사람들은 나름대로 과학적이고 객관적인 근거를 들어 성장의 원인을 설명한다. '이윤주도성장론'과 '소득주도성장론'도 그 중 일부다.

이윤주도성장론은 말 그대로 이윤이 성장의 동력이라는 논리다. 기업이 이윤을 얻으면 이를 재투자한다. 투자를 하는 과정에서 경제에 유효수요가 만들어진다. 경제 내에 수요가 늘어나면 이 수요에 맞춰 공급이 늘어난다. 그러면 경기가 살아나고 이 과정이 누적되면 경제는 성장한다. 우리나라를 비롯해 개발도상국들의 경제가 발전하는 시기에는 이 이론이 현실을 반영했다. 1960~70년대 우리나라 기업의 경쟁력은 저임금이었다. 저임금을 통해 기업들은 싼값에 물건을 만들었고 이를 팔아많은 이윤을 남겼다. 남긴 이윤을 재투자하면서 기업을 키웠고 고용도늘렸다. 그렇게 한국경제는 비약적으로 성장했다. 경제이론도 이를 뒷받침한다. 세계적인 경제학자 케인즈가 내세운 유효수요이론은 국내총생산(GDP)을 구성하는 요소로 소비, 투자, 정부지출, 수출 등을 꼽았다. 이윤주도성장론은 이 중 투자의 역할을 강조한다. 투자가 경제성장에 미치는 영향이 가장 크다는 것이다. 정부가 나서서 기업인들이 투자할 수 있는 여건을 만들어주고 기업이 투자를 적극적으로 할 경우 경제는 원활히성장한다. 이윤증가→투자증대→고용증대→경제성장의 메커니즘이다.

그런데 어느 순간부터 기업들이 투자를 하지 않았다. 경제가 성장하면할수록 투자할 곳은 갈수록 줄어드는 경향이 있다. 이를 감안해도 우리나라 기업들의 투자감소는 2000년 이후 두드러졌다. 한국은행 기업경영분석에 따르면 지난 1990년에는 대기업들이 벌어들인 이익 중 사내에두고 있는 이익잉여금은 5조 6000억 원에 불과했다. 이 금액이 2013년에는 486조 원으로 86배나 늘었다. 대기업의 총자산 대비 이익잉여금비율도 1990년에는 4.4%에 불과했지만 2013년에는 39.2%로 급증했다. 기업들이 투자를 하지 않고 사내에 쌓아두고 있는 경향이 매우 심해졌음을 보여준다. 기업들이 투자를 안 하면 GDP를 구성하는 한 축이 무너진다. 당연히 성장률에 대한 투자의 기여도가 떨어진다. 경제는 위축되고 고용은 줄어든다.

소득주도성장론은 이런 현상에 대한 타개책으로 나왔다. 투자가 줄어드는 상황에서 GDP를 올리기 위해서는 다른 요소인 소비를 늘려야 한다는 논리에서 비롯됐다. 소비를 늘리기 위해서는 소득이 증가해야 한다. 특히 소득 중에서도 저소득층의 소득을 늘리는 것이 전체 소비에 미치는 영향이 크다. 빈부격차가 심한 사회는 소비가 위축된다. 돈이 100배 많다고 해서 소비를 100배 많이 하는 것은 아니다. 소비성향은 돈이 많아질수록 상대적으로 줄어든다. 가난한 사람은 번 돈의 대부분을 쓰지만 부자는 번 돈 중에서 일부만 쓰기 때문이다. 이 때문에 소득주도성장론에서는 저임금근로자들의 임금상승이 우선적인 정책과제다. 다음으로는 중산층 임금근로자들의 임금인상이다. 중산층의 소득이 늘어나는 것도 소비를 늘리는 데 도움이 되기 때문이다. 반면 대기업이나 고액 자산가들에게는 상대적으로 세율을 높여 소득불평등을 완화하고 이들이 투자나 소비에 보다 적극 나설 수 있도록 이익잉여금에 대한 과세정책을 펴야 한다는 주장도 제기한다. 이 때문에 소득주도성장론을 좌파적 이론으로 보는 시각도 있다. 그러나 분배를 강조한 측면에서는 좌파적 성향이 있지만 경제의 성장을 강조한다는 측면에서는 케인즈주의적 경제관과 관련이 있다고 볼 수 있다. 아울러 소비가 경제에서 차지하는 영향을 강조함으로써 전통적인 자유주의 경제학의 시각도 내포하고 있다.

국제노동기구(ILO, 2012)에 따르면 '경제 전체 소득에서 임금소득이 차지하는 비중이 늘어날 때 성장하는 경제를 소득주도 성장경제'로 정의했다. 구체적인 메커니즘은 임금증대→소득증대→소비증대→경제성장의 과정이다. ILO가 분석한 바에 따르면 이윤이 전체 소득에서 차지하는 비율이 1% 포인트 늘어날 때 미국, 독일, 일본, 한국 등 경제발전도가 높은 국가들은 경제 전체의 총수요가 줄어드는 것으로 분석됐다. 반면 중국, 아르헨티나, 인도, 남아프리카공화국 등은 총수요가 늘어났다. 이는 선진국으로 갈수록 이윤증가가 경제성장에 미치는 영향이 줄어들고 있음을 보여준다. 이 때문에 소득주도성장론은 경제가 성숙한 국가에 더 적합한 이론이라는 지적도 제기된다.

한국에서도 소득주도성장론을 둘러싼 공방이 한창이다. 분명한 것은 소수 재벌 위주의 경제성장은 한계가 있다는 점이다. 반면 재벌을 대체할 수 있는 성장이론은 아직 확실히 검증되지 않았다. 검증되지 않았다는 단점은 있지만 소득주도성장론은 우리 경제 성장이론의 프론티어인 것은 분명하다.

5년 단임제와
경제성장 간의
함수관계

    과거 김대중 정부 말기 때 얘기다. 그때도 경기가 살아나지 않아 많은 사람들이 고민에 빠졌었다. 당시 정부부처에서 중요 보직을 맡고 있는 한 경제관료와 만났다. 그는 왜 이렇게 경기가 살아나지 않느냐는 질문에 "요즘 같은 때 경상도 기업이 투자하겠나, 아니면 전라도 기업이 투자하겠나, 그러니 경제가 안 살아나는 것이다."고 답했다. 요즘 같은 때란 5년 단임제 정권 말기를 의미한다. 당시는 호남 정권 시대였다. 하지만 영남 유권자들의 지지를 받는 이회창 씨가 유력한 차기 대권주자였다. 정권이 바뀐다면 많은 것이 바뀐다. 특히 지방색이 강한 우리나라 정치판에서 호남에서 영남으로 정권이 바뀌는 것은 더욱 큰 변화다. 기업 입장에서는 정권의 향배를 주시할 수밖에 없다. 정권 말기가 되면 기업들은 잔뜩 움츠리고 정치권의 눈치를 본다. 그러니 경제가 성장할 리가 없다.

우리나라는 지난 1988년부터 5년 단임제 정치 시스템을 채택했다. 그동안 6명의 대통령이 당선됐고 각각 5년씩 임기를 채웠다. 그때 이후로 각 정권의 임기와 경기 사이클 간의 관계를 따져보면 묘한 관련성이 있다. 우선 정권 1년차 때는 국내총생산(GDP)으로 측정된 경제성장률이 대체로 낮다. 전 정권이 안 좋은 경제상황을 물려주는 경우가 많았다. 국제통화기금(IMF) 위기를 물려받은 김대중 정부의 1년차 성장률은 마이너스 5.5%였다. 노무현 정부도 집권 1년차 때 성장률이 2.9%에 불과했다. 김영삼, 이명박 정부도 1년차 성장률은 낮은 편에 속했다. 전 정권과 거의 차별성이 없었던 노태우 정부의 1년차 성장률이 11.9%로 상당히 높았을 뿐이다.

정권 2년~3년차 때는 성장률이 최고에 달한다. 이때는 정부의 경제정책이 본격적으로 힘을 받는 시기다. 정부가 의욕적으로 내놓은 정책은 최소한 3~4년간 지속될 것이라는 기대감에 기업들도 적극적으로 반응한다. 정부의 요청에 따라 투자와 고용을 늘리는 경우도 있다. 집권당의 '끗발'이 한참 좋은 시절이라 그럴 만도 하다. 김영삼, 김대중, 이명박 정부 때 모두 집권 2~3년차에 성장률이 가장 높았다. 김대중 정부 때는 IMF 직후였고, 이명박 정부 때는 글로벌 경제위기를 겪었다. 하지만 이들 정부는 모두 위기 직후에 높은 성장률을 기록해 비교적 성공적으로 위기를 극복했다는 평가를 받는다.

그러다 집권 4년차가 되면 성장률은 다시 떨어진다. 경제분야에서 대통령의 '레임덕'이 시작된다. 이때는 정부가 정책을 집행하는 힘이 떨어진다. 정책을 만들어 본격적으로 집행할 때가 되면 임기 말이 되기 때문에 공무원들이 적극적으로 정책을 만들지도 않는다. 민간도 이를 알기 때문에 적극적으로 정책에 부응하지 않는다. 집권 5년차가 되면 이 같은 현상은 더 심해진다. 집권 5년차는 정치적으로도 가장 불완전한 시기다. 정권은 레임덕을 막으려고 발버둥치고 여당과 야당 모두 현 정부의 성공보다는 차기 대권잡기에 여념이 없다. 경제는 뒷전으로 밀린다.

이런저런 이유를 종합해 우리나라 대통령 임기 5년의 성장률 그래프를 그려보면 대부분 종모양이다. 집권 2~3년차 성장률이 가장 높고 전후는 낮은 모양이다. 노태우, 김영삼, 김대중, 이명박 정부의 성장률 그래프가 비슷한 모양을 이뤘다. 노무현 정부 때만 성장률이 집권 3년차 때 가장 낮았고 4, 5년차로 갈수록 성장률이 올라가 다른 정권과 대조를 이뤘다.

눈을 박근혜 정부로 돌려보자. 박근혜 정부 1년차인 지난 2013년 우리나라 경제성장률은 연 2.9%를 기록했다. 2년차인 2014년에는 연 3.3%로 전년보다 0.4%포인트 올랐다. 정부도 경제정책에 강한 드라이브를 걸었다. 2013년도에 추경예산을 편성해 국가재정을 동원해 돈을 풀었고 중앙은행인 한국은행이 금리도 여러 차례 낮췄다. 여기까지는 그럴 듯했다. 첫해 성장률이 낮았고 둘째 해는 정부의 경제정책에 힘입어 반등했다. 문제는 3년차 때 발생했다. 한국은행은 2015년 우리 경제의 성장률을 연 2.7%로 전망했다. 2년차보다 0.6% 포인트나 낮다. 정부가 강력한 경기부양책을 내놨지만 성장률은 오히려 더 떨어졌다. 과거 어느 정권도 집권 3년차에 성장률이 급락한 경우는 없다. 뭐가 문제일까. 정부는 메르스(중동호흡기증후군)와 가뭄 등의 예상치 못한 요인 때문에 성장률이 떨어졌다고 한다. 그런데 이 정도의 충격은 역대 어느 정권에도 있었다. 노무현 정부 땐 카드사태(2003년)가 있었고 이명박 정부 때는 글로벌금융위기(2008년)가 있었다. 박근혜 정부에게 닥친 충격이 다른 정부보다 크다고 할 수 없다.

향후 전망도 밝지 않다. 2016년 이후에 우리 경제가 상승세를 보이기는 쉽지 않다. 역대 어느 정권도 집권 4년차에 상승 모멘텀을 찾은 경우는 없었다. 만약 이대로 이번 정부의 임기를 마친다면 박근혜 정부는 경제성장률 측면에서는 역대 정권 중 최악의 성적표를 받게 된다. 5년 단임제의 한계가 온 것일 수도 있다. 그동안 수차례 반복되는 경기 사이클이 한계를 노출했다면 경제는 새로운 모멘텀을 찾아야 한다. 5년 단임제의 경기 사이클로 볼 때 우리 경제는 안 좋은 패턴을 계속해서 반복하고 있다.

소규모
개방경제의
애환

세상을 단순히 구분하는 기준이 몇 개 있다. 남자와 여자, 부자와 가난한 사람, 잘생긴 사람과 못생긴 사람 등등. 구분하려는 목적과 설명하려는 현상에 따라 적용기준이 달라진다. 국제경제학에서는 세계 모든 나라를 큰 경제(large economy)와 작은 경제(small economy)로 구분한다. '크다'라는 용어가 다소 주관적이지만 경제학은 여기에 대해 비교적 명확한 근거를 제시한다.

한 나라의 정책이나 환경변화로 국제시장에서 금리나 물건값 등 가격변수가 영향을 받으면 '큰 경제', 그렇지 않다면 '작은 경제'로 분류된다. 예를 들어 미국 중앙은행이 돈을 풀면 글로벌 금융시장에서 금리가 요동친다. 실물시장도 마찬가지다. 미국이 자신들이 수입하는 공산품에 관세를 매기면 미국에서 이 제품값이 올라 수요가 줄어든다. 미국의 수요가 줄면 글로벌 시장에서 이 제품에 대한 가격이 낮아진다. 이처럼 한 나라 내부의 변화가 국제시세에 영향을 미칠 수 있는 경제가 '큰 경제'이다.

반면 우리나라는 해외에서 돈을 빌릴 때 국제 금융시장에서 결정된 금리를 그대로 받아들여야 한다. 우리나라가 얼마를 차입하건 국제 금융시장에서 결정된 돈값인 금리는 거의 바뀌지 않는다. 또 우리나라가 특정 품목에 대한 관세를 매긴다고 해서 그 물건의 국제가격이 영향을 받지 않는다. 우리나라가 수입하는 양이 전 세계 교역량에 비해 미미하기 때문이다. 우리나라의 국내총생산(GDP) 규모는 지난 2014년 현재 달러가치 기준으로 1조 4500억 달러로 세계 13위에 달한다. 하지만 같은 해 미국의 GDP 17조 4000억 달러에 비하면 10%도 안 된다. 세계 160개국 중 우리나라의 경제규모는 순위로 따지면 최상위권에 속하지만, 미국과의 상대적인 차이와 국제가격에 미치는 영향력을 감안할 때 미국은 '큰 경제', 한국은 '작은 경제'로 분류된다.

중소기업이 대기업과의 관계에서 설움을 당하는 것처럼 국제무대에서 작은 경제는 큰 경제에게 설움을 당한다. 큰 경제는 모든 나라를 위하는 것처럼 행동하지만 속내는 자신들의 이익을 먼저 따진다. 예를 들어 무역협상을 할 때 큰 경제는 규모를 앞세워 작은 경제에 무리한 요구를 한다. 논리는 이렇다. 큰 나라와 작은 나라가 똑같이 시장을 개방하면 작은 나라는 상대적으로 큰 시장을 얻는 반면 큰 나라는 작은 시장을 얻는 데 그친다. 그렇기 때문에 큰 나라는 무역협상을 할 때 작은 나라에게 시장을 개방하는 것과 더불어 법과 제도를 큰 나라에게 유리하게 바꿔줄 것을 요구한다. 우리나라가 미국과의 자유무역협상(FTA)을 체결하면서 투자자분쟁해결제도(ISD)를 도입할 것을 요구받은 것이 한 예다. ISD는 투자유치국의 제도변경을 통해 투자자에게 부당하게 손실이 발생할 경우 투자자가 정부를 상대로 제3의 국제 중재기관에 구제를 요청할 수 있는 제도다. 한국보다 이 제도의 이용에 익숙한 미국 투자자들에게 유리한 제도다.

국제금융 분야도 마찬가지다. 세계 각국의 금융시장은 미국만 쳐다본다. 미국이 금리를 언제 얼마나 올리고 내릴지에 대한 예측을 하느라 분주하다. 미국 금리인상이 세계 금융시장에 미칠 파장이 만만찮기 때문이다. 미국이 금리를 올린다는 소문이 돌면 우리나라에서도 연일 외국인들이 자금을 빼간다. 언제부터인지 중국도 가세했다. 중국은 미국만큼 큰 나라는 아니지만 GDP 규모가 10조 3500억 달러로 미국에 이어 세계 2위인 국가다. 중국은 자기 나라 경기가 부진해지자 자국 통화인 위안화를 평가절하함으로써 수출을 확대하는 전략을 수행한다. 세계 경제규모 1, 2위인 나라가 모두 자신들을 위해 경제정책의 중심축을 바꾸려는 움직임을 보이고 있는 것이다. 이들 국가의 정책기조가 바뀌면 세계 금융시장과 실물시장이 요동칠 것이 뻔하다. 국가별 자본이동이 빨라지고 중국 수출품의 국제가격이 하락한다. 이 경우 각국이 중국으로부터 수입하는 물건의 양은 더 많아진다.

큰 경제가 움직이면 우리나라도 비상이 걸린다. 아쉽게도 중국과 미국에 일 대 일로 맞서기에는 우리 경제 규모가 너무 작다. 소규모 경제의 설움이다. 예를 들어 중국이 위안화를 평가절하할 때 세계경제에 미치는 영향과 우리나라가 원화를 평가절하할 때 세계경제에 미치는 영향은 큰 차이가 난다. 미국이 금리를 올릴 때 움직이는 세계자본의 양과 우리나라가 금리를 변동시킬 때 움직이는 자본의 양은 비교조차 하기 힘들다.

우리가 이들 나라에 맞서서 정책을 펴서 세계시장의 흐름을 우리에게 유리하게 변화시키는 것은 사실상 불가능하다. 미국과 중국의 정책변화에 따른 세계 금융·실물시장의 변화를 받아들여야만 하는 안타까운 상

황이다. 그래도 이 변화에 따른 충격을 최소화할 수 있도록 대내외 경제
정책을 수립해야 한다. 과거에도 유사한 위기상황을 수차례 넘긴 바 있
다. 소규모 개방경제는 애환이 있다. 이 애환을 벗어나려면 남북 간 경제
통일이 하나의 대안이 될 수 있을 것 같다.

Chapter 9

세금과
경제활동 간의 함수관계

대기업의 곳간에
돈이 쌓이는
이유

지난 2013년 미국의 애플사는 370억 달러(약 38조 원)의 순이익을 올렸다. 우리나라의 삼성전자도 같은 기간 28조 원의 순이익을 기록했다.

어떻게 이 많은 돈을 벌어들였는지 많은 사람들이 비법을 궁금해 한다. 과연 무슨 이유로 이처럼 많은 돈을 벌었을까. 얼핏 보면 회사를 세운 사람이 돈을 다 번 것처럼 보인다. 그런데 꼼꼼히 따져보면 꼭 그렇지만은 않다. 세상을 단순화시켜 이윤의 원천을 한번 따져보자.

A라는 사람이 재봉틀과 옷감을 사고 근로자를 한 명 고용해 옷을 만들어 파는 회사를 만들었다. 재봉틀과 옷감을 사기 위해 A는 은행에 이자를 주고 돈을 빌렸다. 이 돈으로 재봉틀과 옷감을 샀다. 다음으로 한 사람과 고용계약을 맺는다. 하루 8시간 일하는 조건으로 한 달에 100만 원 주기로 했다. 이후 한 달간 옷을 만들어 팔았다. 그런데 이 회사가 대

박을 터뜨렸다. 회사가 만든 옷이 날개 돋친 듯 팔려 한 달 새 1억 원을 벌었다. 회사를 만들 때 정해진 이자와 임금을 다 주고 남은 돈이다. 자본주의 사회에서 일단 이 돈은 A의 것이다. 그가 잘해서 돈을 번 것처럼 보인다. 그런데 이 회사와 비슷한 회사를 만들었던 B는 같은 이자와 임금을 주고 재봉틀과 옷감을 사고 근로자를 고용했는데 한 달에 100만 원밖에 못 벌었다. A는 B보다 100배 많은 이익을 올렸다. 이유를 꼼꼼히 따져보면 여러 가지 시나리오가 가능하다.

첫 번째 경우는 A가 갖고 있는 재봉틀의 성능이 다른 회사에 있는 재봉틀의 성능을 압도하는 경우다. 기계의 성능이 워낙 좋아서 똑같은 사람이 일하더라도 100배나 많은 옷을 만들 수 있다. 이렇게 좋은 기계를 갖고 있는 사람들은 언제나 다른 회사보다 많은 이익을 낼 수 있다. 19세기 경제학자 데이비드 리카아도는 이처럼 공급이 한정된 기계나 토지 등과 같은 생산요소에서 발생하는 초과이윤을 '지대'라고 불렀다. 시장이 제대로 작동한다면 지대를 만들어 낼 수 있는 기계는 시장에서 값이 오른다. A의 재봉틀은 시장에서 다른 기계보다 100배 비싼 값에 팔린다. 기계값이 100배 오르면 그동안 이 기계로 인해 얻었던 초과이윤은 사라진다. 그렇게 되면 A는 B처럼 100만 원만 벌 수 있을 뿐이다.

두 번째는 A가 고용한 근로자의 생산성이 다른 회사에 있는 근로자보다 100배 더 좋은 경우다. 이 근로자는 처음 취직할 때 자기가 그렇게 일을 잘할 줄 몰랐다. 그래서 다른 근로자와 똑같은 월급을 받았다. 실상은 이 근로자의 옷을 만드는 생산성이 100배나 좋았다. 이 근로자는 이미 월급을 받았기 때문에, 옷을 많이 만들었다고 더 많은 월급을 요구할 수 없다. 모든 초과이윤은 이 근로자를 고용한 A에게 돌아간다. 19세기 사회주의 이론을 만든 칼 마르크스는 모든 이윤의 원천은 노동자(근로자)의 노동이라고 주장했다. 자본가는 노동자가 생산해내는 노동가치보다 훨씬 적은 돈을 임금으로 지급한다. 생산과정에서 노동자는 자신이 받은 임금보다 훨씬 많은 가치를 창출한다. 마르크스는 이를 자본가에 의한 노동자 착취라고 불렀다. 그는 자본가와 노동자 간의 임노동관계를 기본으로 하는 자본주의 사회에서 노동자가 자기가 제공한 노동의 가치만큼 임금을 받기는 불가능하다고 주장했다. 하지만 시장이 완벽하게 작동한다면 얘기는 다소 달라진다. A가 고용한 근로자의 생산성이 100배나 높다는 것이 확인되면 시장에서 이 근로자의 몸값은 100배 오른다. 근로자의 몸값이 오르면 A가 소유한 초과이윤은 역시 사라진다.

마지막은 A의 경영기술이 다른 기업보다 100배 좋은 경우다. 근로자가 일할 수 있는 분위기를 잘 만들어주고 기계와 근로자를 가장 효율적으로 결합했다. A는 단기적으로 초과이윤을 누릴 수 있다. 하지만 이런 초과이윤도 시간이 지나면 사라진다. 유사한 회사들이 계속 이 회사의 경영 스타일을 벤치마크 하기 때문이다. A는 더 효율적인 경영기법을 계속 도입하기 위해 초과이윤을 재투자한다. 죠지프 슘페터는 이런 경영자의 혁신을 위한 노력을 '창조적 파괴'라고 불렀다. 투자를 통한 창조적 파괴과정을 거쳐 기술은 계속 발전하고 이는 경제발전의 원동력이 된다.

자본주의 경제에서 기업이 얻는 초과이윤은 투입한 자본이나 노동, 기업주의 경영기술 등 세 가지 요소가 복합적으로 어우러지면서 발생한다. 초과이윤의 원천에 대한 분석이 선행되면 초과이윤의 배분에 대해서도 얘기할 수 있다. 즉, 초과이윤은 자본에 대한 분배를 늘리거나 근로자의 임금을 올려주거나, 투자를 통해 경영혁신을 위한 노력으로 이어지는 것이 바람직하다. 자본주의 사회에서 자본은 주주들로부터 공급된다. 자본에 대한 분배를 늘리는 것은 주주에 대한 배당을 확대하는 것과 같다.

이런 관점에서 볼 때 최근 우리나라에서는 이상한 일이 벌어지고 있다. 천문학적인 규모의 기업 초과이윤이 계속 회사 내부에 사내유보금의 형태로 쌓이고 있다. 한국은행에 따르면 지난 2012년 현재 우리나라 전체 기업의 사내유보금은 762조 원에 달한다. 2010년에 이 금액이 533조 원이었는데 2년 새 43%나 늘었다. 기업들이 이윤을 계속 쌓아놓고 있는 것은 납득하기 어렵다. 특히 이처럼 많은 돈이 회사에 쌓여 있는 것은 누구에게도 도움이 되지 않는다. 초과이윤의 원천을 생각해 본다면 많은 돈이 사내에 있는 이유는 주주에게 배당을 덜했거나 근로자들에게 임금을 덜 지급했기 때문에 발생했을 가능성이 높다. 그도 저도 아니라면 기업들이 투자를 통해 기술혁신을 하지 않고 있다는 증거다. 갈수록 기업들의 사내유보가 늘어나자 급기야 정부가 이를 줄이기 위한 대책을 마련하겠다고 나섰다.

기업들의 사내유보가 급증하는 것은 우리 경제가 역동적으로 작동하지 않고 고여 있음을 보여준다. 또 정당한 분배가 이뤄지지 않고 있다고도 볼 수 있다. 한두 해 기업들이 많은 이윤을 사내에 두고 있는 것은 이해가 간다. 하지만 2000년 들어 십수 년 동안 우리나라 기업들은 이윤을 곳간에 쌓아두고 있다. 원인은 두 가지 중에 하나다. 주주와 근로자들에게 배분을 잘못했던지 아니면 경제가 역동적으로 작동하지 않아 기업들이 기술혁신을 위한 투자를 하지 않기 때문이다. 이유가 어느 것이라도 경제적으로는 큰 문제가 된다.

기업에 부과한 세금을
소비자가 내는
현실

'정부가 기업에 세금을 매겼는데 이 세금을 소비자가 낸다', '정부가 수입을 늘리기 위해 세율을 올렸는데 실제로 들어오는 세금은 줄어든 다.'

세금을 둘러싼 대표적인 역설이다. 합리적이고 효율적인 조세제도를 만들기는 여간 어려운 것이 아니다. '가혹한 세금은 호랑이보다 무섭다' 는 우리나라 속담도 있다. 자본주의가 가장 발달했던 영국도 1990년대 사람의 머리수에 따라 세금을 내는 가장 원시적인 세금인 '인두세'를 부과하는 방안까지 추진했었다. 경제학 일각에서는 인두세가 가장 효율적인 세금이라는 주장도 있다.

자본주의 시장경제 메커니즘과 조세의 영향을 따져보면 좋은 세금제도 만들기가 얼마나 어려운지 알 수 있다. 우선 정부가 세금을 부과할 때 실질적인 조세부담을 지는 것은 세금을 부과한 당사자가 아니다. 시장 여건에 따라 세금을 실제로 내는 사람은 얼마든지 달라질 수 있다.

A라는 회사가 옷 10벌을 만들어 시장에서 한 벌당 100원을 받고 팔았다. 정부가 이 회사에게 옷 한 벌 팔 때마다 10원씩 세금을 내도록 판매세를 부과했다. 이후 어떤 일이 벌어질지 상상해보면 재밌는 현상을 발견할 수 있다. A는 옷 한 벌의 원가가 10원 올랐다고 생각한다. 그래서 옷값을 110원으로 올렸다. 이 옷이 110원으로 가격을 올린 이후에도 종전과 마찬가지로 다 팔린다면 A는 세금인상 후에도 손해 보는 것이 없다. 반면 소비자들은 옷값을 10원 더 지불한다. 결국 국가는 A에게 세금을 부과했지만 실제 이 세금을 내는 것은 소비자들이다. 표면상 A가 세금을 내겠지만 이를 실제 부담하는 사람은 180도 달라진다. A가 옷값을 110원으로 올렸을 때 소비자들이 비싸다고 이 옷을 사지 않으면 불가피하게 A는 옷값을 내려야 한다. 옷값을 105원으로 정했을 때 소비자들이 옷을 산다면 이때는 세금 10원을 생산자와 소비자가 각각 5원씩 내는 샘이다. A가 옷값을 한 푼도 올릴 수 없을 경우에만 실질적으로 세금을 생산자가 내는 꼴이다.

세율을 올렸는데 세금수입이 줄어드는 경우도 있다. 근로자 B는 하루 10시간을 일하고 10만 원의 임금을 받는다. 현재 근로소득세율이 10%라면 B는 하루에 세금을 납부한 후 9만 원의 수입을 올린다. 이후 정부가 세율을 50%로 올렸다. 이때 B가 종전과 똑같이 일한다면 그는 10만 원을 벌어 5만 원을 세금으로 낸다. 그런데 B는 세율이 오르자 일하기가 싫어졌다. 자기가 열심히 일해도 정부가 다 걷어가니 일할 맛이 나지 않는다. 일하는 시간을 하루 2시간으로 줄였다. 이 경우 B는 하루 2시간 일하고 2만 원을 받아 1만 원을 세금으로 낸다. 정부가 세율은 5배나 올렸는데 실제 들어오는 세금수입은 종전과 같다. 급기야 B가 일하기를 포기한다. 이 경우 세금수입은 0원이다. 이 경우에는 세금만 줄어드는 것이 아니라 국가 전체적으로 일하는 사람들도 줄어든다. 두 마리 토끼를 잡으려던 정부가 두 마리 토끼를 다 놓치는 모양새다.

수많은 개인들이 모여서 만든 유기체인 경제는 항상 정부의 의도대로 움직이지 않는다. 기업이 돈을 너무 많이 가져가는 것 같아 그들에게 세금을 부과했는데 실제 세금은 가난한 소비자들이 내고, 정부가 세금수입을 늘리려고 세율을 올렸는데 실제 세금수입은 떨어지는 경우가 다반사다. 종전에 영국에서 시행됐던 '인두세'도 이런 문제를 해결하기 위해 나온 고육책이다. 하지만 인두세는 거센 정치적 역풍을 맞았고 결국 이 제도를 고안했던 대처 정부는 선거에서 패배했다. 세금제도를 효율적으로 바꾸기가 얼마나 어려운지 보여주는 사례다.

정부는 지난 2014년 기업 당기순이익에 대해 과세하는 방안을 내놨다. 정부방안은 기업들이 벌어들이는 당기순이익이 일정 기간 동안 임금이나 투자 또는 배당으로 지출되지 않을 경우 세금을 물린다는 것이다. 정책의도는 명확하다. 기업이 벌어들인 돈이 가계로 흘러 들어가도록 만들어 내수를 살리고 체감경기를 호전시키겠다는 것이다. 이 세금을 '기업소득환류세제'라 부른다.

하지만 이런 세금부과로 어떤 일이 벌어질지 상상해보면 그리 유쾌한 결론이 나오지 않는다. 우선 기업 입장에서는 이익을 올릴 유인이 줄어든다. 기업이 이익을 올리는 방법은 생산성 증대나 기술개발을 통해 원가를 줄이는 것이다. 기업의 이 같은 노력은 사회 전체적으로 생산성 향상을 가져온다. 기업이 이익을 올릴 인센티브가 줄면 그만큼 사회의 생산성은 떨어진다. 각종 편법이 기승을 부릴 가능성이 높다. 이익을 줄여서 신고하고 비현금성 자산 비중을 늘린다. 모두 세금을 덜 내기 위해서다. 이익을 해외로 빼돌리는 등의 불법행위를 조장할 가능성도 있다.

정부대책의 혜택을 특정 분야에서 독식할 수도 있다. 기업들이 임금을 올려줄 경우 대기업과 정규직 위주로 임금이 올라갈 가능성이 크다. 대기업과 정규직 노조의 파워는 세계 최강인 반면 중소기업과 비정규직의 목소리는 아직도 미미하다. 배당을 늘리면 외국인 대주주가 가장 큰 혜택을 본다. 기업활동을 하기 위한 인센티브는 줄어들고 편법과 탈법이 판을 친다는 목소리가 나오는 것도 이 때문이다.

정부의 정책목표는 경제를 활성화하는 것이다. 경제가 역동적으로 돌아가야 많은 사람이 혜택을 보고 국가경제도 발전한다. 이 같은 정책목표 아래 세금제도도 만든다. 반면 민간 부문에서는 국가경제를 생각하기보다는 자신들이 유리한 것만 생각한다. 세금을 내지 않는 방법이 있다면 당연히 그걸 선택한다. 그러다 보니 정부의 정책의도가 시장에서 왜곡되는 경우가 많이 발생한다. 자본주의가 발달하면 할수록 더욱 정치하고 세련된 정책이 필요한 이유다. 국가경제에 충격을 주지 않고 정책목표를 달성하기 위해서는 우선 조세제도 개편 후 이 취지에 맞게 기업들이 임금과 배당, 투자 등을 늘릴 것인지에 대한 보다 치밀한 분석이 필요하다.

나라 가계부도
제대로 못 짜는
정부

'문제는 경제야, 이 바보야.(It's the economy, stupid.)' 빌 클린턴 미국 대통령은 지난 1992년 선거에서 이 구호 하나로 조지 H .W. 부시 대통령을 물리치고 제42대 미국 대통령에 당선된다. 명분 없는 이라크 전쟁으로 어려워진 미국경제의 부활이 필요함을 이 한마디로 유권자들에게 보여줬다. 먹고 사는 문제가 해결되지 않는데 전 세계의 경찰을 자처하는 '미국 제일주의'가 무슨 소용이 있냐는 것이다. 이처럼 한마디의 적확한 말이 수백 페이지의 분석 보고서보다 전달력이 뛰어날 때가 있다. 우리나라가 매년 내놓는 살림살이에 대한 전망을 보면서 이 말이 생각났다. '문제는 세금이야, 바보야.'라고.

우리 정부는 매 5년간 들어올 돈과 나갈 돈을 예상해 '국가재정 운용계획'이란 것을 만든다. 현재의 경제상황과 미래의 상황을 예측해 살림살이를 미리 계산해 보는 것이다. 지난 2012년에는 2012~2016년간 정부수입과 지출을 계산했다. 2013년에는 2013~2017년을, 2014년에는 2014~2018년을 계산하는 식이다. 국가재정 운용계획은 예측치이기 때문에 실제 벌어진 일과는 달라질 수 있다. 그렇기 때문에 매년 계획을 수정하는 것이다. 이 계획을 뜯어보자.

지난 2012년 발표된 국가재정 운용계획에서 정부는 2013년 373조 원을 시작으로 2014년 396조 원, 2015년 415조 원, 2016년 439조 원의 재정수입을 거둘 것으로 봤다. 재정수입이란 정부가 거둬들이는 세금과, 세금 외에 정부사업 등으로 벌어들이는 수입을 합한 것이다. 이 기간 동안의 연평균 증가율(6.3%)을 적용하면 2017년 재정수입은 466조 원이다. 이 계산방식에 따르면 박근혜 정부 5년간(2013~2017) 재정수입은 2090조 원에 달한다. 2013년 국가재정 운용계획은 이 계획을 한차례 수정했다. 생각보다 세금이 덜 들어왔기 때문이다. 2013년에 덜 들어온 세금에 향후 계획까지를 감안하면 2013~2017년간의 재정수입 전망치는 1975조 원이었다. 2014년 들어서는 이를 또 한 번 수정했다. 2014년에는 2013년과 2014년 들어온 세금을 감안해 미래 전망치를 계산했다. 이때 계산한 재정수입 총계는 1945조 원이다. 박근혜 정부 5년간의 재정수입 예측치가 2년 만에 145조 원이나 줄었다. 재정수입이 줄어든 근본적인 이유는 세금이 걷히질 않고 있기 때문이다. 2012년 추정한 2013~2017년 국세수입은 총 1297조 원이었다. 이 추정치는 2013년에는 1186조 원, 2014년에는 1140조 원으로 2년 새 157조 원 줄었다.

다음으로 정부가 쓰는 돈인 재정지출을 살펴보자. 정부가 지난 2012년에 예측한 2013~2017년 재정지출 총액은 1869조 원이었다. 이 지출계획은 2013년에 수정돼 총 지출액은 1858조 원으로 11조 원 정도 줄었다. 2014년에는 쓸 돈을 늘려 총 1882조 원을 지출할 것으로 계획을 수정했다. 2012년과 비교해보면 13조 원 정도 쓸 돈을 늘린 것이다.

들어올 돈과 나갈 돈의 차이인 재정적자 규모도 계획에 따라 출렁거렸다. 2012년에는 2013~2017년간 들어올 돈이 쓸 돈보다 많아 약 65조 원의 재정흑자를 기록할 것으로 전망했다. 이 전망은 2013년에 수정돼 같은 기간 동안 총 87조 원의 적자를 볼 것으로 예상됐다. 2014년에는 적자 규모가 137조 원으로 급속히 늘었다.

재정적자가 늘어난다는 것은 정부가 빚더미에 앉는다는 것을 의미한다. 세금이 덜 들어오면 덜 써야 한다. 그런데 우리 정부는 세금은 덜 들어오는데 쓸 곳은 오히려 늘렸다. 정부가 빚더미에 앉으면 결국 국민들이 호주머니를 털어 이를 메워야 한다. 메우는 것도 한두 푼이지 100조 원이 넘는 돈을 국민 호주머니에서 감당하려면 국민들의 세금부담은 급속히 늘어날 수밖에 없다. 정부는 재정지출을 늘릴 때마다 경기를 띄우기 위해 지출을 늘리는 것은 불가피하다고 밝히고 있다. 경기를 살리기 위해서는 지출을 늘려야 하고 이 때문에 어느 정도의 재정적자는 감수해야 한다는 것이다.

하지만 불편한 진실은 정부가 재정지출을 더 늘리지 않더라도 우리나라는 세금부족 때문에 재정적자가 계속 확대될 수밖에 없는 구조적 문제를 안고 있다는 점이다. 우리나라의 문제는 재정지출을 늘리는 것이 아니라 들어오지 않는 세금 문제를 어떻게 풀 것인가이다. 정부의 처방은 본말이 전도됐다. 세금이 들어오지 않는 이유를 솔직히 털어놓고 국민적인 공감대를 이끌어 재정부족 문제를 먼저 풀었어야 했다. 그 다음에 지출을 어떻게 늘려서 경기를 부양할 것인지를 고민해야 한다. 정부가 경기회복이라는 명분 아래 무턱대고 돈을 쓴 다음 나중에 국민 보고 세금 안 들어오는 것까지 다 부담하라는 것은 무책임한 것이다. 문제는 예상보다 150조 원이나 덜 들어오는 세금이다. 한두 푼도 아니고 150조 원이나 펑크가 났는데 나 몰라라 하는 것은 정부가 할 도리가 아니다.

세율을 낮추면
세금이
더 들어올까

세금과 세율 간의 관계에 대해 가장 많이 인용되는 학설 중의 하나가 미국 경제학자 아서 래퍼가 만든 '래퍼 커브'이다. 래퍼 커브는 솥뚜껑을 뒤엎어 놓은 듯한 반원 모양의 곡선이다. 가로축은 세율이고 세로축은 정부가 거둬들인 세금액이다. 래퍼 커브는 래퍼가 지난 1974년 딕 체니 (D. Cheney), 럼스펠드(D. Rumsfeld) 등 미국 공화당 거물 정치인들과 워싱턴에서 식사를 하면서 냅킨에 그린 그림에서 비롯됐다. 학문적인 배경은 별로 없지만 그가 내세운 직관에 훗날의 정책담당자들이 매료됐다.

이론도 매우 단순하다. 기본적으로 세율이 0이면 정부의 세수도 0이다. 세율이 100%여도 세수는 0이다. 받은 것을 모두 정부가 가져갈 경우 아무도 일을 하지 않을 것이기 때문이다. 경제학자들은 그래프가 이어지고 최대값이 하나 있는 모양을 좋아한다. 그래야 논리적으로 이론을 입증하기 쉽기 때문이다. 그래서 래퍼는 반원 모양의 그림을 그렸다. 세율이 어느 정도까지 올라가면 세수는 증대한다. 그러다 세수가 최대치가 되는 점을 넘어서면 세율이 늘어날 경우 세금수입은 줄어든다. 여기까지가 래퍼의 담론이다. 이 담론에 대한 해석은 다소 아전인수 격이다. 세율이 0%에 가까울 경우 세율을 늘리면 세수는 늘어난다. 세율이 100%에 가깝다면 세율을 줄이면 세수가 늘어난다. 그럼 세율이 50%라면 어떻게 될까. 세율을 늘려야 세수가 늘어날지, 세율을 줄여야 세수가 늘어날지 알기 어렵다. 래퍼의 이론은 직관적으로 이해가 쉬웠지만 맹점이 있다. 세율이 0%와 100%에 대해서는 명확한 답변을 해줄 수 있지만, 중간에 있는 세율에 대해서는 어떤 해답도 줄 수 없었기 때문이다.

정책담당자들은 래퍼의 이론을 검증하기보다는 이용하는 데 바빴다. 미국의 40대 대통령인 로널드 레이건은 취임 후인 1981년 경제활성화를 위한 세법안(ERTA)을 입안한다. 이 법안은 소득세의 최고세율을 3년간 70%에서 50%로 낮추는 감세정책이다. 또 자본이득에 대한 세율도 28%에서 20%로 낮췄다. 이 정책은 소득세를 낮추면 경제가 활성화돼 세수가 늘어날 것이라는 래퍼의 담론을 그대로 받아들였다. 하지만 이 정책은 래퍼의 말대로 세수를 늘리는 데 성공하지 못했다는 것이 중론이다. 절대적인 세금액수는 늘었지만 이것이 세율인하에 따른 효과인지는 불분명하다. 미국의 국내총생산(GDP) 대비 세수비중은 지난 1981년 19.6%에서 1984년에는 17.3%까지 떨어졌다가 1989년에는 18.4%로 소폭 반등했다. 이 정책은 다른 효과도 가져왔다. 부자들의 세금을 깎아줌으로 인해서 이 시기부터 소득불평등이 확대되기 시작했다. 아울러 미국의 재정적자도 확대됐다. 감세정책이 경제성장과 세수확보에 미치는 영향은 모호한 반면 재정적자와 소득불평등도를 악화시킨 것은 보다 뚜렷하다.

래퍼의 논리는 검증되지 않았지만 이후에도 감세정책을 펴고자 하는 정책담당자들이 항상 인용해왔다. 논리가 어렵지 않고 분명한 메시지를 주기 때문이다. 우리나라도 기업들이 이익에 대해서 내는 법인세율을 낮추는 과정에서 래퍼의 논리를 적용했다. 우리나라의 법인세 최고세율은 지난 1991년 34%에서 현재는 22%까지 낮아진 상태다. 이 세율은 1991년부터 2013년까지 연평균 12% 정도 증가했다. 이 기간 중 우리나라의 연평균 경상성장률은 9%에 달한다. 전체적으로 보면 법인세를 낮춘 후 세수가 늘었다. 하지만 2010년 이후에는 상황이 바뀌었다. 세율을 낮췄지만 세수는 경상성장률을 밑돌았다. 특히 지난 2013년 경상성장률은 4.3%였지만 세수증가율은 마이너스 0.5%를 기록했다. 2014년에도 성장률은 4.6%를 기록했지만 국세수입은 1.8% 늘어나는 데 그쳤다.

세금은 경제의 복잡한 상황을 반영하는 함수다. 단순히 세율을 늘리고 줄인다고 해서 세금이 출렁이는 것은 아니다. 래퍼는 나름대로 객관적인 이론을 내놨지만 이를 해석하는 것은 정책담당자들이다. 그들은 자신의 입맛에 맞게 이론을 아전인수 격으로 해석한다. 우리나라에서도 습관적으로 정부가 쓸 돈이 부족하면 세율을 올려 이 재원을 조달하자는 주장이 정치권에서 제기된다. 하지만 과거의 경험을 볼 때 정책담당자들이 의도를 갖고 세율을 조절했을 때 경제는 그들이 원하는 데로 움직이지 않았다. 오히려 반대로 움직였다. 단순히 세율을 올려 필요재원을 조달할 수 있다는 발상으로는 문제를 풀 수 없다. 그만큼 시장은 영리하고 경제는 복잡하다.

경제적 외부성과
온실가스 배출권
거래제

　기업이 농어촌 지역에 공장을 지어 폐수가 방출돼 주변 환경이 오염되는 경우를 종종 볼 수 있다. 공장 주변에서 양어장을 하는 사람은 이 공장에서 나오는 폐수로 물고기가 죽어 나가 피해를 입는다. 어떻게 문제를 해결해야 할까. 정부가 나서 폐수를 방출하는 기업에 벌금을 부과하는 것을 생각해 볼 수 있다. 벌금을 부과하면 이 공장이 방출하는 폐수량은 줄어든다. 우리나라를 포함해 많은 국가들이 흔히 쓰는 방법이다. 하지만 이 방법엔 문제가 있다. 공장 폐수로 피해를 보는 쪽은 양어장을 하는 사람이다. 정부가 벌금을 거둬 폐수를 줄이는 것과 함께 양어장을 하는 사람이 입은 피해도 보상해줘야 한다. 그것까지 생각하면 문제가 다소 복잡해진다. 공무원이 달라붙어 거기까지 어렵게 계산을 했다. 그랬더니 이번엔 공장 주변에서 사과농사를 하는 사람도 아우성이다. 공장에서 폐수가 흘러나와 사과농사에도 피해를 준다는 것이다. 정부는 머리가 아파진다. 민간영역이 확대되면 정부가 일일이 나서 문제를 해결하기는 점점 힘들어진다.

1960년 미국 시카고 대학의 로널드 해리 코즈 교수는 이런 문제에 대해 흥미로운 제안을 내놓았다. 그는 정부가 나서서 오염물질에 대한 재산권을 보장해주면 문제를 해결할 수 있다고 봤다. 양어장 주인은 주변 환경에 대한 재산권이 있다. 이 재산권을 공장에 팔 수 있다. 공장이 환경에 대한 재산권을 구입하면 이 환경을 자기 마음대로 관리할 수 있게 된다. 사과농장 주인도 마찬가지다. 그래서 사과농장과 양어장 주인이 생각하고 있는 환경에 대한 재산권이 1억 원이라면 공장이 이 지역에 폐수를 방류하기 위해서는 이 재산권을 사야 한다. 공장 주인은 1억 원을 주고 환경재산권을 사서 공장을 운영할 것인지, 아니면 자기 공장에 폐수를 거르는 시설을 자체적으로 만들지를 놓고 고민한다. 폐수 정화시설을 만드는 데 2억 원이 든다면 공장 주인은 재산권을 사서 공장을 운영한다. 만약 폐수 정화시설 비용이 5000만 원에 불과하면 굳이 1억 원을 들여 재산권을 살 필요가 없다. 이렇게 환경에 대한 재산권이 보장되면 폐수에 대한 문제는 시장에서 거래를 통해 해결할 수 있다.

공장 주인과 양어장 주인 간에 환경재산권 가격에 대한 분쟁이 붙을 수도 있다. 이때는 소송을 통해 문제를 해결할 수 있다. 정부가 이 같은 재산권 소송에 들어가는 비용을 낮춰주면 분쟁해결을 위한 소송이 활발히 일어나고, 사회는 이를 통해 보다 이상적인 상태로 갈 수 있다. 정부가 할 일은 재산권을 보장해주고 시장을 형성해 주는 것이다. 일일이 개입해 문제를 해결하는 것보다 훨씬 효율적이라는 게 코즈 이론의 골자다.

정부가 2015년 1월부터 시행하고 있는 온실가스 배출권 거래제도는 이런 아이디어를 현실에 적용한 것이다. 어려운 얘기 같지만 정부가 한 일은 온실가스와 관련한 재산권을 만들어 주고 이 재산권이 거래될 수 있는 시장을 형성한 것이다. 산업화가 이뤄지면서 각국이 배출하는 온실가스가 대폭 늘어났다. 대기 중 온실가스가 많아지면 지구온난화로 인해 생태계는 파괴되고 전 세계 국가들이 피해를 입게 된다. 이 때문에 국가들이 나섰다. 전 세계 국가 간에 협정을 맺고 국가별로 온실가스 감축목표를 정했다. 그 목표에 따라 우리나라에서는 정부가 기업들에게 온실가스 배출 할당량을 부과한다. 이 할당량보다 온실가스를 많이 배출하는 기업은 온실가스 배출권을 돈을 내고 구입해야 한다. 만약 할당량보다 온실가스를 덜 배출하는 경우, 할당량과 실제 배출량의 차이만큼에 해당하는 온실가스 배출권을 다른 기업에 팔 수 있다. 정부가 온실가스에 대한 재산권과 이를 거래할 수 있는 시장을 인위적으로 만들어 준 것이다. 이 제도가 없다면 기업들은 온실가스를 의식하지 않고 마음대로 생산량을 정할 수 있다. 그 결과 기업의 생산량은 늘어나겠지만 온실가스로 인해 공기는 오염된다. 공기오염에 대한 손해는 전 국민이 입는다.

개별 기업의 이해와 국가의 이해는 서로 상충된다. 국가나 정부가 개입할 수 있는 근거가 여기서 생긴다. 특히 온실가스는 한 국가의 차원을 넘는 전 세계적인 문제다. 온실가스 배출권 거래제가 시행되니 기업들은 불만이다. 종전에는 지불하지 않던 비용을 지불해야 하기 때문이다. 하지만 거꾸로 생각하는 것이 맞다. 종전에 기업이 지불해야 했던 것을 그동안 지불하지 않았었다고 볼 수 있다. 개별 기업의 이익과 사회적 이익 간에 조화를 이룰 수 있는 방안을 찾는 것부터 시작해서 문제를 해결해야 한다.

기업에
고용보조금을 주면
실업이 줄어들까

자본주의 경제학에서 개인과 기업을 설명하는 논리는 근본적으로 다르다. 개인의 경제활동을 설명할 때는 소득부터 출발한다. 한 달에 100만 원을 버는 사람이 효용을 극대화하려면 어떤 원리에 따라 소비를 해야 하는지를 설명하는 것이 개인의 행동을 설명하는 경제이론의 핵심이다. 소비자이론의 근본원칙은 '예산제약하의 효용극대화'이다. 일단 가용재원이 얼마인지를 확실히 알고 그 범위 내에서 가장 효과적으로 소비하는 방법을 찾는 것이다.

반면 기업을 설명할 때는 생산비용에서부터 출발한다. 기업이 현재 얼마만큼의 재산을 가지고 있는지는 언급조차 하지 않는다. 기업은 물건을 팔아 이익을 올릴 수 있으면 기업의 재산과는 무관하게 얼마든지 물건을 만들 수 있는 존재로 묘사된다. 기업이 현재 갖고 있는 재산이 100만 원이든 200만 원이든 이것은 중요하지 않다. 이윤이 생기면 얼마든지 사업을 늘릴 수 있다. 거꾸로 말하면 억만금을 갖고 있더라도 이윤이 생기질 않으면 사업을 접는다. 기업활동의 본질은 자신이 갖고 있는 재산을 운영하는 것이 아니라 이윤이 나는 사업을 찾아 물건을 만들어 파는 것이다. 예를 들어 시장에서 100원에 팔리는 물건의 수요가 100개이고 기업이 이 물건을 90원에 만들 수 있다면 기업은 무슨 수를 써서라도 이 물건을 만들어 시장에 내놓는다. 그래서 개당 10원씩의 이윤을 올린다.

현재 기업의 생산능력이 50개밖에 안되면 어떤 일이 벌어질까. 당연히 기업은 즉각 근로자를 더 고용하고 기계를 더 들여온다. 기업에게 '당신 기업은 근로자를 몇 명이나 고용할 수 있는가'라고 묻는 것은 어리석은 질문이다. 이익만 생긴다면 얼마든지 고용할 자세가 돼 있는 집단이 기업이다.

그만큼 기업은 이윤에 민감하다. 기업이 이윤을 계산하는 이론적인 과정은 이렇다. 기업은 근로자의 임금과 기계값, 대출이자 등을 다 합쳐 물건을 하나 만들 때 들어가는 비용을 계산해낸다. 일단 비용을 계산한 후 시장상황을 살핀다. 다음 물건을 얼마에 어느 정도 팔 수 있는지 따져본다. 비용보다 값을 많이 받을 수 있다면 시장수요만큼 물건을 공급한다.

물건을 팔 양이 결정될 때 마지막으로 근로자 몇 명을 고용할지와 기계 몇 개를 들여올지가 결정된다. 비용을 따지는 것부터 출발하지만 결국 기업의 고용과 생산설비의 양을 결정하는 것은 이 기업물건에 대한 시장수요이다.

박근혜 정부는 취임 후인 2013년부터 매년 청년실업 대책을 내놨다. 한국경제의 뇌관인 실업문제를 정부가 나서서 해결하려는 의지는 높이 살만하다. 하지만 정부의 정책을 뜯어보면 기업의 기본원리에 맞지 않는 측면이 많다. 예를 들어 정부는 2015년 들어 임금피크제를 도입한 기업이 청년을 한 명 고용할 때 연간 1080만 원(대기업 540만 원)의 보조금을 지급할 것이라는 대책을 내놨다. 중소기업 한 명당 연봉이 3000만 원 정도라면 정부가 임금의 30% 정도를 지원해 주는 것이다. 보조금을 받으면 기업 입장에서는 청년을 고용할 때 지불하는 인건비가 줄어든다. 경제학 원리에 따르면 이 대책의 효과가 어떻게 발휘될지 예측하는 것은 어렵지 않다. 기업 입장에서는 인건비가 줄어들면 물건 하나를 생산할 때 들어가는 비용이 줄어든다. 물건 단가가 줄어들면 기업은 시장에 많은 물건을 내놓으려고 한다. 제품시장에서는 물건값이 싸진다. 일반적으로 물건값이 싸지면 사람들이 많이 사려고 한다. 기업은 물건을 많이 팔아 이윤을 올릴 수 있다. 이처럼 경제가 제대로 돌아갈 때는 정부대책이 효과를 발휘할 수 있다.

하지만 시장에서 기업의 물건에 대한 수요가 줄어들고 있는 상황이라면 얘기가 달라진다. 기업이 물건을 싼값에 내놔도 팔리지 않는다. 물건을 만들어봤자 팔리질 않는데 기업이 물건을 만들 이유가 없다. 이런 상황에서는 기업은 정부가 보조금을 준다고 해도 고용을 늘릴 이유가 없다. 물건을 더 만들 이유가 없는데 인건비를 들여가며 고용을 늘리는 것은 앞뒤가 맞지 않는다. 기업이 자선사업가라고 착각해서는 곤란하다.

정부가 할 수 있는 가장 확실한 고용대책은 시장의 수요를 늘려주는 것이다. 시장의 수요만 늘려주면 나머지는 기업이 알아서 한다. 정부 입장에서는 예산까지 지원해주는데 고용을 늘리지 않는다고 기업을 원망한다. 하지만 이는 문제의 초점을 잘못 맞춘 것이다.

정부가 내놓은 다른 대책은 교사를 비롯해 공공 부문의 채용을 늘려 청년실업 문제를 해결하는 정책이다. 갈수록 학생 수는 줄어들고 있는데 교사를 늘리는 것은 추세에 거스르는 것이다. 공기업에게 젊은이들 채용을 늘리라고 압력을 행사하는 것도 어색하다. 공기업도 기업원리가 작동하는 기관인 것은 사기업과 마찬가지다. 정부가 할 일은 막힌 곳을 뚫어 경제가 제대로 돌아가게 만드는 것이다. 숫자 놀음으로 생색내는 것은 정부나 기업은 물론 국가경제 전체적으로도 바람직하지 않다.

갑을 관계가 바뀐
국민과
국회의원

    정치를 하는 국회의원들은 자신들이 국민을 대표한다고 생각한다. 국회의원에 뽑히는 순간 권력도 위임받았다고 여긴다. 그래서 그것을 마구 휘두른다. 자기들이 쓸 돈을 정하는 법을 자신들이 만든다. 그럼 그 돈은 모두 국민 호주머니에서 나간다. 국민들의 의사에 반하는 법도 만든다. 말로는 국민을 위한다고 하지만 국민에게 해를 끼치는 일도 서슴지 않는다. 우리나라 사람들이 갖고 있는 정치에 대한 혐오도 이런 국회의원들의 행태 때문에 생겼다. 때론 국회의원들이 직접 나서서 우리나라 의원 수를 늘려야 한다는 주장도 펴고 있다. 정치학에서는 의원 수가 늘어나면 개별 국회의원들의 전횡이 줄어들고 더 많은 국회의원들이 머리를 맞대면 보다 합리적인 의사결정을 할 수 있다는 논리도 편다. 하지만 경제학의 논리는 전혀 다르다. 정치학의 논리보다 성과와 그에 걸맞은 보수를 중요시한다. 경제학의 논리를 통해 국회의원을 설명해보자.

경제학은 '주인-대리인 이론'을 통해 국민과 국회의원 간의 관계를 설명한다. 이 이론에 따르면 국회의원은 국민이 선임한 대리인이다. 국민들이 일일이 모여 의사결정을 할 수 없기 때문에 국회의원을 뽑아 국정을 맡긴다는 것에서 시작된다. 기업에 비유하자면 오너는 국민이고 국회의원은 월급쟁이 경영진이다.

정치인들이 말하는 '국민의 대표자'와 경제학에서 말하는 '대리인'은 어감부터 다르다. 용어에서 연상되는 역할과 권한도 천지 차이이다. 국민의 대표라고 할 때는 상당한 권한과 권위가 내포돼 있다. 대표의 의견이 곧 국민의 의견이라는 암묵적인 동의도 있다. 하지만 대리인은 주인이 항상 관리하고 감독해야 하는 사람이다. 대리인은 주인의 의견을 끊임없이 체크하고 그 의견에 따라 일을 해야 한다. 선거철에 국회의원들도 스스로를 '국민의 머슴'이라고 말한다. 이 같은 머슴론이 자본주의 경제학에서 말하는 대리인에 가까운 개념이다.

주인-대리인 관계에서 발생하는 가장 큰 문제는 정보의 비대칭성이다. 주인이 대리인을 고용할 때 대리인은 주인을 위해서 열심히 일을 하겠다고 말한다. 하지만 일단 고용된 후에는 생각이 달라진다. 선거 전후 달라지는 국회의원들의 행태를 보면 그럴 듯하다. 대리인이 고용된 후 행동이 달라지는 것은 대리인이 나쁜 사람이어서가 아니다. 시스템이 허술하기 때문이다. 주인은 대리인의 행동이 달라지는 것을 매번 알아내기 힘들다. 매시간 대리인의 일거수일투족을 체크할 수 없기 때문이다. 이 사실을 아는 대리인은 주인의 감시가 허술한 틈을 타 일을 게을리 한다.

주인을 위하는 척하면서 자신을 위해 일을 하는 경우가 많다. 주인이 매번 대리인의 행동을 체크할 수 없기 때문에 대리인이 제대로 일을 안 해도 대충 넘어가는 경우가 많다. 그러다 보면 대리인은 점점 더 타락한다. 이 문제는 주인-대리인 계약을 맺은 모든 관계에서 발생할 수 있다.

경제학에서는 해결방법도 모색한다. 주인이 대리인 욕만 해서는 문제를 해결할 수 없다. 대리인이 주인을 위해 열심히 일을 할 수 있는 시스템을 만들어야 한다. 우선 대리인의 업무를 평가할 수 있는 시스템을 마련해야 한다. 우리나라는 국회의원의 업무를 평가할 수 있는 시스템이 전혀 갖춰져 있지 않다. 그들이 국민을 위해 얼마나 일을 했는지 알기가 어렵다. 의원이 발의한 법안 수로 판단하기도 어렵고, 그렇다고 그들이 일한 시간으로 평가하기도 힘들다. 국회의원들은 이 점을 악용해 겉으로는 국민을 위하는 척을 하다가 속으로는 자기 잇속만 챙긴다. 국민들이 그들의 성과를 평가할 수 있는 시스템이 있다면 이런 행동을 단속할 수 있다.

다음은 국회의원들이 국민을 위해 최선을 다해 일 할 수 있는 보수 시스템을 만들어야 한다. 즉, 열심히 일을 한 국회의원에게는 보상이 주어져야 한다. 현재 국회의원 1인당 지급되는 국민세금은 연간 7억 원에 달한다. 국회의원의 월급인 세비와 각종 지원금과 국회의원 1명에게 딸린 7명의 보좌진 월급까지 모두 세금으로 지급된다. 국회의원이 일을 잘하건 못하건 똑같이 받는다. 심지어는 임기 중 불법행위로 감옥에 가더라도 보수는 한 푼도 깎이지 않는다. 프랑스, 독일, 스웨덴 등 유럽의 선진국에서는 국회의원이 회기 중 결근하거나 출석하지 않으면 급여를 삭감한다. 우리나라 국회의원에게도 '무노동 무임금' 원칙을 적용할 수 있다.

국회의원에게 지급되는 지원금도 기본금과 성과급으로 나눠야 한다. 일을 하지도 않는 국회의원이 7명이나 되는 보좌진을 거느릴 이유가 없다. 스웨덴은 개인보좌진이라는 제도가 없다. 1명의 정책보좌관이 4명의 의원을 보좌한다. 우리나라도 기본적인 지원은 대폭 낮추고 일을 열심히 하는 의원은 추가적인 지원을 해주는 시스템으로 바꿔야 한다. 그래야 국회의원들이 국민을 위해 일을 열심히 할 인센티브가 생긴다.

그렇다고 국회의원을 너무 다그쳐서 의원직을 그만두게 만들어서는 안 된다. 그럼 국민을 대신해 국정을 수행할 사람이 없다. 이 경우 국민들이 손해를 본다. 국민 입장에서는 국회의원을 뽑아 열심히 일을 하게 만드는 것이 목적이지 국회의원을 없애는 것이 목적은 아니다. 국회의원직을 수행하는 것이 그렇지 않을 때보다 좋은 환경을 만들어 줄 때, 국회의원을 하려는 사람들이 생겨난다. 이처럼 정치학은 감성에 호소하는 측면이 있지만 경제학은 냉정하다. 국회의원에 대한 막연한 기대보다는 그들의 성과를 확실히 측정하고 보수를 차별화하는 시스템을 갖춰야 국회의원들이 국민을 위해 일을 열심히 할 것이라는 논리다. 물론 경제적인 보상이 없어도 국민만을 위해 열과 성을 다해 일하는 일부 의원들에게는 해당되지 않는 얘기다.

■ 경제학 용어 알기

— Chapter 1

◆ **리밸런싱**(rebalancing): 세계적으로 경제구조가 재편되는 과정을 일컫는다. 선진국과 후진국 간 격차가 줄어들거나 확대됨으로써 세계경제 구조가 바뀌는 과정을 말한다. 투자이론에서는 보유하고 있는 주식, 채권 등의 자산을 재구성하는 것을 의미하기도 한다.

◆ **격차확대**(divergence): 세계경제사에서 선진국과 후진국 간 경제력 격차가 확대되는 시기를 의미한다. 반대로 선진국과 후진국 간의 경제력 격차가 축소되는 시기는 격차축소(convergence)라고 부른다.

◆ **양적완화**(quantitative easing): 미국이 2008년에 발생한 금융위기를 극복하기 위해 시중에 돈을 공급한 것을 말한다. 당시 미국 연방준비제도이사회(FRB)는 장기 채권시장에서 미국국채와 주택저당채권(MBS)을 매입하는 방식으로 시중에 돈을 공급했다. 미국의 양적완화는 2008년 11월부터 시작됐고 2014년 10월에 종료됐다.

◆ **모디노믹스**(Modinomics): 지난 2014년 선거에서 당선된 인도의 총리 나렌드라 모디가 표방하는 경제정책을 일컫는다. 모디는 국가가 주도하는 강한 경제적 리더십을 바탕으로 정부 규제완화와 외국자본 유치를 통한 경제개발 정책을 펴고 있다.

◆ **팍스아메리카나**(Pax Americana): 제2차 세계대전 이후 미국이 강력한 군사력과 경제력을 바탕으로 세계 질서를 이끄는 시대를 말한다. 역사적으로 고대 로마가 지배했던 팍스 로마, 대영 제국이 지배했던 팍스 브리테니카에 이어 1950년대 이후 미국이 구소련과의 경쟁에서 승리하면서 전개됐던 세계사적 시기를 의미한다.

◆ **화폐수요**(demand for money): 경제주체들이 화폐를 보유하고자 하는 욕구를 양으로 표현한 것. 일반적으로 개인들은 교환에 대비하거나 가치를 저장하기 위해서 화폐를 보유한다. 또 주식이나 채권 등 다른 금융자산과의 수익률 비교를 통해서도 화폐를 보유하고자 하는 양이 결정된다.

◆ **관세동맹**(customs union): 두 나라 이상이 맺는 무역협정이다. 관세동맹을 맺은 국

가 간에는 관세가 철폐되고 또 협정을 맺지 않은 다른 나라로부터 물건을 수입할 때 단일관세를 부과한다. 동맹을 맺은 국가 간에 관세를 철폐한다는 점은 자유무역협정(FTA)과 동일하지만 역외국가에 동일한 관세를 부과하는 점은 FTA와 다른 점이다.

◆**화폐통합**(currency union): 두 개 이상 되는 국가가 단일통화를 사용하는 것을 말한다. 한 국가의 화폐를 다른 나라가 사용하는 경우와 여러 나라가 새로운 화폐를 만들어 사용하는 경우 등이 있다. 유로존의 경우 현재 19개 국가가 유로화라는 동일한 화폐를 사용하고 있다.

—— Chapter 2

◆**자유무역**(free trade): 국가 간에 무역을 할 때 관세나 수입할당 등 일체의 조치를 취하지 않는 것을 말한다. 반대로 보호무역주의(protectionism)는 자국 산업의 보호를 위해 국가 간에 교역을 할 때 관세나 물량제한 조치 등을 취해야 한다는 주장이다.

◆**무역의 이익**(gains of trade): 무역을 통해 한 나라가 얻게 되는 이익. 일반적으로 싼 물건을 수입해 소비자가 얻게 되는 이익과 우리나라 수출업자가 물건을 팔아 얻게 되는 이익을 합한 것이다. 무역을 통한 순이익은 이 같은 이익에 무역을 통해 손해를 입는 사람들의 손실을 차감해 계산된다.

◆**규모의 경제**(economies of scale): 기업의 규모가 커지면 평균적인 제조원가가 줄어들어 기업이 판매하는 물건값을 낮출 수 있다는 이론이다. 물건을 100개 만들 때 평균 제조원가가 100원이었다면 물건을 200개 만들면 평균 제조원가가 90원으로 떨어지는 경우가 규모의 경제에 해당된다.

◆**무역다변화효과**(trade diversion effect): 여러 나라와 교역을 하고 있는 한 국가가 특정 국가와 자유무역협정을 체결할 경우 가장 좋은 물건을 수입할 수 있는 기회를 상실하게 되는 것을 의미한다. 자유무역협정을 체결한 국가에만 관세를 적용하지 않기 때문에 이 국가의 물건은 질이 낮아도 가격이 싸 수입을 하게 되는 경우가 여기에 해당된다.

◆**최혜국조항**(Most favored nation, MFN): WTO 무역협상의 원칙으로, 한 나라가 WTO 회원국인 특정 국가에 대해 일정률의 관세를 적용할 경우 이 관세는 WTO 회원국 모두에게서 동일 품목을 수입할 때도 적용돼야 한다는 원칙이다. 예를 들어 한국이

중국산 쌀에 대해 100%의 관세를 적용할 경우 미국, 태국 등에서 쌀을 수입할 때도 똑같은 관세를 적용해야 한다.

◆환태평양경제동반자협정(Trans-Pacific Partnership): 아시아-태평양 지역에서 공산품, 농업 제품을 포함한 모든 품목의 관세를 철폐하고 각종 비관세 무역장벽을 없애 자유화하는 협정이다. 미국, 일본, 호주, 페루, 베트남, 말레이시아, 캐나다, 필리핀, 뉴질랜드, 싱가포르, 칠레, 부르나이 등 12개국이 참여했다. 한국도 참여의사를 표시해놓은 상태다.

—— Chapter 3

◆인근궁핍화정책(Beggar-your-neighbor policy): 상대 국가를 궁핍하게 만듦으로써 자기 나라는 이익을 보는 정책을 총괄하는 용어다. 자기 나라의 관세를 높여 수입은 줄이고 수출을 늘리는 정책이나, 자기 나라 통화가치를 떨어뜨려 수출을 늘리는 정책 등이 여기에 해당된다. 인근궁핍화정책을 쓰는 나라들이 많아지면 전체적으로 교역량이 줄어들어 모든 나라들이 궁핍해지는 모순에 빠지게 된다.

◆세테리스 파리브스(ceteris paribus): '다른 외부적인 모든 조건이 동일하다'는 뜻을 가진 라틴어이다. 경제학에서는 정책 등 외부요인에 따라 경제상황이 어떻게 바뀌는지를 분석할 때 이 가정을 적용한다. 이 가정을 적용하면 수학적인 모델을 만들기가 상대적으로 쉬워지는 장점이 있다. 반면 사회현상은 모든 것이 서로 얽혀 있기 때문에 이 가정이 비현실적이라는 주장도 제기되고 있다.

◆그레샴의 법칙(Gresham's law): 16세기 영국 엘리자베스 1세의 재정고문을 지냈던 토마스 그레샴이 만든 법칙으로 '악화(bad money)는 양화(good money)를 구축한다'는 내용이다. 악화란 금본위제 아래에서 금의 순도가 떨어지는 화폐를, 양화는 순도가 보장되는 화폐를 말한다. 악화가 양화를 모두 구축하게 되면 화폐의 가치가 떨어지고 이는 결국 인플레이션을 야기한다.

◆그린스펀의 베이비스텝(Baby step): 통화정책은 알 수 없는 미래를 예측하고 펴는 경제정책이다. 그래서 미국의 연방준비제도이사회(FRB) 의장을 역임한 앨런 그린스펀은 통화정책의 오류를 막기 위해 어린아이의 걸음만큼만 금리를 조절하고 그 영향을 확인한 후 또 금리를 조절하는 것이 필요하다고 주장했다. 대부분의 나라들이 매번 금리를 조절할 때 0.25% 포인트씩 움직이는 것도 이런 주장에 따른 것이다.

◆**화폐의 중립성**(Money neutrality): 화폐량의 변화로 인해 실물경제가 영향을 받지 않을 경우 화폐는 중립적이라고 말한다. 예를 들어 통화량을 늘렸을 때 실질 국내총생산(GDP)은 변하지 않고 물가만 오르는 경우 화폐는 중립적이다. 과거 아담 스미스가 '화폐는 베일'이라고 얘기한 것도 화폐는 중립적이라고 봤기 때문이다.

── Chapter 4

◆**실망근로자효과**(discouraged worker effect): 경기가 불황일 때 근로자들이 일자리 구하기를 포기하는 현상을 일컫는다. 고용통계에서는 실업자로 잡히지 않지만 일자리만 있다면 언제든지 일을 할 용의가 있는 사람들이어서 사실상의 실업상태에 놓인 경우다. 실망근로자효과 때문에 경기가 불황일 때 고용자와 실업자가 동시에 줄어드는 현상이 발생한다.

◆**신호효과**(signaling effect): 경제주체 간에 서로 상대방에 대한 정보를 정확히 알지 못할 때 신호를 보냄으로써 상대방에 대한 정보를 유추하는 것을 말한다. 경제학의 게임이론에서는 정보를 많이 갖고 있는 사람이 먼저 신호를 보내고 이를 바탕으로 상대방이 이 신호를 받아들임으로써 정보의 비대칭성으로부터 발생하는 문제를 해결할 수 있다. 노동시장에서는 학벌로 표시되는 교육수준이 하나의 신호역할을 한다.

◆**경제사회발전노사정위원회**: 경제사회발전노사정위원회법에 의해 1998년 1월 설립된 대통령 자문위원회이다. 노동정책과 이와 관련한 경제, 사회정책 등을 협의하고 노사관계 발전을 위한 제도를 개선하는 방안을 마련하는 일을 한다. 우리나라 노사정위는 지난 1998년과 2015년 두 차례에 걸쳐 노동개혁과 관련한 합의안을 만들어 낸 바 있다.

◆**제도주의 경제학**(Institutional economics): 경제주체들의 경제행위를 설명하는 데 있어서 제도의 중요성을 강조하는 경제학의 한 분야이다. 시장은 항상 효율적인 자원배분을 이끌어낸다는 기존 자유주의 경제학의 원칙과 달리 제도주의 경제학은 시장의 메커니즘도 기업, 개인, 정부 등 개별주체들의 상호작용을 통해 만들어지는 제도의 하나라고 보고 있다. 미국 경제학자 소스타인 베블런(1857-1929)이 제도주의 경제학의 효시로 꼽힌다.

── Chapter 5

◆**불가능성 정리**(Impossibility theorem): 개인들의 집단인 사회에서는 여러 개의 선택대안이 있을 때 합리성의 조건을 만족시키는 사회적 선호체계는 존재할 수 없다는 것을 증명한 것이다. 애로우가 내세운 사회적 합리성의 조건에는 1)모든 경우를 비교할 수 있고 2)독재자가 존재하지 않아야 하고 3)두 개의 조건을 비교할 때는 제3의 조건으로부터 영향을 받지 않아야 하며 4)개인들이 모두 특정 상태를 선호할 때는 사회적으로도 이 상태를 선택해야 한다는 것 등이 포함된다. 애로우는 개인들의 경우에는 이런 조건들을 감안한 선호체계를 만들 수 있지만 개인들의 집단인 사회는 이런 조건을 만족시키는 의사결정 시스템을 만드는 것은 불가능하다는 것을 수학과 논리학을 동원해 증명했다.

◆**중위투표자 정리**(median voter theorem): 의사결정 방식이 다수결이고 하나의 이슈에 대해 투표를 할 때 중위에 있는 투표자들이 좋아하는 정책을 내놓은 정당이 항상 승리한다는 이론이다. 의사결정 방식이 다수결에 의한 것이 아니거나 여러 가지 이슈에 대해 의사선택을 할 때는 이 정리의 가정이 충족되지 않아 성립하지 않는다.

── Chapter 6

◆**지대추구경제**(rent seeking economy): 새로운 부가가치를 창조하기보다는 기존의 체제 내에서 특정 이익을 올리기 위해 경쟁하는 경제를 일컫는다. 정부가 인허가권을 갖고 있는 특정 산업의 경우 경쟁은 보다 좋은 제품을 만들어 부가가치를 높이는 것보다는 로비와 뇌물 등을 통해 인허가권을 획득하려는 부분에서 발생한다. 전체적으로 이런 경쟁이 만연한 경제를 지대추구경제라 한다.

◆**세대 간 모델**(overlapping generation model): 한 경제의 개인이 여러 기간을 살아가는 동안 후세대와 한 기간 이상을 동시에 살아가는 것을 전제로 한 경제학적 모델이다. 한 개인은 특정한 기간 동안만 일을 하지만 소비는 자기가 살아가는 전 기간 동안 해야 한다는 것을 가정해 각종 연금제도를 설명하는 데 활용된다.

◆**무임승차의 문제**(free rider problem): 자본주의 경제에서 대가는 지불하지 않고 편익만 얻으려고 하는 문제를 일컫는다. 많은 사람들이 공동으로 사용하는 재화와 서비스에서 이런 문제가 발생한다. 국방, 치안, 공원 등의 서비스를 국가가 제공할 때 이런 문제가 발생한다.

—— Chapter 7

◆**하르츠(Harz) 개혁:** 독일의 슈뢰더 정부 때 구성한 하르츠위원회에서 2002년 8월에 사회국가의 기본체계를 수정하기 위해 만든 개혁안이다. 폴크스바겐 이사인 피터 하르츠(Peter Harz)를 위원장으로 한 이 위원회는 실업급여를 줄이고 노동시장의 유연성을 높이는 4단계 노동시장 개혁방안을 만들었다.

◆**정책무력성 명제(policy ineffectiveness theorem):** 경제주체들이 합리적으로 생각하는 경우 정부의 정책에 대한 미래 효과까지를 예측할 수 있다. 이 경우 경제주체들은 자신들의 합리적인 기대에 따라 정부정책에 미리 반응하기 때문에 정책이 효과를 발휘할 수 없다는 이론이다.

◆**시장의 실패(market failure):** 자본주의 경제에서 시장 메커니즘에 따른 자원배분이 효율적이지 않은 경우를 말한다. 이 경우 정부가 개입함으로써 보다 효율적인 상태를 만들 수 있다. 효율성의 기준은 일반적으로 다른 사람의 편익을 줄이지 않으면서 특정인의 편익을 높일 수 있는 파레토 효율성(Pareto efficiency)을 적용한다.

◆**시카고 학파(Chicago school of economics):** 미국의 시카고 대학을 중심으로 퍼져 있는 새 고전파 경제이론을 말한다. 시카고 학파는 자유주의적인 시장 메커니즘을 중시하고 정부의 시장개입은 득보다 실이 많다는 점을 강조한다. 정부의 개입을 통해 시장 메커니즘이 보다 효율적으로 작동할 수 있다는 케인즈주의적 사고와는 대조된다.

◆**주인-대리인 문제(principal agent problem):** 주인이 고용한 대리인이 주인을 대신해 의사결정을 하는 과정에서의 문제점을 지적하고 대안을 만드는 경제이론이다. 대리인은 주인의 이해보다는 자신의 이해에 따라 의사결정을 할 가능성이 있고 주인은 이를 제대로 관찰하지 못하기 때문에 문제가 발생한다.

◆**관(官)피아:** 관료들 간에 끈끈한 유대관계를 형성해 공무원을 그만둔 후에도 퇴직 관료들이 유관기관에 자리를 잡아 전직과 현직 간에 서로 밀어주고 끌어주는 관계를 지속해 나가는 사조직 형태의 공무원 조직을 말한다. 모피아(기획재정부), 산피아(산업통상자원부), 해피아(해양수산부), 세피아(국세청) 등 각 부처를 지칭하는 용어가 다양하다.

◆**매커니즘 디자인(mechanism design):** 서로 간에 비대칭적인 정보를 갖고 있는 상황에서 가장 효율적인 상태에 도달하기 위한 메커니즘을 연구하는 경제학의 한 분야

이다. 게임이론적인 방법론을 적용해 메커니즘 디자이너가 사회의 이상적인 상태를 가정하고 여기에 도달하는 방법을 찾는 과정이 연구대상이다.

◆배출권거래제: 기업들이 배출할 수 있는 온실가스의 총량을 정하고 남는 부분과 모자라는 부분을 거래할 수 있도록 만든 제도다. 온실가스를 정부가 정한 총량보다 많이 배출하는 기업은 배출권을 구입해야 하고 반대의 경우는 배출권을 팔 수 있다.

◆공표효과(announcement effect): 정부나 책임 있는 당국자가 실제 정책이 집행되기 전에 미리 발표하거나 신호를 줌으로써 민간 경제주체들이 이에 대비하도록 만드는 효과를 말한다. 통화정책의 방향을 미리 언급하거나 세금정책을 미리 발표하는 것 등이 여기에 해당된다.

◆추가경정예산(추경): 정부가 1년 예산(본예산)을 짜고 국회에서 승인받은 이후에 추가적으로 예산을 편성하는 것을 말한다. 추경예산은 헌법 제56조에 근거하고 있다. 추경 편성조건은 전쟁이나 대규모 자연재해가 발생한 경우나, 경기침체, 대량실업 등 경제 대내외 여건에 중대한 변화가 발생하거나 발생이 예상되는 경우 등이다.

◆환율전쟁(currency war): 세계 각국이 자기 나라 통화가치를 낮은 수준으로 유지하기 위해 경쟁적으로 자국통화 평가절하 정책을 취하는 상태를 말한다. 자기 나라 통화가치를 낮추면 보다 많은 물건을 팔 수 있어 산업경쟁력이 강화되기 때문이다. 하지만 이 같은 경쟁은 결국 무역의 감소와 함께 모든 나라를 궁지에 몰아넣을 수 있는 위험이 많다.

── Chapter 8

◆중상주의(Mercantilism): 16~18세기 유럽에서 유행했던 경제이론 및 경제정책으로, 무역을 통해 수출과 수입의 차를 늘려 국부를 쌓을 수 있다는 주장을 펴고 있다. 유럽의 절대왕정과 더불어 중상주의는 한 시대를 풍미하면서 많은 식민지를 거느리는 것을 정당화하기도 했다.

◆솔로우 모델(Solow model): 한 나라의 경제성장을 자본축적, 인구증가 및 생산성 발달 등의 세 가지 요소로 설명하는 모델이다. 이 모델에서 인구와 자본생산성은 경제 내에서 결정되는 것이 아니라 경제 외부적 요인에 의해서 결정된다. 이 이론에 따르면 경제발전 초기에는 성장률이 높다가 후기로 접어들면 성장률이 하락하는 경향을 보인다.

◆**내생적 성장모델**(endogenous growth model): 한 나라의 경제성장은 저축과 투자 등 경제주체들의 선택에 의해 영향을 받는다는 경제학적 모델이다. 솔로우 모델에서 생산성은 외부적 충격에 의해 결정되기 때문에 경제주체들의 선택과 무관하다. 하지만 내생적 성장모델에서는 경제 내의 저축과 투자, 인적자본의 확충 등 경제주체들의 선택과 성장은 밀접한 관련이 있다.

◆**잠재성장률**(potential growth rate): 한 나라의 경제가 물가상승을 유발하지 않고 달성할 수 있는 최대 성장률을 말한다. 일반적으로 한 나라의 노동증가율, 자본증가율, 생산성 증가율이 합쳐져 잠재성장률이 결정된다. 정부의 재정, 통화정책은 실제성장률이 잠재성장률과 차이가 날 때 그 격차를 줄이기 위해 시행된다.

◆**디플레이션**(deflation): 한 국가 전체적으로 측정한 물가가 지속적으로 하락하는 현상을 말한다. 여기서 물가란 개별 물건의 가격이 아닌 경제 전체에서 생산하는 물건에 대한 가중평균값으로 측정된 물가지수를 의미한다. 물가지수가 하락하면 화폐가치는 상승한다.

◆**유효수요**(effective demand): 구매력이 뒷받침된 수요를 말한다. 케인즈의 이론에 따르면 경제 전체의 생산량과 고용량을 규정하는 것은 경제 내에 있는 유효수요의 총량이다.

◆**소규모 개방경제**(small open economy): 한 나라 경제 내부의 변화가 국제가격에 영향을 미칠 수 없을 때 소규모라는 이름을 붙인다. 그리고 한 나라의 자본과 실물이 외국과 거래할 때 특별한 제한을 하지 않을 경우 개방경제라고 한다. 우리나라는 규모가 작고 개방돼 있어 소규모 개방경제에 해당한다.

—— Chapter 9

◆**지대**(rent): 원래 땅을 빌렸을 때 지불하는 임차료를 의미한다. 현대경제학에서는 지대의 의미를 확대해 모든 공급이 고정된 생산요소에서 발생하는 초과이득을 지대라고 부른다. 예를 들어 정부가 변호사의 수를 고정시켜 변호사들이 많은 소득을 얻게 되는 경우 그들의 소득도 일종의 지대가 된다.

◆**인두세**(poll tax): 국가가 사람 머리수에 맞추어 걷는 세금이다. 부자건 가난하건 어른이건 아니건 모든 사람에게 같은 액수의 세금을 매긴다. 영국 역사에서는 1380년에 인두세를 부과한 적이 있으며 당시 국민들의 극심한 조세저항을 가져왔다.

◆ **국가재정운용계획:** 한국정부가 매년 작성하는 재정계획으로 향후 5년간 들어올 돈인 재정수입과 나갈 돈인 재정지출을 추계해서 만든다. 이 계획은 경제상황이 바뀌면 매년 수정해 다시 작성한다.

◆ **래퍼커브(Laffer curve):** 미국의 경제학자 아서 래퍼가 만든 것으로 세율과 정부의 세금수입 간의 관계를 나타낸 역U자형 모양의 곡선을 말한다. 세율을 0%에서 올리면 세수가 늘어나다가 어느 순간에는 세율을 올리면 세수가 오히려 떨어진다는 경제적 의미를 갖고 있다.

◆ **온실가스 배출권 거래제:** 온실가스 배출권이란 특정 기간 동안 기업이 온실가스를 배출할 수 있는 권한이다. 이 권한을 더 갖고 싶은 기업은 덜 갖고 싶은 기업에서 배출권을 살 수 있다. 국가 입장에서는 온실가스 배출총량을 정하고, 어느 기업이 얼마나 배출할지에 대해서는 시장에서 거래를 통해 정해지도록 하는 방식이다. 온실가스란 지표에서 방사되는 적외선의 일부를 흡수해 지구온난화 효과를 일으키는 원인이 되는 기체다.

세상살이에
창의성을 더하는
9가지 모서리
경제 이야기

집게
경제

1쇄 발행일 | 2016년 01월 05일

지은이 | 노영우
펴낸이 | 정화숙
펴낸곳 | 개미

출판등록 | 제313 – 2001 – 61호 1992. 2. 18
주   소 | (04175) 서울시 마포구 마포대로12, B-109호 (마포동, 한신빌딩)
전   화 | (02)704 – 2546 팩스 | (02)714 – 2365
E-mail | lily12140@hanmail.net

ⓒ 노영우, 2015
ISBN 978 – 89 – 94459 – 57 – 8 03320

값 16,500원